꼭 알아야 할
1%만의
혼공 사용 설명서

정인

꼭 알아야 할 1%만의
혼공 사용 설명서

초판 발행 | 2022년 4월 5일
2쇄 발행 | 2022년 11월 18일

지 은 이 | 김판수
펴 낸 이 | 정봉선
펴 낸 곳 | 정인출판사
주   소 | 경기도 하남시 조정대로45 미사센텀비즈 8층 F827호
전   화 | (031)795-1335
팩   스 | (02)925-1334
홈페이지 | www.pjbook.com
이 메 일 | junginbook@naver.com
등   록 | 제2021-000092호

ISBN | 979-11-88239-61-0 13370

꾁! 알아야 할 1%만의

혼공 사용설명서

김판수 지음

정인

구성과 특징

맥락을 짚어주는
핵심키워드

챕터 본문을 읽기에 앞서
각 챕터에서 중요 포인트가 될 단어를 먼
저 읽으면서
어떤 내용이 전개될지 예측해 보세요.
핵심 키워드를 이해하면
훨씬 공부가 쉬워져요~

EBS 방송에 소개된
다양한 사례

학생들의 다양한 성공 사례를 보면
나도 할 수 있다는 자신감이
'뿜뿜' 생겨나게 됩니다.
수많은 사례로 검증된 학습법,
1%만의 혼공을 시작해보세요.

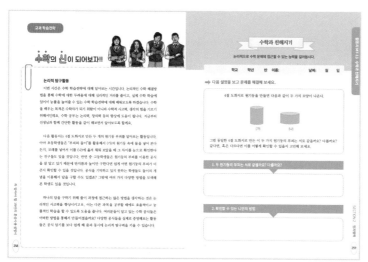

더 효과적인 공부법!
교과학습전략

혹시, 수학 공부하듯
영어 공부를 하고 있나요?
교과학습전략을 통해
국어·영어·수학·과학·사회 각 과목의
특징과 전략을 이해하고
훨씬 더 효과적인 공부 방법을
익혀보세요.

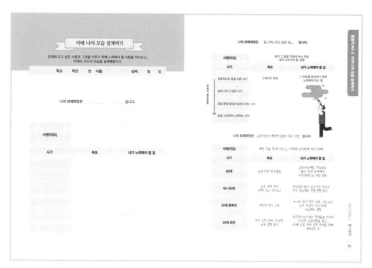

활동지 작성을 돕는
예시와 설명

활동지 예시를 잘 살펴보고
나의 활동지를 꾸준히 작성하세요.
어느덧 자신감이 생기고
혼공 레벨이 '쑥쑥' 올라가는 걸
확인하게 될 거예요.

순서대로 NO!
관심있는 주제, 필요한 부분부터

처음부터 끝까지 정해진 순서가 아니라
나에게 필요한 부분, 내가 약하다고 생각되는 부분,
내가 관심가는 주제부터 시작해볼까요?
활동지 색인을 펼치면 활동지를 한눈에 볼 수 있어요.

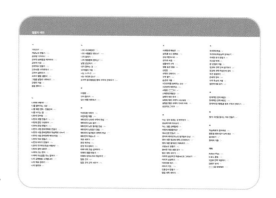

목차

Section 1
꼭 알아야 할 1% 만의 **동기영역** 혼공사용설명서

Section 2
꼭 알아야 할 1% 만의 **인지영역** 혼공사용설명서

Section 3
꼭 알아야 할 1% 만의 **행동영역** 혼공사용설명서

들어가며

　'혼공' 사용설명서 원고를 탈고하면서 〈공부해야 하는 아이와 존중받고 싶은 아이〉 사이에 부모와 자녀의 갈등을 생각해 보았습니다. 최근 들어 코로나19로 인해 비대면 학습이 확대되면서 부모 자녀사이에 갈등과 감정의 골이 심각해지고 있다는 우려 섞인 한숨과 함께 심각성을 전해 듣고 있습니다. 공부만 아니면 크게 나빠질 일이 없는 사이인데 공부를 시켜야 하는 부모와 존중받고 싶은 자녀 사이에 감정의 골이 깊어지고 있는 것입니다. 해결책은 부모의 잔소리나 간섭이 아닌 아이들이 스스로 공부하겠다는 의지와 타인이 만들어준 동기가 아닌 자신이 만든 동기를 갖는 힘인 자기주도학습 역량을 갖도록 도와 주는 것입니다. 올바른 자기주도학습, 즉 '혼공'의 능력은 공부 뿐 아니라 자신이 속한 가정, 학교, 마을, 직장, 사회 구성원들에게 사랑받고 인정받는 자신의 삶에서 그리고 평생학습 사회에서 매우 중요한 삶의 도구이며 이러한 자기주도학습 역량은 습득되어야 하는 좋은 습관이고 능력입니다.

　자기주도학습(self-directed learning)이라는 용어를 처음으로 사용한 미국의M Knowles(1975)는 그의 저서에서 "우리들 대부분이 가르쳐지는 방법(how to be taught)에 대해서만 알고 있고, 배우는 법(학습하는 법, how to learn)에 대해서 배우지 못한 것은 비극이다"라고 매우 극단적인 표현을 사용했습니다. 이러한 비극을 해결하는 방법으로 그는 자기주도학습을 제안했습니다. 자기주도학습은 인간의 자연스러운, 본성(本性)이기 때문입니다. 인간은 동물들과 다른 성숙과 신체상의 변화에 반응하면서 학습을 통해 신체 능력과 지적 능력을 발달시킵니다. 예를 들어 갓난아기가 소위 '뒤집기'를 시도하면, 다른 동물들과 달리 부모들은 그 모습을 보고 그냥 방관하거나 내버려두지 않습니다. 환호성을 지르거나 박수를 치면서 아기의 그런 시도와 도전을 격려하고 함께 공감하며 그 행동이 아기의 자의와 경험에 의해 스스로 지속되기를 도모합니다. 무의식적인 이런 과정을 통해 아기는 뒤집기를 지나, 혼자 기기와 일어나 앉기, 혼자 일어서기, 아장아장 걷기, 말 배우기 등의 발달 과정을 거치게 됩니다. 이 과정 속에서 지속적으로 이루어지는 부모의 지원(help) 현상은 점점 커지고 발전적으로 이어집니다. 학습자가 스스로 자의에 의해 학습의 단초를 제공하고, 동기를 보이면서 지원자(helper)들이 지속적인 지원과 도움을 제공하는 것입니다. 전문가들은 이러한 인간의 본성을 '호모 에루디티오(Homo Eruditio)' 혹은 '호모 아카데미쿠스(Homo Academicus)' 즉 공부하는 인간이라고 칭하기도 합니다. 이것이 자기주도학습이 필요한 이유입니다. 자기주도학습은 인간의 본성에 가장 가까운 학습법입니다.

연구소에서는 지난 15년간 자기주도학습 능력 향상 교실을 운영하면서 '학습'보다는 '삶'에 초점을 맞추어 연구하고 학교현장에 적용해 왔습니다. 공부를 특별나게 잘하기 위해서, 1등을 하기 위해서가 아니라 내가 스스로 주도하는 삶에 관심을 두자는 것입니다. 자기주도학습을 단지 학습동기 강조, 공부방법, 시간관리 학습계획표 등과 같이 정리되지 않는 애매모호하고 틀에 박힌 말의 성찬에 불과한 수준을 넘어 공부의 주체인 내가 누구인지에 대한 이해와 왜 공부를 해야 하는지, 어떻게 할 때 행복할 수 있는지 그 이유를 찾을 수 있도록 하는 것입니다.

당연한 말이지만 학생들의 자기주도성이 만들어지면 늘 걱정인 성적은 자동으로 따라 올라가게 되는 경험을 하게 됩니다. 자기주도학습은 인간의 본성에 가장 가까운 학습법이기 때문입니다. 마지못해서 하거나 하라고 하니까, 그냥 해야 하니까 하는 그런 공부가 아니라 무엇인가를 분명히 하고 싶어 발전해가는 자신을 발견하면서 학교생활이 즐겁고 삶이 행복해지는 경험을 하도록 도와주는 겁니다. 아이가 스스로 성공을 맛볼 수 있는 기회를 만들어 주는 것이 어른들의 역할이란 점을 강조하고 싶습니다. "자기주도적인 삶이 가능해야 공부도 스스로 할 수 있고 행복할 수 있습니다." 더디더라도 한 발자국씩 함께 나아가고 그 과정을 같이 즐기다 보면 어느새 스스로 공부하고 있는, 배우는 것을 즐길 줄 아는 멋지게 성장한 모습을 볼 수 있을 것입니다.

이 책이 비대면 시대에 우리 아이들의 앞으로의 여정을 함께 하면서 '혼공' 능력의 기본인 자기주도학습 능력을 조금 더 정확하게 그리고 어렵지 않게 키워주는 사용설명서가 되기를 바랍니다. 아울러 이 책이 멋지게 출판되도록 도와주신 박찬익 대표님과 편집에 애써주신 선생님들께 깊은 감사를 드리며 앞으로 함께 하는 독자들과의 여정에서 더 큰 즐거움을 나누기를 기대합니다.

김판수미래교육연구소 소장 **김 판 수**

01
SECTION

꼭 알아야 할 1%만의
혼공 사용 설명서

동기 영역

활동지

몇 점... 몇 등...
시험에 시달리는 아이들

자녀를 키우는 부모라면 누구나 아이의 공부와 미래에 대해 고민합니다. 4차 산업 혁명의 시대와 앞으로 다가올 5차, 6차 7차 시대는 그동안 우리가 예측해온 방법과는 전혀 다른 변화의 시대이다 보니 학업과 함께 다가올 시대를 살아갈 아이들의 인생에 대해 관심이 많을 수밖에 없습니다. 미래의 인재 핵심역량은 창의성과 함께 자기주도학습 역량을 갖춘 사람임을 많은 학자들이 강조하고 있습니다. 미래 사회는 예측하는 것보다 훨씬 복잡하고 다양한 사회가 될 것입니다. 삶의 변화 속도 또한 과거 어느 때보다도 빠르게 진행될 것입니다. 이런 사회에서 필요로 하는 인재는 그 무엇보다도 자신의 삶을 주체적으로 가꿔가며 공감능력과 사회에서 이로운 활동성을 확장하여 스스로 만족하고 행복해하는 능력을 갖춰야 합니다. 이러한 능력은 학령기에 자기주도성을 발휘하여 학습하는 데에서부터 시작된다고 할 수 있습니다.

자기주도학습을 통해 변화될 수 있는 가장 큰 효과 중의 하나는 자기분석능력입니다.

자신에 대해서 잘 안다는 것은 자신의 학습에서 어느 영역에 집중해야 하는지를 잘 아는 것입니다. 이 점은 삶을 살아가는 데에도 마찬가지입니다. 자신을 잘 안다는 것은 무엇을 할 때 동기가 만들어지는지, 어느 영역에서 주의집중력이 높아지고 향상되는지, 배운 내용을 어떠한 방법으로 기억하고 필요할 때 기억의 창고에서 정확하게 꺼내어 사용할 수 있는지를 아는 것입니다. 이에 따라 수업 시간에 선생님의 가르침에 대한 관점을 공유하는 능력이 생겨나며, 배운 내용을 말로 표현하고 주변과 함께 공감하고 지식을 공유하면서 몰입하는 시간이 점차 길어지게 됩니다.

미래를 살아가야 할 아이들에게 자기주도학습 역량을 갖도록 하는 것은 대단한 선물입니다. 그러나 급한 마음과 욕심은 금물입니다. 갓 난 아기때는 어느 정도 지원(help)의 정도를 조절하던 부모, 특히 어머니들이 아이가 유치원에 갈 때부터 변하기 시작합니다.

자연스러운 human natural process를 거스르는 과욕(過慾)의 부모들이 나타납니다. 아이를 하나 혹은 둘만 두는 요즘에는 더욱 극성이 심해집니다. 이런 부모들의 극성(혹은 정성)은 어느 정도까지는 효과가 있기 때문에 아이의 의견이나 흥미, 관심은 무시하고 부모들의 의도와 목표대로 아이를 지원 혹은 푸시(push)해 댑니다. 유아기, 초등 저학년때까지는 이러한 지원에 대해 아이들의 큰 반발이 없는 듯하지만, 아이들의 발달 과정에서 개개인의 특성에 따라 갈등이 생기고 악화됩니다. 초등학교 때부터, 중고등학교 시기에 맞게 되는 사춘기, 대입 준비 기간 등 각각의 인성과 환경에 따라 개별적인 차이는 있지만 언젠가는 폭발하면서, 스스로 학습을 포기하거나 하는 척만 하게 됩니다. 방법은 무엇일까요? 먼저 부모님이 자기주도학습에 대해 이해하고 있어야 합니다. 아이들에게 기회를 주고, 조급해하지 말고 기다리는 것입니다. 우리나라 교육환경과 내 주변의 분위기가 자기주도학습을 어렵게 합니다. 성급하게 빠른 결과를 보여주기 위한 문제 풀이 위주의 학습과 조급한 엄마, 〈배우는 시간〉은 많이 주는데 〈익히는 시간은 주지 않는〉 환경과 분위기 등이 이에 해당됩니다. 또한 유튜브나 방송에서 유명인이 이런 방법이 좋다고 하면 그대로 따라하려는 쏠림 현상도 심각한 문제입니다. 이러한 부모님들의 조급함과 쏠림 현상으로 인해 아이들은 점점 더 혼란스러워하며 지치게 됩니다. 자기주도학습이 어려운 것도 난해한 과정도 아닌데 자기주도학습을 습관화 할 수 있는 약 66일 정도의 여유를 갖지 못하기 때문에 잘 안되는 것입니다. 스스로 학습하는 능력을 키울 때까지 기다리지 못하는 환경과 분위기가 자기주도학습을 방해하는 가장 큰 요인입니다. 따라서 자기주도학습의 포인트는 자기 이해와 분석 능력, 그리고 배우는 것과 익히는 시간을 확보하는 것입니다. 그러기 위해서는 우리 어른들이 해야 할 몇 가지 약속이 있습니다.

첫 번째는 기다려주는 마음이 있어야 합니다. 자기주도학습은 지금 당장 성적 1점, 2점을 향상시키기 위한 훈련이 아닙니다. 자기주도학습은 아이들이 성장하면서 접하게 되는 고차원적이고 다양한 문제상황에서 능동적이고 주도적으로 깊은 생각을 통해 문제를 해결하는 능력과 어려운 문제를 접하게 될 때 포기하지 않고 공부하는 힘(power)을 갖도록 만들어 주는 것을 목적으로 하기 때문입니다.

두 번째는 아이와 소통하는 선생님, 부모가 되어야 합니다. 아이와 공감하는 대화를 이끌어가기 위해서는 나의 생각과 의견, 감정이 중요한 것처럼 아이가 중요하다고 생각하고 말하는 관점을 묵살하거나 무시하는 일 없이 공감해 주어야 합니다. 이러한 노력을 통해서 진정한 소통을 이룰 수 있고 아이들 역시 마음의 문을 열고 다가오기 때문입니다.

세 번째는 아이들에게 자기주도적인 삶의 모습을 보여줄 수 있어야 합니다. 어른들이 먼저 즐겁고 행복한 삶을 보여주고 느끼게 하지 못한다면 아이가 그렇게 될 수 없는 것과 같습니다. 어른들이 먼저 주도적인 삶의 모습을 보여주는 것은 아이 역시 스스로 목표를 정하고 계획을 세우며 이를 실행하도록 합니다.

네 번째는 자존감, 자신감, 성취감 등을 높여줄 수 있는 마음의 피드백을 제공해주어야 합니다. 단지 "잘했어"가 아니라 왜 잘했는지를 가능한 구체적으로 여유를 갖고 다정하게 말해주는 것입니다. 어렵지 않죠~

그럼 지금부터 자기주학습에 대해 시작하도록 하겠습니다.

● EBS <교실이 달라졌어요>에서 만난 학생들

2012년 EBS교육 방송사의 섭외로 시작한 첫 녹화, 처음 만난 고등학교 여학생들의 모습에서는 생기가 보이지 않았습니다. 공부를 왜 하는지, 학교는 왜 다니는지 생각하지 못하고 그저 학교와 학원, 과외로 몰리는 아이들의 모습에서는 학창시절의 낭만과 즐거움, 행복이라는 단어가 보이지 않았습니다. 공부의 첫 단계는 무엇일까요? 많은 사람들은 너무 쉽게도 학습동기라고 말합니다. 아이들의 학습동기를 만들기 위해서 인기있는 직업의 세계를 소개하고 꿈을 갖도록 학생들을 격려합니다. 칭찬과 보상, 맞아요. 어느정도는 필요하다고 인정합니다. 하지만 아무리 목표가 좋고 칭찬과 보상이 화려해도 자신이 좋아 서가 아니라 타인에 의한 등 떠밀리듯, 몇 마디의 칭찬과 보상으로 만들어진 목표가 과연 아이의 학습동기를 만들고 지속적으로 유지할 수 있을까요? 자신의 행복한 삶의 목표를 만들어 낼 수 있을까요? 아이들의 학습동기는 시작은 자신에 대한 이해에서부터 시작합니다.

내가 누구인지, 어떤 것에 흥미를 느끼고 즐거워하는지, 어떤 장점과 단점이 있는지, 나의 지적특성은 어떤 것인지, 좋아하는 것인지, 잘하는 것인지를 정확하게 알아봐야 하는 것입니다. 자신에 대한 이해는 올바른 목표를 갖도록 하고, 올바른 목표가 결국 실  천 가능한 자신만의 계획을 구체적으로 준비하며 실행에 옮기게 합니다. 행동에 대한 결과로 얻은 작은 성공의 경험들이 학생들에게 높은 자존감과 효능감을 증가시키고 스스로 동기를 만들 수 있게 하는 것입니다.

스스로 공부하는 학생들에게 다음으로 필요한 것은 무엇일까요? 학습자 스스로가 학습의 참여 여부에서부터 목표설정 및 학습목표 달성을 위한 학습계획의 수립, 교육 프로그램의 선정과 학습계획에 따른 학습 실행, 교육평가에 이르기까지 교육의 전 과정을 자발적 의사에 따라 선택·결정하고 조절과 통제를 하는 학습입니다. 학습자는 이러한 학습의 전 과정을 독자적으로 수행할 수도 있고, 타인의 도움을 받아 수행할 수도 있지만 몇 가지 기본 전제조건들이 충족되어야 합니다. 학습자는 자기주도학습을 위해서 ① 자신의 학습 필요와 욕구를 정확하게 파악하고 이를 심층적으로 진단하고 있어야 하며 ② 학습의 참여 여부와 참여 시기 등을 자율적으로 필요에 따라 적합하게 결정해야 하고 ③ 학습목표를 선정함에 있어 추상적이고 막연한 학습목표의 설정이 아니라 자신의 학습욕구와 필요에 따라 적정의 학습목표를 명확하게 선정해야 하며 ④ 학습 내용 및 방법의 선정에 있어 어떠한 내용의 학습 프로그램이 적합할 것이며 그 방법은 어떠해야 할 것인지를 자율적으로 선택해야 합니다. ⑤ 교육성취 결과를 평가함에 있어서도 외부의 객관적 평가나 교사 및 전문가에 의한 평가에 앞서 학습자 스스로의 주관적인 평가가 먼저 이루어져야 합니다. 또한 SQ3R 전략과 메타인지 훈련에 대한 3대 원칙 방법도 알아야 하겠습니다.

1. 선언지식 : 자신이 학습하는 부분에 대해서 얼마만큼의 정보와 지식과 능력을 가지고 있는지 아는 것.

2. 절차지식 : 어떤 학습(일)을 하는 데 얼마만큼의 노력과 시간이 드는지 아는 것.
   (이점을 아는 것이 학습계획의 시작)

3. 전략지식 : 지식을 습득할 때 어떤 방법(인적 자원과 물적 자원의 활용)을 선택해야 할지 아는 것.

공부한 내용을 오랫동안 기억하고 필요할 때 언제든 꺼내 쓸 수 있는 메타인지의 기본 훈련방법은 알고 있다고 생각하는 지식을 다른 친구들에게 설명하기, 나도 1타 강사가 되어 스마트폰에 녹화하기 등의 훈련 활동이 있습니다. 배운 것을 말로 설명할 수 없다면 그것은 모르는 것이며 연결되지 않은 지식은 나의 지식이 아니라고 인정하는 활동, 바로 또래튜터링 학습(Peer tutoring)을 하는 것입니다. 방과 후 또는 쉬는 시간에 관심 있는 주제를 중심으로 자율동아리 모임을 해보세요. 친구들끼리 학습한 내용을 이야기하고 질문을 주고받는 시간을 통해 자신이 아는 것과 정확하게 아는 것을 구분하려고 노력하는 메타인지를 훈련하는 방법입니다. 5분 학습, 3분 자기화, 2분 설명하기 활동이 처음에는 어색하지만, 점점 즐기면서 발전하는 학생들의 모습을 발견할 수 있습니다. 서로 깨닫고 알게 된 공부 전략을 나누고, 스스로 수업에 참여하기 시작하는 학생들이 많아지는 것을 경험하게 됩니다.

다가올 미래 사회에서 자기주도학습이 더욱 중요한 이유는 무엇일까요. 미래 사회는 본질적으로 개개인의 창의성과 협업의 능력에 근거하여 산업이 발전합니다. AI나 AR/VR, NFT를 포함한 블록체인 기술과 메타버스 등 다양한 신기술은 도구입니다. 문제는 이들

도구를 누가 더 창의적으로 활용하는가에 따라 산업의 승패가 판가름 납니다.

그래서 제7차 교육과정에서는 "창의적 재량활동" 시간을 따로 배치하여 학생들의 창의성을 높이기 위한 기회를 만들려고 하지만, 코딩 교육에 그치는 등 창의성 계발에는 한계가 있습니다. 특히 대학입시를 거치면서 역작용이 나타나고 창의성은 거의 힘을 발휘하지 못하고 있습니다. 이렇게 해서는 미래 시대를 이끌어나가고 주도할 창의적 인재를 만들어낼 수 없습니다. 지식은 따로 기억하지 않아도 개념만 알면 네이버나 구글에서 얼마든지 찾을 수 있고, 수학 문제 풀이는 계산기를 이용하면 되기 때문에 개념이나 이해가 더 중요하며, 다양한 문제를 해석하고 해결할 수 있는 능력이 요구됩니다. 스스로 의문을 가지고 공부하고 찾아보는 능력, 즉 〈자기주도학습〉이 다가올 미래를 준비하는 본질적인 학습입니다. 이미 우리나라는 오징어 게임이나 지옥이 넷플릭스에서 대박이 나고, 세계적인 스타 반열에 오른 BTS를 비롯하여 K-culture를 통해 세계의 문화를 주도하고 있습니다. 남들이 생각하지 못하는 특이한 생각을 하며, 남들이 따라하지 못하는 새로운 것을 창조하는 능력이 자기주도학습을 통해 길러질 수 있기 때문에 미래형 인재를 양성하기 위해서도 자기주도학습 역량이 중요합니다.

이러한 경험으로 자기주도학습 향상 프로그램에 참여한 학생들의 성적의 변화와 행복이 앞으로는 모든 학생들이 경험하는 기회가 되기를 바라며 시작해 보시기 바랍니다.

‘혼공’ 능력 –
자기주도학습의 시작

#나를 정확히 아는 것   #내 삶의 주인이 되는 것   #나에 대한 분석
#깨달아 가는 과정   #목표한 것을 이루기 위해 시간과 노력을 들
이는 행동   #도전하는 것

첫 시간   ‘흥미의 거울’ 활동(동기영역)의 중요성

　나를 알아야 길이 보인다. 대부분의 사람들은 자신에 대해 얼마나 알고 있을까요? 막상
자신에 대해서 아는 대로 쓰거나 말해보라고 하면 생각보다 아는 게 별로 없다는 것을 알
게 됩니다. 자기주도학습은 나를 정확히 아는 것에서부터 시작합니다. 아이들이 생각하는
자신의 특징, 흥미, 장점과 단점, 지적특성 등을 알아가도록 도와주면 혼공하는 능력이 크
게 향상됩니다. 나를 올바로 알아야 나의 나쁜 습관과 좋은 습관, 잘 견디지 못하는 것,
참지 못하는 것, 좋아하는 것, 내가 잘하는 것, 하고 싶은 것을 생각할 수 있고 계획도 하
고 목표도 가질 수 있습니다.

　그리고 한 가지 기억해야 할 점은 ‘자기주도학습’이라는 용어가 공부라는 생각을 걷어내
야 합니다. 학생들은 자기주도학습이 ‘혼자’, 그리고 알아서 스스로 하는 ‘공부’라고 오해
하곤 합니다. 자기주도학습은 내가 내 삶의 주인이 되는 것이며, 그 과정에서 스스로 공부
할 수 있는 힘(Power)를 만드는 것입니다. 요즘 같은 비대면 언택트 시대에 꼭 필요한 능
력이겠죠! 지피지기(知彼知己)가 무슨 말인지 알죠? 나를 알아야 나를 이길 수 있다는 뜻
입니다. 바로 자기주도학습은 자신을 먼저 알고, 외부의 요소들을 파악하는 것으로 시작
됩니다. 오늘은 나를 알기 위해 개개인의 흥미와 장단점, 지적 특성 등에 대해 알아보면서

자기주도학습을 잘 할 수 있는 방법을 배우는 시간을 가질 것입니다.

여러분이 어떠한 것을 시작할 때 가장 먼저 하는 건 뭘 까요? 바로 분석하는 것인데요, 하지만 공부할 때는 나에 대한 분석을 잘 하지 않는 것 같아요. 다들 공감하는 내용이죠? 자신에게 해당하는 행동이나 생각, 습관, 특성을 구체적으로 찾아보고 분석하는 활동은 목표와 계획을 설정하고 성공적으로 실행으로 옮기는 데 중요한 포인트이기 때문에 학습을 하기 전에 '자기분석'이 꼭 이루어져야 합니다. 우선 자신을 객관적으로 들여다보는 것이 필요합니다. 자신이 공부한 시간, 집중력, 배운 것을 설명하는 등 자신에게 해당하는 학습과 관련된 행동 특성을 구체적으로 찾아보고, 분석하는 활동이 부족하거나 거의 이루어지지 않기 때문에 자신의 학습의 문제를 파악하지 못하고 계속 시간을 보내고 있습니다. 학습을 하기 전에 자신에 대한 '분석'이 꼭 이루어져야 합니다. 대부분 이를 생략하거나 경험하지 않고, 점수와 관련된 성적부터 올리는데 신경을 쓰고 집중을 하다보니 자기주도학습 능력이 만들어지는 것이 어렵게 느껴지는 것입니다. 자신을 이해하고 분석하는 일이 결코 어렵지도 지루하지도 않다는 것을 느낄 수 있는 시간이 될 거예요.

공부가 뭐야? 라는 질문을 했을 때 보통 학생들은 '학교 공부, 시험 준비, 학원 숙제, 수능 공부' 등으로 이야기합니다. 하지만 자기주도학습을 하는 학생들은 공부란 '지금보다 나를 더 발전시키기 위한 모든 노력과 행위'라고 넓은 의미로 생각합니다. 공부의 개념은 단순히 교과학습만을 이야기하는 것이 아니라 자신의 부족한 부분을 파악하고 모르는 것을 줄여가며 기쁨을 깨달아 가는 과정이라 할 수 있어요.

먼저 공부의 사전적 의미는 '학문이나 기술을 배우고 익히는 것'이라고 되어 있어요. 이 뜻은 공부가 단순히 학교에서 하는 교과서 공부나 숙제만을 의미하는 것은 아니라는 것입니다. 내가 공을 차는 실력, 기술이 부족해서 더 잘하려고 노력하는 시도, 더 나은 요리를 하기 위해 연구한다든가 새로 산 스마트폰을 잘 다루기 위해 설명서를 열심히 읽고 이해하는 행동도 공부라고 할 수 있어요. 다시 말하면, 책에 있는 지식을 '머리'속에 메모리 즉 기억시키는 것도 공부지만 운동을 할 때 어떤 동작을 반복 훈련해서 '근육'에 기억시키는 것도 공부라고 할 수 있는거예요. 이런 것들의 공통점을 찾아보면 공부는 지금 내가 부족하다고 느끼는 것을 지금보다 더 발전시키기 위해 시간과 노력을 들이는 것 이렇게 정의할 수 있는 것입니다. 다이어트 해 본 경험이 있을 거예요. 처음에는 목표를 세우죠. 아! 난 이번에 5킬로그램을 뺄거야 그 다음 어떻게 해요? 식단을 짜기 위해 인터넷을 뒤져가며 이것저것 알아보고 운동 계획을 짜기 위해 트레이너 선생님의 도움을 받기도 하고요. 체중을 줄이겠다는 목표를 이루기 위해 방법을 짜서 실천해 나가잖아요. 그것도 공부예요!

또 예를 들어 우리가 수영을 배운다고 합시다. 그러면 먼저 "난 2주동안 자유형을 배워볼거야"라는 식의 목표를 세우겠죠. 그리고 어디서 언제 어떻게 할지를 계획하고 모르는 것은 차근차근 배워나가면서 단계별로 동작을 익히잖아요. 이것도 공부라는 거예요. 다시 말하면 내가 목표한 것을 이루기 위해 시간과 노력을 들이는 행동이 바로 '공부'라고 할 수 있는거죠. 어때요, 지금까지 가지고 있던 공부에 대한 좁은 시각이 좀 넓어졌나요? 공부의 진정한 의미를 알게 된다면 공부가 지루한 것, 힘든 것이라는 생각에서 벗어나 '배우는 것', '도전하는 것'을 즐기게 되리라 생각합니다. 또한 목표를 세우고 한 계단 한 계단 올라가면서 발전해 나가는 모습을 즐기는 자신을 보게 될거라 믿습니다. 이제 공부의 '이유'에 대해서 본격적으로 알아봐야겠죠?

1. 먼저 여러분의 흥미에 대해서 알아보는 활동을 준비했는데요. 가볍게 네 가지 질문에 답하면서 자기 자신을 들여다 보는 시간을 갖도록 해요.

2. '내가 흥미로워하는 세 가지 활동' 이 질문에 대해서 답을 잘 해 보았나요? 그렇다면 여기서 끝낼 게 아니라 여러분이 재밌다고 꼽은 활동들이 왜 재미있는지 더 생각해 볼 필요가 있어요. 발표해 보세요.

흥미의 거울

> 활동지에 주어진 질문뿐만 아니라 나를 잘 표현할 수 있는 질문을 만들고 답해 보세요. 내가 무엇을 좋아하고 무엇을 할 때 자신 있고 즐거운지를 아는 것은 자신이 원하는 모습으로 성장하기 위해 스스로를 가꾸는데 매우 중요합니다. 내가 받았으면하는 질문들을 만들어보고 진짜 나를 찾아보세요.

1. 활동지에는 미리 적어 둔 질문들이 있습니다. 나에 대해서 생각할 수 있는 충분한 시간을 갖기 위한 질문입니다. 잘 읽고 곰곰이 생각한 뒤 솔직하게 작성해 보세요.

2. 빈칸에는 내가 직접 만든 질문들을 채워 넣으세요.
   - 이렇게 물어보면 니에 대해서 잘 말해 줄 수 있을 것 같아요!
   - 누군가에게 이런 질문을 받아보고 싶어요!
   - 내가 하고 싶은 것들과 관련된 질문이에요!

   위와 같은 질문들을 적어보세요.

3. 이 활동은 반 친구들과 함께 해 보세요. 상대에게 질문을 하면서 서로를 알아가는 시간을 가져보는 것도 좋겠지요.

4. 이렇게 활동을 마친 후 나에 대해서 생각해 보는 활동 『나만의 브랜드』를 완성시켜 가는데 도움이 되겠지요.

흥미의 거울

흥미를 찾기 위한 질문에 대한 답을 통해 자신의 흥미가 무엇인지를 생각해 봅시다.

학교	학년	반 이름:	날짜:	월	일

자신이 무엇을 좋아하고 무엇에 흥미를 느끼는지를 아는 것은 당장의 공부를 하는 데 있어서 뿐 아니라 앞으로 전공이나 직업을 선택하는 데에도 매우 중요합니다. 다음에 제시된 질문에 대한 답을 통해 자신의 흥미가 무엇인지를 생각해 보세요.

➡ 흥미를 찾기 위한 질문

내가 좋아하는 음식은?

내가 좋아하는 색깔은?

내가 좋아하는 음악 장르는?

내가 흥미로워하는 세 가지 활동은?

1. 흥미의 호수

흥미를 찾기 위한 질문에 대한 답을 통해 자신의 흥미가 무엇인지를 생각해 봅시다.

학교	학년	반	이름		날짜	월	일

자신이 무엇을 좋아하고 무엇에 흥미를 느끼는지를 아는 것은 당장의 공부를 하는 데 있어서 뿐 아니라 앞으로 전공이나 직업을 선택하는 데에도 매우 중요합니다. 다음에 제시된 질문에 대한 답을 통해 자신의 흥미가 무엇인지를 생각해 보세요.

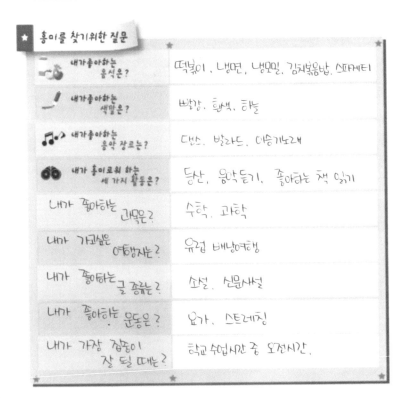

★ 흥미를 찾기위한 질문

내가 좋아하는 음식은?	떡볶이, 냉면, 냉모밀, 김치볶음밥, 스파게티
내가 좋아하는 색깔은?	빨강, 흰색, 하늘
내가 좋아하는 음악 장르는?	댄스, 발라드, 애승기노래
내가 흥미로워 하는 세 가지 활동은?	등산, 음악듣기, 좋아하는 책 읽기
내가 좋아하는 과목은?	수학, 과학
내가 가고싶은 여행지는?	유럽 배낭여행
내가 좋아하는 글 종류는?	소설, 신문사설
내가 좋아하는 운동은?	요가, 스트레칭
내가 가장 집중이 잘 될 때는?	학교 수업시간 중 오전시간.

역사를 매우 좋아하는 것을 한 눈에 알 수 있다. 심지어 흥미로운 활동 중 게임도 역사와 관련된 게임이다. 노트 필기 전략 시간에 역사 내용을 술술 이야기하던 모습이 떠오른다.

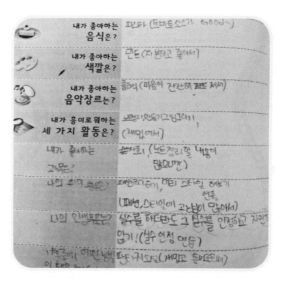

선생님이 꿈인 이 친구는 노트 정리에 흥미를 보이고 패션에도 관심을 갖고 있다. 이 인생목표도 교사의 꿈 때문에 만든 것이라고 한다.

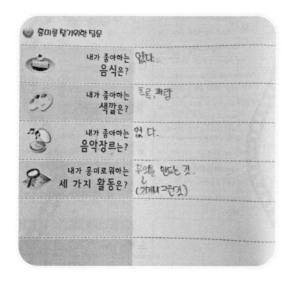

잘하지 못하는 아이라면 용기를 주자. 함께 고민하고 생각해야 한다. 한 가지라도 혼자 힘으로 했다면, 솔직하게 표현했다면 칭찬을 아끼지 말아야 다음 활동을 이어나갈 수 있음을 명심하자.

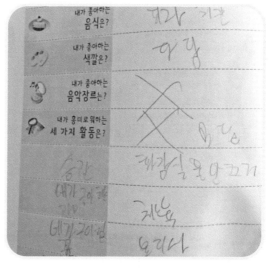

처음에는 백지였다. 왔다 갔다 하면서 한 질문씩 함께 고민했고, 자기 '습관'은 혼자 적었다. 그래서 폭풍 칭찬을 해 주었더니 이와 같이 노력한 흔적을 남겼다. 작은 관심이 이처럼 기특한 결과를 낳을 때가 생각보다 많다. 이제 시작이다. 관심을 멈추지 말아야 한다.

장·단점의 거울

모든 사람은 장점과 단점을 지니고 있습니다. 두 가지 모두 자신의 모습인데요. 자신의 장점과 단점을 정확히 파악하는 것은 명확한 비전을 갖는데 도움이 되며 잠재력을 최대한 발휘할 수 있도록 합니다. 장·단점의 거울 활동지에 여러분이 학교와 기타 장소에서 자신이 맡고 있는 역할과 그 역할에 따른 장점과 단점을 적어보도록 해요. 단점들은 장점을 활용해서 극복할 수 있어요. 장소나 역할에 따라 동일한 행동일지라도 장·단점이 바뀔 수 있습니다.

예시와 같이 각각의 장소에서 자신의 역할은 무엇이고, 그 장소에서 잘하는 점과 아쉬운 점을 구별하여 작성하면 자신의 장단점을 쉽고 구체적으로 파악할 수 있습니다. 자신의 단점에 대해 생각해 본다는 것은 그것을 극복할 수 있는 첫 단계입니다. 추가로 단점을 극복하기 위한 방법들도 함께 적어본다면 보다 훌륭한 자기성장의 기회를 가질 수 있을 것입니다.

혹시 누구에게 이렇게 말해본 적 있어요?

"나는 잘하는 것이 아무리 생각해도 없는 것 같아요."
"나는 늘 자신감이 없어요."
"나는 못한다, 안 된다는 말을 너무 많이 해요."

자신감이 낮은 학생들은 분명한 원인이 있습니다. 가장 먼저 이루어져야 할 것은 바로 스스로 자신에 대해 진단해 보는 활동입니다. 예를 들어 자신이 좋아하는 활동을 찾아본다거나 장·단점을 찾아보는 활동, 자신의 습관을 분석하는 활동 등을 진행하다보면 어느 정도 자신감이 낮아진 원인을 도출할 수 있습니다. 학생들이 스스로를 알아가는 과정을 진행하면서 자신을 사랑하게 되고 자신에 대한 가치를 알게 되면서 스스로 구체적인 목표를 도출하는 경우를 많이 관찰할 수 있었습니다. 이렇게 목표를 세운 학생들은 당연히 목표를 이루기 위한 계획을 세우고 실행해보면서 다양한 성취감을 얻게 됩니다. 이러한 과정이 한 번 진행되는 것이 아니라 여러 번 반복되면서 자신감은 점점 향상됩니다.

내가 무엇을 잘하고 잘 못하는지 말하기 어렵나요? 혹은 말하기 부끄럽나요? 나의 장점과 단점을 잘 아는 것은 어려워하거나 부끄러워해야 할 일이 아닙니다. 왜냐하면 나의 장점은 잘 발전시켜서 경쟁력 있는 강점으로, 단점은 노력하고 보완하여 방해물이 되지 않도록 만들어야 하니까요. 자, 이제 장소와 역할을 최대한 자세히 나누어 나의 장점과 단점을 찾아보세요.

1. 이 활동은 반 친구들과 함께하는 활동이에요.

2. 각자 자신의 장점과 단점을 적을 때, 먼저 활동지의 왼쪽 칸에 내가 자주 머무르는 장소와 그곳에서 나의 역할을 써보세요. 예를 들어, '학교'에서는 학생, OO의 친구, 반장, 주번, 화장실 청소 등의 역할이 있지요. 또는 6학년 1반의 심부름 짱, 5학년 2반의 연예인(친구들을 잘 웃게 할 때) 등을 적어도 좋습니다. '집'에서는 아들, 딸, 손자, 손녀, 언니, 오빠, 형, 누나, 동생 등의 역할이 있습니다. 또는 설거지 당번, 정리정돈의 왕 등의 역할을 넣어도 됩니다.

3. 장소와 역할을 다 정했다면 각각의 장점과 단점을 적어 보세요. 여기서 장점은 남들보다 잘하는 것, 단점은 남들보다 못하는 것이라고 생각하지 않기로 해요. 중요한 것은 다른 누군가가 아닌 내가 생각했을 때 잘하는 것과 부족한 것을 찾아내는 것이니까 내 기준에서 나의 장점과 단점을 솔직한 마음으로 최대한 많이 찾아보도록 노력해요.

4. 모두 적었다면 각자가 작성한 장점과 단점을 바꾸어 읽어 보세요. 서로 인정해 주고 추가로 내가 생각하는 상대의 장점과 단점을 빈 자리에 적어보세요.

5. 조금 더 활동해 볼 수 있다면 자신의 단점을 극복할 수 있는 방법을 구체적으로 적어보세요. 장소와 역할에 따라 어떤 해결책이 있는지 다 함께 고민해보고 앞으로 잘 지켜 나가는지 서로 관심을 갖고 도와주도록 해요.

자신의 장·단점이 무엇인지를 생각해 봅시다.

학교	학년	반	이름:		날짜:	월	일

모든 사람들은 장점과 단점을 지니고 있습니다. 두 가지 자신의 모습이지요. 자신의 장점과 단점을 정확히 파악하는 것은 명확한 비전을 갖도록 도우며, 또 잠재력을 최대한 발휘할 수 있도록 합니다.

➡ **나의 장·단점 알아가기**

구분	역할	나의 장점	나의 단점
학교에서			
집에서			
기타			

2-1. 장 · 단점의 거울

자신의 장 · 단점이 무엇인지를 생각해 봅시다

지향초등 학교 4 학년 1 반 이름 : 서예나 날짜 : 7 월 23일

모든 사람들은 장점과 단점을 지니고 있습니다. 두 가지 모두 자신의 모습이고요. 자신의 장점과 단점을 정확히 파악하는 것은 명확한 비전을 갖도록 도우며, 또 잠재력을 최대한 발휘할 수 있도록 합니다.

🏅 나의 장 · 단점 바로 알기

구분	역할	나의 장점	나의 단점
학교에서	학생	규칙을 잘 지킨다. 숙제 잘 해온다	쉬는 시간에 조금 떠든다
	총무	다른 부서 친구들을 잘 챙긴다	소극적으로 참여한다
집에서	동생	오빠에게 양보를 잘한다	오빠와 잘 싸운다
	딸	부모님께 기쁨을 드린다	짜증을 잘낸다
교회 기타	교인	예배를 잘 드린다.	조금 떠든다
	찬양부 (대표)	찬양부 친구들을 잘 이끌고 찬양을 잘한다	때때로 비힐 때도 있다

예시

(좌상단 표 - 학생 작성)

	역할		
학교에서	일도와있기	조용하다	큰다
	달리다	내아이 마라톤한다 운동이된다	하지만 그장소가 복잡다
집에서	스마트폰한다	조용하다	게임을 안나한다
	잔다	잠을 잘있다	없다
기타	야외활동	재밌게 논다	늦게들어간다
	새 알았다	재밌다	너무많이한다

(우상단 - 예시 표)

모든 사람들은 장점과 단점을 지니고 있습니다. 두 가지 모두 자신의 모습이지요. 자신의 장점과 단점을 정확히 파악하는 것은 명확한 비전을 갖도록 도우며, 또 잠재력을 최대한 발휘할 수 있도록 합니다.

나의 장·단점 바로 알기

구분	역할	나의 장점	나의 단점
학교에서	5-1 반의 일원	아이들과 사이좋게 놀고 이야기를 잘 한다	단체 사람들에서 손을 드는데, 자신의 의견이 있어도 끝을 흐린다
	모둠대표	모둠장 역할 책임을 이룬다	항상 긴장하면 자신의 의견을 못 낸다
집에서	딸	심부름 잘하고 청소 잘합니다	자신의 의견을 잘 끝까지 안합니다
	언니	어렸을 때 사이 좋게 지낸다	우리가 혼자 있는데도 하자고 환경을 꺼낸다
기타	나자신	낯선 곳에서도 자신의 활동을 잘한다	낯선장에서 사람과 잘 만나지 않고 낯설 심하게 가린다
	어깨회	존중하면 같고 웃고 말을 강한다	믿음을 안주고 투덜투덜 하다 (이중인격)

(하단 - 학생 작성 표)

	역할		
학교에서	학생	말을 걸들는다	받아
	친구	친구끼리 친해 계산함	좋음 이 너무함 일
집에서	아들	말 시키는대로 잘 듣는다	산만하다
	동생	가족들 다 알고 관계를 다 위기 애정을 다 여봐 잘잘 한다	너무나 먼다
기타	PC방 놀님	인터넷게임	내 민에 겐다

나의 장·단점 바로 알기

구분	역할	나의 장점	나의 단점
학교에서	회장	친구들의 이야기를 잘 듣고 선생님의 이야기를 잘 집중하여 듣고 실천한다	덜렁댄다 (심부름을 할 때)
	친구	친구들과 친하게 지낸다. 친구를 격려 해준다	나쁘게 안 좋게 대하면 나도 안 좋게 대하게 된다
집에서	큰딸	나는 큰딸로서 아버지의 안방을 자주 닫고 심부름을 잘한다	언제든 아버지의 말을 무시하고 대들곤 한다
	언니	나는 동생들을 잘 놀아 주고, 동생을 원격려 해준다	동생들이 나를 귀찮게 하면 버럭 화를 낸다
기타(교회에서)	밥먹는 태도	식사를 할 때 무엇이 든지 잘먹는다 적당히 먹는다	너무 맛있으면 오늘이 먹는다 그래서 배가 아플 때가 아프다
	설교를 듣는 태도	집중이 잘되면 집중을 잘한다	잠이 오면 존다

SWOT 분석

SOWT분석 기법을 통해 자기분석을 해봅시다.

학교   학년   반 이름: 날짜: 월   일

➡ 자신의 강점과 약점, 기회요인과 위협요인을 작성해 보세요.

강점(Strength)

약점(Weakness)

S   **W**

기회(Opportunity)

O   **T**

위협(Threat)

➡ 자신의 목표를 이루기 위한 전략을 도출해 보세요.

S-O : 기회에 도전하기 위해 강점을 이용

....

S-T : 위협을 피하기 위해 강점을 이용

....

W-O : 단점을 극복하여 기회를 이용

....

W-T : 위협을 피하며 단점을 극복

....

나를 알아가는 시간

1. 가장 마음이 편해지는 **장소**는?

....

2. 지금보다 더 잘하고 싶은 **활동**은?

....

3. 나에게 있어 가장 소중한 **물건**은?

....

4. 당장 뜯어고치고 싶은 나의 나쁜 **버릇**은?

....

5. 나는 가끔 **학교**에 가고 싶지 않을 때도 있다. 이유는?

....

6. 고민이 생겼을 때 **가장 먼저 누구와** 고민을 이야기할까?

....

7. 나만의 **스트레스** 해소법?

....

8. 무인도로 **여행** 갈 때 꼭 있었으면 하는 것 세 가지는?

9. 나에 대한 사람들의 **편견**은? (사람들은 나에게 무엇을 바랄까?)

10. 세상에서 가장 나를 **사랑하는 사람**은 누구일까?

11. 부모님으로부터 가장 듣기 **좋은 말**?

12. 부모님으로부터 가장 듣기 **싫은 말**?

13. **엄마**에게 바라는 점?

14. **아빠**에게 바라는 점?

15. 친구에게 나의 **부모님**을 소개해보자.

16. **휴일**에 부모님과 함께 하고 싶은 일을 구체적으로 적어볼까?

2 하워드 가드너(Howard Gardner)- 지적특성의 거울 활동

#사람의 8가지 지능   #자신의 강점 부분과 약점 부분을 파악
#자신을 이해하고 아는 것은 학습동기를 갖는 열쇠

다중지능을 연구한 하워드 가드너에 따르면 모든 사람은 적어도 여덟 가지 지능을 지니고 있다고 합니다. ① 언어적 ② 논리-수리적 ③ 시-공간적 ④ 신체-감각운동 ⑤ 대인관계적 ⑥ 자기성찰 또는 성찰적 ⑦ 음악적 ⑧ 자연주의적 지능입니다. 사람들마다 각 지능에 차이가 있습니다. 자신의 발달된 부분과 그렇지 않은 부분을 파악하면 상대적으로 부족한 부분을 계발하기 위해 노력하거나 진로의 방향을 선택하고 직업을 고려하는데 참고로 삼을 수 있습니다.

이번 활동지는 자신이 발달한 지적특성을 알아보기 위한 활동지입니다. 검사문항을 읽고 본인에게 해당하는 곳에 체크하여 점수를 합산한 다음 각 지능별로 본인의 점수를 표시하고 선으로 연결합니다. 낮은 지능은 높은 지능을 통해 발달시키고 끌어올릴 수 있습니다. 예를 들면 김연아 선수의 경우 신체·감각운동 지능을 활용하여 음악, 언어, 대인 관계 지능을 리프팅(들어올림)시켰다고 합니다.

예시와 같이 사람마다 지적특성이 다릅니다. 자신의 강점 부분과 약점 부분을 파악하고, 강점을 이용하여 약점을 보완하거나 더 계발하기 위한 전략을 세우고 학습에 적용하도록 해봅시다. 자기주도학습을 시작하면서 자신을 이해하고 아는 것은 학습동기를 갖는데 중요한 역할을 한다는 것을 알게 되셨나요? 자신을 변화시키고 개선하는 과정을 통해서 자아존중감도 높이고 자신감도 갖도록 노력해봅시다.

이번 활동에서 배우게 될 여덟 가지 영역들이 서로 조화롭게 협력하면서 활동할 때 높은 지능을 갖게 됩니다. 중요한 것은 각 지능 영역이 얼마나 높은 결과를 가지느냐 보다는 나에게 어떤 영역이 강하고 약한지를 알고, 지능을 발달시키기 위하여 각 영역들이 균형 있게 활동할 수 있도록 하는 것입니다.

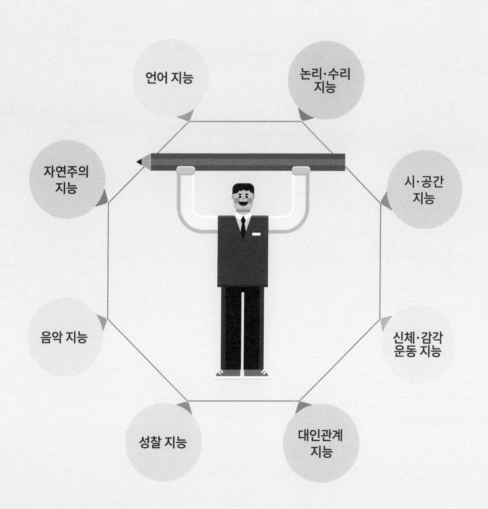

지적 특성 검사문항을 읽고 본인이 해당하는 곳에 체크해 봅시다.

학교	학년	반	이름:		날짜:	월	일

➡️ **다음 질문을 읽고, 해당되는 번호에 표시해 보세요.**

지적특성	거의 그렇지 않다 1	때때로 그렇다 2	자주 그렇다 3	항상 그렇다 4
나는 이야기하는 것을 좋아한다.				
나는 글 쓰는 것을 좋아한다.				
나는 독서를 좋아한다.				
나는 명확하게 잘 표현한다.				
나는 협상을 잘하는 편이다.				
나는 흥미 있는 주제에 내하여 토론하는 것을 좋아한다.				
나는 다른 사람과 말할 때, 설득력 있게 잘 말한다.				
나는 다른 사람의 말투나 특유한 언어습관을 잘 흉내낸다.				
나는 나의 생각이나 느낌을 분명하게 말할 수 있다.				
나는 해야 할 일을 메모하는 편이다.				

합산 점수 1 _____

나는 수학을 좋아한다				
나는 과학을 좋아한다				
나는 문제해결을 잘하는 편이다				
나는 사물들이 어떻게 작동하는지에 대해 궁금해 한다.				
나는 뭔가 새로운 것을 계획하거나 고안해 내는 것을 즐긴다.				
나는 뭔가 답을 잘 찾는 편이다.				
나는 암산을 잘 한다.				
나는 전화번호나 주소에 나오는 숫자들을 잘 기억한다.				
나는 퍼즐게임을 잘 한다.				
나는 순차적이고 체계적으로 문제를 해결한다.				

합산 점수 2 _____

지적특성	거의 그렇지 않다 1	때때로 그렇다 2	자주 그렇다 3	항상 그렇다 4
나는 지도같은 것을 쉽게 만든다.				
나는 내 생각을 설명할 때 그림이나 도표를 그린다.				
나는 그림이나 도표로 된 내용들을 쉽게 이해한다.				
나는 그림이나 사진을 즐긴다.				
나는 긴 글을 읽는 것을 좋아하지 않는다.				
나는 글보다는 그림을 그리는 것을 더 좋아한다.				
나는 방을 꾸미거나 정돈을 잘한다.				
나는 한번도 가 본 적이 없는 곳에서도 길을 잘 찾는다.				
나는 기계나 가구를 잘 고친다.				
나는 장식하기, 정원 가꾸기에 남다른 재주가 있다.				

합산 점수 3 ＿＿＿＿＿

지적특성	거의 그렇지 않다 1	때때로 그렇다 2	자주 그렇다 3	항상 그렇다 4
나는 신체적인 활동을 즐긴다.				
나는 가만히 앉아 있는 것이 편하지 않다.				
나는 행동을 통해 배우는 것을 좋아한다.				
나는 앉아 있을 때 손이나 발을 움직인다.				
나는 손으로 하는 일이 즐겁다.				
나는 걸으면서 생각하거나 공부하는 것을 좋아한다.				
나는 바느질, 글씨쓰기와 같은 정교한 작업을 잘한다.				
나는 운동하기에 좋은 신체 조건을 가지고 있다.				
나는 체육과목을 좋아하는 편이다.				
나는 모형 만들기, 글씨 쓰기와 같은 정교한 작업을 잘한다.				

합산 점수 4 ＿＿＿＿＿

지적특성	거의 그렇지 않다 1	때때로 그렇다 2	자주 그렇다 3	항상 그렇다 4
나는 다른 사람들과 함께 과제를 수행하는 것을 좋아한다.				
사람들은 고민해결을 위해 내게 도움을 요청한다.				
나는 친구들과 함께 하는 시간을 좋아한다.				
나는 사람들의 마음을 잘 이해하는 편이다.				
나는 사람들을 편하게 해주는 편이다.				
나는 다른 사람들을 돕는 것을 좋아한다.				
나는 다른 사람의 '성격'을 잘 파악한다.				
나는 사람들과 쉽게 친해지는 편이다.				
나는 친구의 따끔한 충고를 잘 받아들인다.				
나는 자원봉사, 경찰같이 사람을 접하는 일을 잘 할 것 같다.				

합산 점수 5 _____

지적특성	거의 그렇지 않다 1	때때로 그렇다 2	자주 그렇다 3	항상 그렇다 4
나는 생각을 위해 꽤 많은 시간을 필요로 한다.				
나는 어떤 문제에 대하여 말하기에 앞서 충분히 생각한다.				
나는 자기계발에 관심이 있다.				
나는 내 생각과 감정을 잘 알아차린다.				
나는 내가 무엇을 원하는지 알고 있다.				
나는 혼자 일을 하는 것을 좋아한다.				
나는 어떤 인생을 보낼지에 대한 확신이 있다.				
나는 실패나 좌절을 했을 때 스스로에게 화를 낸다.				
나는 감정을 잘 인식하고 기분을 잘 통제한다.				
나는 재능, 흥미, 성격을 고려해서 하고 싶은 일을 선택한다.				

합산 점수 6 _____

꼭 알아야 할 1%만의 초공시용설명서

지적특성	거의 그렇지않다 1	때때로 그렇다 2	자주 그렇다 3	항상 그렇다 4
나는 리듬 감각이 있다.				
나는 노래를 들으며 따라하는 것을 좋아한다.				
나는 나에게 음악적 재능이 있다고 말한다.				
나는 음악을 통해 내 생각을 표현하는 것을 좋아한다.				
나는 다른 사람과 함께 노래할 때, 화음을 맞춰 부를 수 있다.				
나는 숨겨진 음악적 재능이 많다고 생각한다.				
나느 음악을 잘 듣는다.				
나는 음악을 들을 때 손가락이나 발로 리듬을 탄다.				
나는 머리 속에 좋아하는 가락이 자주 떠오른다.				
나는 악기 연주를 배운적이 있다.				

합산 점수 7 _____

지적특성	거의 그렇지않다 1	때때로 그렇다 2	자주 그렇다 3	항상 그렇다 4
나는 자연과 관련된 일을 하고 싶다.				
나는 식물, 동물 또는 바다에 대해 공부하는 것을 좋아한다.				
나는 잠잘 때를 제외하고는 집 안에만 있는 것을 싫어한다.				
나는 어렸을 때 곤충이나 나뭇잎 등을 가지고 놀았다.				
나는 스트레스를 받을 때 숲, 바다 등 자연으로 가고 싶다.				
나는 농장에서 동물을 키우거나 수의사가 되고 싶다.				
나는 애완동물을 길러 본 적이 있다.				
나는 캠핑이나 등산같이 자연을 관찰하는 것이 재미있다.				

합산 점수 8 _____

지적 특성의 거울

> 나의 지적특성 영역의 발달 정도를 하나의 그래프에 그려서 확인해 보세요. 그리고
> 이것이 무엇을 의미하는지 함께 알아가 보도록 해요.

1. 앞의 활동지에서 구했던 합산 점수 1~8을 그래프에 그리세요. 방법은 같은 번호끼리
   짝을 맞추어 해당 점수에 점을 찍습니다. '합산점수 1'은 언어적 지능, '합산점수 2'는
   논리적·수리적 지능 등이 되겠지요.

2. 이제 각 영역의 점을 아래의 사진과 같이
   선으로 이어보세요. 그래프에서 가장 높
   은 합산 점수를 가진 강점 지능은 파란색
   동그라미를, 가장 낮은 합산 점수를 가진
   약점 지능에는 빨강색 동그라미로 표시해
   주세요. 동점일 경우 모두 표시해요.

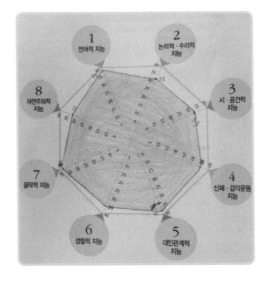

3. 그래프의 아래 표에는 각 지적특성에 대
   해 설명하고 있어요. 이 때, 직업군은 나
   의 미래 모습과 관련 있다는 것을 기억하
   며 잘 읽어보세요.

4. 다시 그래프로 돌아가서 첫째, 강점인 지능을 학습에 어떻게 활용할 것인지 둘째, 약한
   지능을 극복하기 위하여 어떤 노력을 할지 적어봅니다. 이때, 강점인 지능을 이용해서
   약한 지능을 발달시킬 수 있는 전략을 찾아보세요.

지적 특성의 거울(분석)

각 지능별로 본인의 점수를 표시하고 선으로 연결해 봅시다.

| 학교 | 학년 | 반 | 이름: | 날짜: | 월 | 일 |

➡ **다음 질문을 읽고, 해당되는 번호에 표시해 보세요.**

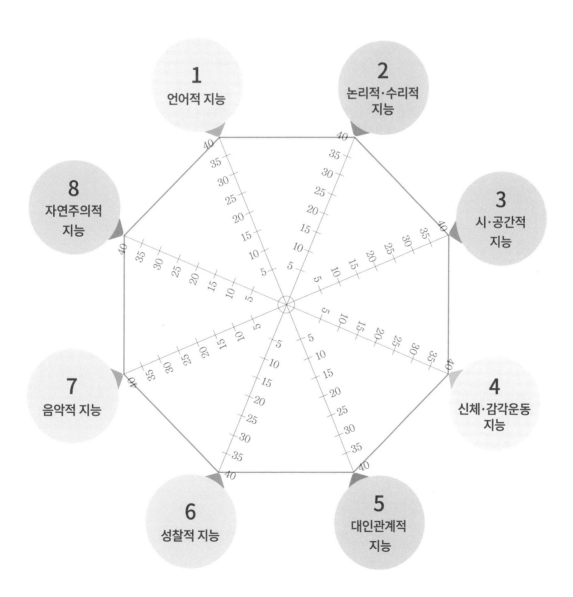

➡ 지적특성의 거울 분포도 해석

영역	내용
언어적 지능	**언어를 통하여 의사소통 할 수 있는 능력(듣기-읽기-쓰기-말하기)** : 지역, 이름 등을 잘 기억하고 사람들과 대화할 때 다양한 단어들을 많이 사용한다.
논리수리적 지능	**논리적 사고를 이해하고 문제를 해결할 수 있는 능력** : 체계적인 방법으로 문제를 해결한다.
공간적 관계성 지능	**공간적 관계성을 이해하고 형상을 만들어 낼 수 있는 능력** **(시각예술, 그래픽 디자인, 설계, 지도 등)** : 사람들의 얼굴을 잘 기억하며, 대화할 때 신체 언어를 능숙하게 사용한다.
신체·감각운동 지능	**신체를 기술적으로 사용하고 신체감각을 통하여 지식을 얻을 수 있는 능력** : 운동신경이 발달되어있고 손재주가 뛰어나며 활동적이다.
자연주의적 지능	**자연과 환경에 대한 관심과 그 특성을 이해할 수 있는 능력** : 자연에 대한 관심, 생태계의 균형, 환경오염 등에 대한 관심과 열정을 가짐
대인관계적 지능	**다른 사람과 효과적으로 관계를 맺는 능력** : 자신과 다른 사람의 기분이나 감정에 주의를 잘 기울이고, 사교적인 활동, 협동학습, 팀워크, 상담 등에 뛰어남
성찰적 지능	**자신의 행동과 내적인 사고 및 감정을 이해하는 능력** : 자의식, 자율성, 자기성찰능력
음악적 지능	**음을 이해하고 의미 있는 방식으로 창조해 낼 수 있는 능력** : 감정발산, 창조적, 새로운 발견과 발명을 선호, 청각기능과 상상력이 뛰어남

학생들마다 모두 다른 결과가 나타납니다. 자신에게 관대한 아이들은 거의 만점을 주어서 팔각형을 꽉 채우고, 자신에게 엄격한 아이들은 중심을 크게 벗어나지 못한 작은 도형을 만듭니다. 때로는 무슨 모양이라고 정의 내릴 수 없는 비뚤비뚤한 형체를 만들기도 합니다. 여기서 핵심은 '어떤 모양이 좋다, 나쁘다'라고 얘기하지 않습니다. 중요한 것은 나의 강점과 상대적으로 약한 지

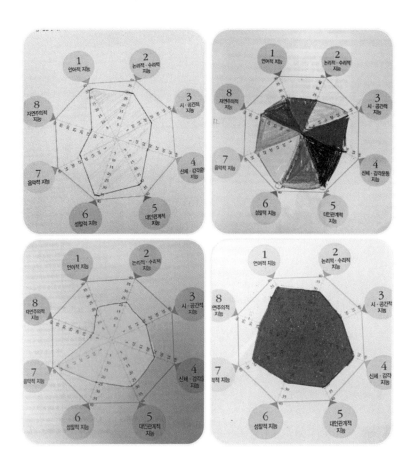

능을 알고 발전시켜 나가는 것입니다. 내 지능의 결과를 보고, 다른 지능에 비해서 뛰어나거나 부족한 지능을 찾아보는 거예요. 먼저, 가장 취약한 지능 영역을 고릅니다. 그 다음 비교적 발달된 지능 영역과 함께 융합할 수 있는 영역이 있는지 찾아보도록 해요.

가장 취약한 활동을 향상시키기 위해서 그 지능과 관련된 활동만을 시키는 것은 금물입니다. 취약하다는 의미는 이미 자신이 잘 못하거나, 자신이 없거나, 재미가 없는 활동들로 구성된 것을 뜻하는 경우가 많습니다. 하기 싫은 것을 억지로 시키면 더 싫어지지 않겠어요? 좋아하고, 자신 있고, 내가 쉽게 배울 수 있는 활동에 취약한 활동을 살짝 얹어 일석이조의 효과를 노리자고요.

또 한 가지! 강점 영역이라고 해서 그대로 방치하지 말아야 합니다. 그 지능은 더 관심을 갖고 발전시켜줘야 할 부분입니다. 우리의 뇌는 시간이 지난다고 절대 저절로 발달하지 않습니다. 꾸준한 관심과 훈련이 있어야 강점을 더욱 발전시킬 수 있음을 기억해야 합니다.

습관의 거울

누구나 하나쯤은 가지고 있는 것이 바로 습관입니다. 그런데 이 습관이란 놈이 양면성이 있어서 좋은 것만큼 나쁜 것도 한 번 몸에 배면 바꾸는 게 참 쉽지가 않습니다. 그렇기 때문에 학습에 있어서의 습관이 더욱 중요한 것인데, 학습에 있어서의 습관은 어떤 것을 의미할까요? 습관은 한자어로 풀이할 때 "어린 새가 날개 짓을 연습하듯 매일 반복하여 마음에 꿰인 듯 익숙해진 것"입니다. 그런데 학습의 한자어 "습" 역시 같은 의미입니다. 배우는 것(學)에서 끝나는 것이 아니라 새의 날개 짓 연습처럼 매일 반복해서 익혀야 습(習)이 이루어지는 것입니다. 즉, 좋은 습관이든 안 좋은 습관이든 이미 만들어지고 익숙해진 습관이 다른 활동에도 밀접하게 영향을 준다는 것은 당연합니다. 습관은 공부에도 큰 영향을 미치게 됩니다.

자기자신에 대해 정확히 알고 자기주도학습을 이어간다면 여러분 모두 '혼공' 능력을 갖추고 자기주도학습을 시작하는 좋은 출발선에 서게 되는 것입니다. 습관의 사전적 의미는 여러 번 되풀이함으로써 저절로 익히고 자연스러워진 행동을 말해요. 또는 치우쳐서 고치기 어렵게 된 습관을 뜻하기도 해요. 우리가 가진 습관 중에서는 분명 좋은 습관도 있고, 나쁜 습관도 있는데요. 이번 시간을 통해 내가 가진 좋은 습관은 무엇인지 그리고 좋지 않은 습관은 무엇인지 알아보고 나쁜 습관을 좋은 습관으로 어떻게 개선해 나갈 수 있을지 고민하는 시간을 가져보도록 하겠습니다. 그렇다면 학습에 도움이 되는 좋은 습관을 갖기 위해 어떤 노력을 해야 할까요? 좋은 습관을 만들기 위해 걸리는 시간과 관련한 연구를 실시하였습니다. 심리적인 기간으로 21일을 혹은 매일 같이 반복하여 66일이 걸린다는 연구도 있었습니다. 중요한 것은 매일 반복하여 꾸준히 실행해야 한다는 것입니다. 매일 좋은 습관을 실천하기 전 한 가지 선행해야 하는 것이 있습니다. 호랑이를 잡으려면 호랑이 굴로 들어가야 하듯이 학습습관을 바로잡으려면 나의 평소 학습습관을 제대로 꼬집어보는 것이 중요합니다. 다음과 같은 질문을 통해 학습습관을 체크해 보도록 합시다. 첫 번째 질문은 학원을 다니든 안 다니든 간에 스스로 '공부하는 시간이 일주일에 몇 시간 정도 되는가'입니다. 만약 공부시간이 궁금하다면 스톱워치를 이용하여 자기 공부시간을 재보는 것이 좋습니다.

특히 한 번 앉아서 공부하는 시간이 20~30분 정도밖에 안 된다면 시계 없이 공부해서 지루해질 때까지의 시간을 측정해 보아야 합니다. 참고로 일주일에 20시간 이상은 되어야만 만족할 만한 성적향상이 가능하다고 합니다. 두 번째 질문은 '시험 준비 기간과 그렇지 않을 때 공부하는 과목과 방법이 다른가'입니다. 아무래도 시험기간에는 자신만의 시험 준비 전략이 필요하겠죠? 세 번째 질문은 '공부한 내용을 정리하는 방법들을 얼마나 활용하고 있는가'입니다. 교과서 여백, 노트, 오답 노트, 포스트 잇 활용 등 자신에게 맞는 정리 기법들을 개발하는 것이 중요합니다. 네 번째는 '과목별로 공부하는 방법들이 다른가 또는 그 방법들을 어떻게 활용하고 있는가'입니다. 성격에 따라 다르겠지만 공부시간이 확보되는 중학교 때에는 어떤 스타일이라도 상관없습니다. 하지만 상대적으로 시간 확보가 어려운 고등학교 때는 속도와 분량을 조절하기가 버거울 수 있습니다.

따라서 시험 공부계획을 짤 때 2회에서 2.5회 정도는 반복을 하도록 계획을 짜고 훈련하는 것이 나중을 위해서 좋습니다. 마지막으로 '공부하는 시간과 휴식 시간을 명확히 구분하는가'입니다. 공부시간에는 쉬고 싶은 마음, 쉬는 시간에는 공부에 대한 걱정을 하게 된다면 그 어떤 것도 효과적으로 진행할 수 없게 됩니다. 따라서 이러한 생각이 들지 않도록 적절한 휴식을 취하는 습관이 학습에 더욱 효과적입니다. 다음 내용은 평소보다는 수업시간에 활용하면 좋은 학습 습관입니다.

좋은 학습 습관의 예 : 수업의 주인이 되는 습관
① 질문할 것을 찾고 질문을 한다.
② 메타인지 노트로 필기를 한다. 선생님의 표현이나 농담도 놓치지 않으면서 약어 부호를 사용하여 필기하는 습관을 들인다.
③ 선생님 말씀에 다양한 표정과 반응을 보인다.
⑤ 쉬는 시간에 즉시 배운 내용을 5분 동안 복습 정리한다.
⑤ 수업내용을 기억하면서 보드판 또는 노트에 누군가에게 설명하듯이 말해본다. (자연스러운 복습이 된다)

좋은 습관은 하루아침에 만들어지는 것이 아닙니다. 처음에는 어색하고 불편한 것을 익숙해 질 때까지 꾸준히 하다 보면 나중에는 자연스럽고 편해지는 때가 오게 됩니다. 바른 학습습관을 만들어주자는 것은 당장 성적의 변화를 만들자는 것 이상의 변화, 곧 사람을 변화시키고자 하는 의미가 있습니다. 사람이 변화하지 않고는 성적의 변화는 만들어지지 않기 때문입니다. 독일의 화학자인 Justus Liebig의 최소량의 법칙(law of minimum)처럼 성공한 삶은 좋은 습관 하나가 잘 만들어졌다고 완성되는 것이 아닙니다. 그러므로 한쪽으로 치우치지 않도록 주변에 관심을 갖고 있어야 하는데, 관계성, 도덕관, 예의, 주의력, 신체건강, 학습능률을 올리는 교과학습전략에 이르기까지 고루 관심을 가져야 합니다. 간섭이 아닌 작은 변화에도 호응하고 인정해주는 태도, 그래서 우리 아이들이 자신이 소중하고 가치 있는 사람임을 느끼게 해준다면 많은 변화를 기대할 수 있고 이것이 최고의 지도법이 아닌가 생각합니다

습관의 거울이라는 활동지는 여러분이 어떤 습관을 가지고 있는지에 대해 알아보기 위한 활동지입니다. 활동지에 내가 가진 좋은 습관과 나쁜 습관을 생각해보고 작성한 후 좋지 않은 습관을 바꾸기 위한 계획을 구체저으로 작성해 보도록 하죠. 이때 계획은 내우 구체적으로 세우는 것이 중요한데 예를 들어 본인에게 '수업시간에 문자를 보낸다'라는 나쁜 습관이 있다면 수업시간에 핸드폰 꺼놓기, 쉬는 시간에만 메시지 확인하기 등 실천 가능한 구체적인 목표를 세우는 것이 좋습니다.

습관의 거울

자신의 습관에 대해서 생각해 보는 시간을 가져봅시다.

학교	학년	반	이름:	날짜:	월	일

습관이란 평소에 또는 어떤 순간에 취하기 쉬운 생활 패턴이나 행동을 말합니다. 습관에는 두가지 종류가 있습니다. 좋은 습관은 삶에 좋은 영향을 주는 것입니다. 좋지 않는 습관은 삶의 목표에 방해가 되는 것입니다. 이제 자신의 습관에 대해서 생각해 보는 시간을 가지세요.

➡ 나만의 습관을 찾아 보세요

나의 습관들

좋은 습관	나쁜 습관

➡ 좋지 않은 습관을 변화 시키는 방법

1. 자신의 습관에 대해서 솔직해진다.
2. 어떤 습관이 문제가 된다는 것을 깨닫는다.
3. 변화를 결심한다.
4. 오늘 바로 시작한다.
5. 한 번에 한 가지씩만 바꾼다.
6. 꾸준히 지속한다.
7. 실패했다고 해서 지나치게 낙담하지 않는다.
8. 잘해 내는 자신의 모습에 대해 칭찬한다.

➡ 좋지 않은 습관을 바꾸기 위한 계획

나쁜 습관	나의 계획

긍정의 거울

칭찬은 고래를 춤추게 한다는 말을 다들 잘 알고 있죠? 그런데 스스로에게도 칭찬할 수 있다는 사실을 알고 있나요? 누군가로부터 칭찬을 받을 때까지 기다리지 말고 먼저 스스로에게 칭찬해보면 어떨까요? 그 점이 긍정성이예요! 그럼 지금부터 내가 가진 긍정적인 모습을 한번 찾아볼까요? 이번 활동지는 내가 나를 긍정적으로 생각하는 정도를 파악하기 위한 것입니다. 체크리스트를 통해 사소한 나의 긍정적인 면을 찾아보고, 긍정의 나무를 칠해보도록 합시다.

예시와 같이 자신에게 부족한 열매를 극복하기 위한 방법들을 생각해보고 다짐을 적어보도록 하세요. 지금의 다짐을 꼭 실천한다면 보다 긍정적인 모습으로 살아가는 여러분이 될 수 있을 겁니다.

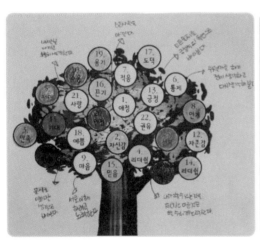

예시처럼 내가 이미 가진 열매는 예쁘게 칠하고, 아직 맺지 못한 열매를 맺기 위한 나의 노력을 함께 적어보세요. 왜 나에게는 아직 이 열매가 없는지, 내가 생각하는 이유를 적어보세요. '그냥 어려워서'가 아니라, 무엇이 나를 가장 두렵고 자신 없게 만드는지 그 원인을 찾아낸다는 마음으로요!

긍정의 거울 1

내가 나를 긍적으로 생각하는 정도를 알아봅시다.

학교   학년   반   이름: 날짜: 월   일

나의 긍정의 힘은 어느 정도 일까요? 아래 문항들은 여러분이 '자신을 어떻게 보느냐' 하는 자신에 대한 생각을 나타내는 문항입니다. 여러분의 생각을 잘 나타내 주는 란에 ○표를 해보세요.

번호	설문문항	그렇다	아니다
1	나는 지금의 나 자신이 좋다.		
2	나는 학급에서 여러 사람 앞에 나가 자신있게 말할 수 있다.		
3	나는 내 자신과 주변에 대해 만족한다.		
4	나는 무슨 일이든 자신 있게 결정할 수 있다.		
5	나는 친구들 사이에서 재미있는 친구로 통한다.		
6	나는 집에서 화를 잘 내지 않는다		
7	새로운 환경에 낯을 가리지 않고 금방 익숙해진다.		
8	나는 친구들 사이에서 인기가 좋은 편이다.		
9	나는 부모님이 나의 마음을 잘 알아준다고 생각한다.		
10	나는 친구들의 의견을 무시하지 않고 잘 받아들인다.		
11	부모님은 항상 나의 꿈을 지지해 준다고 생각한다.		
12	나는 내 자신이 자랑스럽고 사랑스럽다.		
13	나는 걱정을 하지 않는다.		
14	나보다 어린 사람들은 내 말을 잘 듣는다.		
15	나는 내 자신을 믿는다.		
16	나는 내가 맡은 일을 중간에 포기하지 않는다.		
17	나는 학교에서 해야 할 일과 하지 말아야하는 일들을 안다.		
18	나는 다른 사람에 비해 잘생겼다.		
19	나는 말하고 싶은 것이 있으면 자신있게 말한다.		
20	나의 부모님은 나를 인정해 준다.		
21	내 주변 사람들은 나를 귀여워하고 사랑스러워한다.		
22	부모님은 나에게 내가 할 수 없는 요구는 하지 않는다.		
23	나는 학교에서 모르는 것을 배우는 것이 즐겁다.		
24	나는 내가 해야 할 일을 신중하게 고민한다.		
25	나는 믿음직한 사람이다.		

긍정의 거울 2

내가 나를 긍정적으로 생각하는 정도를 알아봅시다.

학교   학년   반 이름: 날짜: 월   일

➡ **긍정의 나무 그리기**

두 가지 방법 중 쉽게 생각되는 것을 선택해 보세요. 한 번에 여러 개를 도전하는 것은 당연히 힘든 일입니다. 제일 탐나는 열매를 한 가지씩 정하여 나의 노력을 적고 도전해 보세요. 풍성한 열매를 맺을 그 날까지 포기하지 않을 자신 있죠?

나의 일대기

자신의 일대기를 4컷 만화로 표현해 봅시다.

학교   학년   반   이름: 날짜: 월   일

　　이번 활동지를 통해서는 자신이 어떤 사람으로 살아왔는가에 대해 가장 기억나는 부분과 앞으로 나의 목표와 꿈이 나타날 수 있도록 간단한 4컷 만화를 그려보도록 하겠습니다. 지금의 나를 있게 한 결정적인 사건이나 앞으로의 목표를 표현하여 나의 일대기를 그려보겠습니다. 4컷 만화를 그려봄으로써 여러분 스스로가 어떠한 사람인가에 대해 큰 그림을 그려볼 수 있을 것입니다.

➡ 자신의 일대기 4컷 만화

내 마음의 거울

내가 어떤 사람인가 자유롭게 나타내 봅시다.

학교　　　학년　　　반　이름:　　　　　날짜:　　월　　일

3 멋진 자기주도학습자 되기

#자기분석 #목표설정 #계획수립 #자기과제 실행 및 해결
#자기 평가와 검토 #수정과정 #문제를 해결하는 방법과 능력
#자기이해 #자신감

대한민국에서 자기주도학습을 모르는 학생은 없을 것입니다. 그렇지만 제대로 아는 학생도 별로 없는 것 같습니다. 왜냐하면 자기주도적으로 공부하는 학생이 많이 없는 것을 보고 쉽게 예상할 수 있습니다. 여러분은 꼭 자기주도학습을 잘 이해하여 멋진 자기주도학습자가 되기를 바랍니다. 멋진 자기주도학습이란 무엇인지 배워보고, 나의 자기주도학습능력에 대해 알아보도록 하겠습니다. 자기주도학습은 무엇일까요? 자기주도학습은 무조건 혼자 공부하는 것이 아닙니다.

자기주도학습에는 이런 순서가 있어요. **1)자기분석 -2)목표설정 -3)계획수립 -4)자기과제 실행 및 해결 -5)자기 평가와 검토 -6)수정의 과정**을 본인이 주도권을 가지고 진행하는 것을 말합니다. 공부하다가 어려운 문제에 봉착되었을 때 어떻게 하지… 라는 걱정과 두려움에 휩싸이는 것이 아니라 여러분 주변에는 문제를 해결할 수 있는 다양한 방법들이 존재한다는 점을 꼭 알아야 합니다. 단지 우리는 방법을 몰라서 걱정만 하고 행동으로 옮기지 못하는 것입니다. 방법은 바로 주변의 인적자원(선생님, 반 친구)과 물적자원(교재, 참고서, 문제집, 백과사전, 지식인, 인터넷, 유튜브 등)을 활용할 수 있는 힘을 기르는 것입니다. 이 과정을 통해서 여러분은 어려운 문제를 해결하는 방법과 능력을 갖게 됩니다. 협업의 힘, 성공의 경험, 학습동기, 메타인지, 수정된 행동에서 자신을 점검하고 평가하는 과정에서 자기이해와 자신감을 향상시킬 수 있습니다.

지금부터 함께 진행하면서 하나씩 알아보도록 하겠습니다.

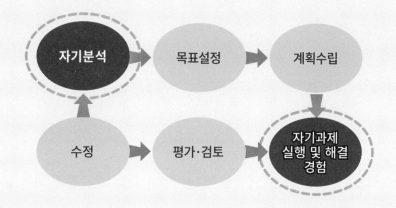

이 활동지는 지금 현재 나의 자기주도학습능력은 어떠한지 알아보는 활동지입니다. 검사지 문항의 Yes/No 표기를 완성한 후 Yes라고 답한 개수를 세어봅니다. 26~30개는 자기주도학습이 습관화되어 있는 학생이고, 21~25개는 자기주도학습을 실천하는데 어려움이 없는 학생, 16~20개는 자기주도학습의 태도가 양호하며 스스로 공부할 수 있는 능력이 있는 학생, 11~15개는 타율 지향적인 편이고 주입식교육에 익숙해 있으며 스스로 공부하려는 의지에 비해 실천력이 부족한 학생이라고 볼 수 있습니다. 마지막으로 yes의 개수가 10개 이하라면 학습관리, 정신관리와 함께 주변 공부환경 점검을 통해 자신에 대한 근본적인 변화가 필요하다고 할 수 있습니다.

하지만 지금의 점수는 나의 현재의 상태일 뿐이지 미래의 모습은 아닙니다. 앞으로 수업을 통해 자기주도학습에 대해 배우고 실천한다면 반드시 눈에 띄게 발전하는 학생이 될 것이라고 생각합니다.

자기주도학습

자기주도학습에 대한 자신의 생각을 정리해 봅시다.

| 학교 | 학년 | 반 | 이름: | 날짜: | 월 | 일 |

➡ **자기주도학습하면 떠오르는 생각들을 아래의 상자에 자유롭게 적어 보세요**

자기주도학습능력 알아보기

본인의 자기주도학습능력에 대해서 스스로 진단해 봅시다.

| 학교 | 학년 | 반 | 이름: | 날짜: | 월 | 일 |

문항	자기주도학습능력 체크 문항	Yes	No	문항	자기주도학습능력 체크 문항	Yes	No
1	인생의 목표를 위해서 공부한다.			16	주변이 소란스러워도 집중할수 있다.		
2	누가 시키지 않아도 스스로 공부한다.			17	모르는 내용을 알려고 노력한다.		
3	교과서와 학교수업에 충실히 임한다.			18	나의 취약과목과 전략과목을 알고 있다.		
4	나의 학습능력에 대한 믿음이 있다.			19	어려운 문제를 쉽게 포기 하지 않는다.		
5	잘못된 공부습관을 고치려고 노력한다.			20	다른 친구들의 공부법에 관심이 있다.		
6	복습을 중요하게 생각하며 실천한다.			21	과목별로 나만의 공부방법이 있다.		
7	시험 후 오답을 반드시 확인한다.			22	구입한 교재는 끝까지 보는 편이다.		
8	학교 수업의 이해에 어려움이 없다.			23	슬럼프를 극복할 수 있는 의지가 있다.		
9	왜 공부 하는지 알고 있다.			24	도움을 청하는데 거리낌이 없다.		
10	공부하기 전에 학습목표를 점검한다.			25	주기적으로 반복학습을 하는 편이다.		
11	자투리 시간을 적절이 활용하고 있다.			26	계획을 세우면 실천하는 편이다.		
12	주별 월별로 학습계획을 세워서 공부한다.			27	학교시험은 미리 계획을 세워서 준비한다.		
13	학기마다 새로운 공부 목표를 세운다.			28	싫어하는 과목도 공부한다.		
14	1시간 이상 책상에 앉아서 공부한다.			29	시험 후에도 꾸준히 공부하는 편이다.		
15	공부에 즐거움을 느끼는 때가 많다.			30	하루에 3 시간 이상 혼자서 공부한다.		

Yes라고 답한 개수 : _____ 개

26~30개	자기주도학습이 습관화되어 있는 학생 최상의 학습효과를 얻기 위한 학습전략 점검이 필요함
21~25개	자기주도학습을 실천하는데 어려움이 없는 학생 학습 습관 정착을 위한 체크리스트를 작성하여 꾸준히 실천하며 자신의 효과적인 공부 방법을 알기 위한 전략이 필요함
16~20개	자기주도학습을 실천하는데 어려움이 없는 학생 세부적으로 학습계획을 세우고 현재의 공부방법과 태도를 점검하고 수정 보완하여 일관성 있게 실천할 필요가 있음
11~15개	타율 지향적인 편이고 주입식교육에 익숙해 있으며 스스로 공부하려는 의지에 비해 실력이 부족한 학생 실천 가능한 학습목표와 학습계획을 세우고 꾸준히 실천하는 훈련과정이 필요하며, 작고 현실적인 목표 달성에 대한 성취감을 통해 공부에 대한 자신감과 자신의 학습능력에 대한 믿음을 키워 나가야 함
10개 이하	타율적이고 공부에 대한 계획과 실천력이 부족하며, 공부에 대한 새로운 목표와 정립이 필요한 학생 학습관리, 정신관리와 함께 주변 공부환경 점검을 통해 자신에 대한 근복적인 변화가 필요함

나만의 자기주도학습! 어떻게?

자기주도학습의 실천 방법에 대해 스스로 생각해 봅시다.

| 학교 | 학년 | 반 | 이름: | 날짜: | 월 | 일 |

➡️ **자기주도학습의 중요한 요소들을 어떻게 실천할 수 있을까요? 각각의 실천 방안을 자유롭게 생각해 보세요.**

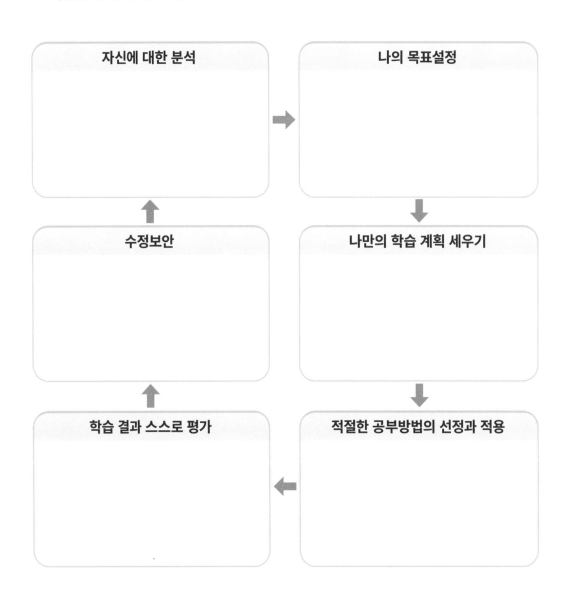

자신에 대한 분석

나의 목표설정

수정보안

나만의 학습 계획 세우기

학습 결과 스스로 평가

적절한 공부방법의 선정과 적용

자기주도학습 SMMIS

앞으로 자기주도학습능력을 만들어가기 위해 SMMIS 단계를 꼭 기억해 주시기 바랍니다. 지금부터 함께 공부할 내용에 대해 알아보도록 하겠습니다.

첫 번째, Self-motivation은 스스로 동기 만들기를 의미합니다. 대부분의 학생들은 자신에 대해 잘 모르는 것 같아요. 분명히 장점이 많은데 잘 못하는 것과, 자신 없는 것만 알고 있는 친구들이 많이 있습니다. 자신에 대해 잘 알게 되면 스스로 학습의 동기를 만들어낼 수 있습니다. 그러기 위해서 먼저 내가 정확히 어떤 사람인지 알아야 합니다. 나의 흥미와 적성, 학습습관, 특징, 장단점을 알아야 하고 또한 다양한 지능 중 내가 잘하는 영역과 그렇지 못한 영역에 대한 분석 및 파악도 필요합니다. 공부하는데 있어서는 나의 학습에 대해 발전해야 할 과목과 이해의 영역을 알고, 부족한 학습을 목표로 성공할 수 있는 실천 가능한 학습계획과 몰랐던 부분을 줄여가면서 작은 성공을 경험한다면 동기를 충분히 만들 수 있겠죠? 이와 같이 나에 대한 정확한 이해가 되어야 목표 설정을 정확히 할 수 있고 스스로 학습의 동기와 행동으로 옮기는 힘을 만들어낼 수 있습니다.

두 번째, Motivation입니다. 동기를 찾거나 만들어내는 것도 중요하지만 즐겁게 공부하기 위해서는 학습의 동기를 유지할 수 있어야 합니다. 이점이 매우 중요한데요. 학습의 동기를 유지하기 위해서 자신이 공부하는 이유와 목표를 세워야 합니다. 내가 지금 공부하는 이유가 무엇인지, 학습의 목표가 무엇인지 정확하게 배워서 이해하고 알게 된 내용을 활용하는 즐거움을 가져야해요. 한 가지 방법으로는 친구들에게 말이나 글로 표현해서 가르쳐주고 도와준다면 자신이 알고 있는 지식도 더욱 명확해지고 표현하는 것도 더욱 세련되어집니다. 만일 쑥스러워서 그렇게 하기가 어렵다면 자신이 선생님이 되어서 학생을 가르치는 것처럼 스마트폰으로 녹화해 보는 거예요! 일타강사가 되어보는 것은 어때요? 자신의 유튜브를 통해 알게 된 지식을 친구들에게 공유해보는 것은 어떨까요? 이런 행동을 자신감이라고 합니다. 자신감은 매사에 동기를 갖게 하고 동기는 학습과 해야 할 일들에 집중력을 만들어내기 때문에 중요하다고 할 수 있습니다.

세 번째, Meta-cognition입니다. 즉 초인지 메타인지 전략을 활용할 수 있어야 합니다. 메타인지는 아는 것을 정확하게 표현하는 능력입니다. 쉽게 말하자면 '광화문'이라는 장소가 어디에 있는지 아는 것을 인지라고 한다면 지금 있는 위치에서 광화문까지 가는 길을 알고 있고 또한 다른 사람에게 정확하게 설명할 수 있는 것을 메타인지라고 할 수 있습니다. 과거에는 자신의 학습활동에 관찰, 평가, 점검, 통제, 관리가 선생님이나 부모님에게 있었다면 앞으로는 그 주체가 자신이어야 합니다. 왜냐하면 메타인지 능력이 높을수록 자신이 아는 것과 모르는 것을 깨닫고 스스로 문제를 해결하며 학습 목표를 조절하는 능력이 좋았기 때문입니다. 지금 우리는 깊은 생각을 통해 답을 찾는 과정보다는 답을 맞히는 것에 익숙하다고 할 수 있습니다. 학습의 과정을 이해하기 위해 앞으로 선생님과 함께 메타인지 능력을 잘 사용하는 계획을 세우고 공부하는 학습전략을 배울 것입니다.

최상위 0.1% 학생들이 갖고 있는 핵심적인 능력
메타인지!

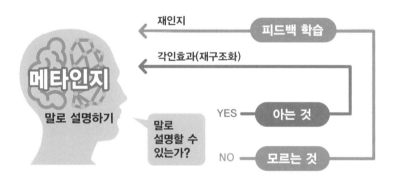

네 번째, Interaction입니다. 학습에 있어서 다양한 상호작용은 중요한 요소입니다. 학습은 혼자서 할 수 있는 것이 아닙니다. 다른 사람과 소통하고 공감하면서 협업한다면 혼자서 할 때보다 더 좋은 해결책을 만들어낼 수 있습니다. 당연히 해결된 결과물도 혼자 할 때보다도 훨씬 질적, 양적인 면에서도 우수하다고 볼 수 있습니다. 이러한 능력이 부족하다면 점점 어려워지는 공부를 따라갈 수 없겠죠? 또한 공부한 내용을 다른 사람과 공유하고 이야기하는 것은 중요한 복습 전략입니다. 지식을 더욱 세련되게 만들고 다양한 상호작용을 통해 우리는 대인관계(관계성), 공감능력을 발휘해서 함께 협업하여 더욱 복잡하고 어려운 다양한 문제에서 뛰어난 학습 효과를 높일 수 있습니다.

다섯 번째, Self-reflection입니다. 스스로를 돌아볼 수 있는 자기반성능력이 필요합니다. 나의 특성, 나의 습관, 나의 계획, 목표, 실천전략 등을 돌아보고 잘 한 것과 잘 하지 못한 것을 생각하면서 실수와 잘 못한 것을 줄이고 잘한 것은 더 잘하기 위해서 노력할 전략을 세워야 합니다. 지난 나의 하루를 반성하고 다음 하루를 계획할 수 있는 능력 역시 포함할 수 있습니다. 자신을 평가하고 수정하는 일은 다음 동기를 만들어내고 집중력을 높이는데 매우 중요한 역할을 합니다.

자기주도학습에 대한 나의 결의

　　이 활동지는 앞으로 진행될 자기주도학습 프로그램에 참여하는 자신의 모습을 스스로 그려보는 활동이며, 끝까지 책임지고 노력을 다할 것을 다짐하는 활동입니다. 자기주도학습 시간에 어떠한 마음을 갖고 행동하며 어떻게 실천하고 어떠한 자세와 표정으로 임할 것인지 스스로에게 약속하고, 여러분이 해야 할 노력은 무엇인지까지 생각해보도록 합시다. 작성이 끝나면 다함께 혹은 각자 큰 소리로 다짐문을 읽으며 나 자신에게, 그리고 모든 사람들 앞에서 약속하는 시간을 갖도록 해봅시다. 그리고 이 다짐문을 자기주도학습 포트폴리오의 맨 첫 장이나 자신의 책상 등 잘 보이는 곳에 두고, 스스로 마음이 흐트러지거나 동기를 잃었을 때 의지를 새롭게 다질 수 있도록 한다면 혼공에 달인이 될 것입니다.

　　자, 멋진 자기주도학습자가 되기 위한 마음을 충분히 다지셨나요? 여러분의 마음속에 있었던 부정적인 사고와 무기력한 사고를 긍정적이며 자신감 있는 사고로 바꾸고, 이렇게 향상된 자신감을 학습에 활용할 수 있도록 한다면, 멋진 혼공의 달인, 멋진 자기주도학습자가 되는 길은 멀지 않습니다. 자, 멋진 자기주도학습자가 되기 위한 마음을 충분히 다지셨나요?

다짐문

자기주도학습 프로그램에 어떻게 참여할 것인지 다짐하며 나의 의지를 굳힙니다.

| 학교 | 학년 | 반 | 이름: | | 날짜: | 월 | 일 |

자기주도학습자가 되기 위한 다짐문

나는 자기주도학습 시간에...

$\boxed{}$ **마음** 으로 참여하겠습니다.

나는 자기주도학습 시간에...

$\boxed{}$ **행동** 으로 참여하겠습니다.

나는 자기주도학습 시간에...

$\boxed{}$ **실천** 으로 참여하겠습니다.

나는 자기주도학습 시간에...

$\boxed{}$ **표정** 으로 참여하겠습니다.

나는 $\boxed{}$ **노력** 하겠습니다.

나는 내가 결심한 일에 대해 책임질 것을 약속하고
자기주도학습 프로그램에 열심히 참여할 것을 다짐합니다.

이름: **(서명)**

4 실패+노력=성공 편

#잘 한 일과 잘 못한 일   #일에 대한 원인과 해결책
#넘어져도 다시 일어서는 용기와 열정 그리고 도전

이번 시간은 스스로 잘했다고 생각하는 일과 잘하지 못했다고 생각하는 일을 찾아보고, 원인과 해결책을 생각해보는 시간입니다. 보다 넓은 시각으로 실패를 바라보며 '실패는 곧 성공'을 위한 튼튼한 기초가 되는 과정을 경험할 수 있습니다. 선생님과 함께 새로운 도전에 대한 자신감을 향상시켜 보겠습니다. 세익스피어는 "달성하겠다고 결심한 목적을 단 한 번의 패배 때문에 포기하지 말라"고 했고, 오비디우스는 "기회는 어디에도 있는 것이다. 낚싯대를 던져 놓고 항상 준비태세를 취하라. 없을 것 같이 보이는 곳에 언제나 고기는 있으니까"라고 말했습니다. 모두 실패, 패배를 두려워해서 포기하지 말라는 명언이죠.

여러분은 닉부이치치를 알고 있나요? 닉부이치치는 태어날 때부터 팔다리가 없었고 하나 있는 작은 발마저 잘 쓰지 못해서 어렸을 때부터 자살을 시도하기도 했습니다. 하지만 포기하지 않는 자세, 넘어져도 다시 일어서는 용기와 열정으로 많은 사람들 앞에서 자신의 희망을 이야기하고 있습니다. 실패해도 다시 시도한다면 그리고 또다시 시도한다면 그것은 끝이 아니겠죠? 이런 명언이나 사례들은 여러분이 실패를 경험하게 되었을 때, 힘을 내서 다시 도전할 수 있게 자신감을 줄 거예요. 꼭 기억하고 지금부터 본격적으로 실패를 이겨내는 다양한 활동들을 해보기로 하겠습니다.

태어날 때부터
팔다리가 없었던
닉부이치치

나의 발자취

자신이 그동안 한 일을 평가하면서 자신의 발자취를 따라가 봅시다.

학교	학년	반	이름:	날짜:	월	일

첫 번째 활동지는 지금까지 살면서 자신이 그동안 '잘 했다고 생각한 일'과 '잘 해내지 못했다고 생각되는 일'을 곰곰이 생각해보는 활동지입니다. 예시와 같이 자신을 돌아볼 수 있는 일들을 생각해서 적어보고 스스로 평가해보도록 합니다.

➡ **자신이 잘 했다고 생각되는 일을 생각해 보세요.**

언제	잘 해낸 일

➡ **자신이 잘 해내지 못했다고 생각되는 일을 생각해 보세요.**

언제	잘 해내지 못한 일

1. 나의 발자취

자신이 그 동안 한 일을 평가하면서 자신의 발자취를 따라가 봅시다.

배화 여자 중학교 | 학년 정 반 이름 : 유 성현 날짜 : 10 월 6 일

💜 자신이 잘 해냈다고 생각되는 일을 생각해 보세요.

시기	잘 해낸 일
초등학교 3학년	서울시 소년 소녀 합창단에 들어가게 된 것.
초등학교 2학년	서울 대표로 수영 대회에 나가서 자유형부분에서 2위를 한 것.
중학교 3학년	중2때 포기했던 공부를 다시 시작한 것. 새로운 마음가짐으로.

💜 자신이 잘 해내지 못했다고 생각되는 일을 생각해 보세요.

시기	잘 해내지 못한 일
중학교 2학년	중 2때 처음 본 중간고사 성적이 너무 낮아서 충격을 받고 '아 - 안해!!' 이런 생각을 가지고 나쁜 친구들과 어울린 것.
중학교 1학년	공부를 하겠다며 합창단을 그만 둔 일.
초등학교 4학년	영어 선생님을 잘못 만나 지금까지 영어에 흥미가 없다.

예시

실패의 원인 찾기

이번 활동지에서는 육하원칙에 따라서 자신의 실패 원인을 분석하고, 해결책을 제시해 보도록 하겠습니다. 여기에서 중요한 것은 실패를 보다 넓은 시각으로 바라보는 것입니다. 실패란, 계획했던 일을 완수하지 못했거나 자신이 의도했던 방향과 달라진 결과가 나왔을 경우를 말합니다.

포기란?
① 하려던 일을 도중에 그만두어 버리는 것
② 자기의 권리나 자격, 물건 따위를 내던져 버리는 것을 말합니다.

실패는 누구에게나 올 수 있는 일이며 열심히 했어도 실패 상황이 올 수 있습니다. 하지만 실패 상황이 왔다고 해서 내 의지로 포기를 해버리면 더 이상의 발전과 기회는 없습니다. 이번 활동지는 실패와 성공의 순간들을 떠올려 보며 칭찬과 격려의 말로 자신에게 위로와 용기를 주는 편지를 써보는 활동입니다. (그림이나 사진 이용)

이 활동을 통해 그동안 다른 사람과 자신을 습관적으로 비교해오지 않았는지, 자신의 능력을 낮게 생각하지 않았는지를 여러분 스스로 깨닫도록 하는 것이 필요합니다. 그리고 "외모는 중요한 게 아니야 앞으로 열심히 살아보자 파이팅!"이라고 말하는 예시의 학생처럼 실패의 원인을 통제가 가능한 부분으로 돌리고 다시 노력하는 자세를 기르는 데 목적을 두어야 합니다. 작은 성공의 경험을 여러 번 해야 큰 성공을 할 수 있다는 것을 꼭 기억해두세요.

실패의 원인 찾기

육하원칙에 따라 자신의 실패 원인을 분석하고 해결책을 제시해 봅시다.

| 학교 | 학년 | 반 | 이름: | | 날짜: | 월 | 일 |

➡ **여러분의 실패를 써넣고, 육하원칙에 따라 실패 원인을 분석하고 해결책을 제시해 보세요.**

_____ 는(은) 오늘 학교에 갈 때 집에서 <u>미술 준비물을 빠뜨리지 않았다면,</u>

나는 실패하지 않았을 것이다.

왜냐하면, <u>인터넷 게임을 하느라 준비물을 점검하지 않았기</u> 때문이다.

앞으로는, <u>알림장을 확인하고 미리 준비물을 챙겨둔 후에 잠자리에 들어야겠다.</u>

나에게 쓰는 편지

실패와 성공의 시간들을 떠올려 보며 칭찬과 격려의 말을 넣어 자신에게 편지를 써봅시다.

학교   학년   반 이름: 날짜: 월   일

그림이나 사진

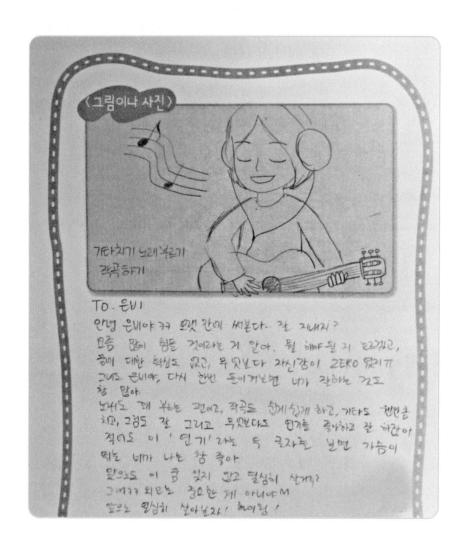

이 시간에는 한번 실패한다고 해서 성공할 수 없는 것이 아니라는 것, 실패의 원인을 찾아내어 다시 도전할 수 있는 정신을 갖는 것이 중요하다는 것 등에 대해 알아봤습니다. 실패하는 것을 무서워하지 말고 스스로 칭찬하고 격려하면서 도전을 한다면 꼭 기회를 얻어 성공할 수 있다는 것을 기억하길 바랍니다.

Upgrade! 자신감!

이번 시간은 Upgrade! 자신감 편입니다. 여러 상황 속에서 자신의 습관과 사고 패턴을 알아보고, 내 안에 있는 부정적인 습관과 무기력한 사고를 긍정적이며 자신감 있는 사고로 전환하여 이렇게 향상된 자신감을 학습에 활용할 수 있도록 하는 활동을 진행해 보도록 하겠습니다. 여러분, 혹시 고 정주영 회장(현대자동차 창업주)의 오백원 일화에 대해 알고 있나요? 혹시 잘 모른다면 꼭 찾아보길 바랍니다. 지금은 오백원짜리 동전으로 바뀌었지만, 예전에는 오백원짜리 지폐가 있었습니다. 울산조선소를 짓기 위해서 그리스 선박왕에게 차관(자금을 빌리는 행위)을 빌릴 때, 오백원 지폐에 그려진 거북선을 보여주면서 설득한 끝에 승낙을 얻어냈다고 합니다. 해보지도 않고 안된다, 못한다, 어렵다는 말을 하는 사람들이 많지만, 정주영 회장은 평소에 이런 말을 자주했다고 합니다. "해보지 않으면 어떤 일도 만들어지지 않으며 당연히 성공할 수 없다." 바로 혼공을 위한 자기주도학습을 시작하는 여러분에게 꼭 필요한 말이겠죠.

자, 이번 활동은 자신이 평소에 자신에 대하여 긍정적인 방향으로 생각을 많이 하는 편인지 부정적인 방향으로 생각을 많이 하는 편인지 점검해 보는 시간입니다. 이 활동지는 여러분의 사고 패턴을 점검해보기 위한 활동지입니다. 20개의 질문을 통하여 내가 평소에 어떻게 생각하는 편인지 점검해보고 O, X로 표시해 봅시다. 이 활동을 통해 자신이 긍정적인 사고패턴을 가지고 있는지 부정적인 사고패턴을 가지고 있는지 한 눈에 차이를 확인할 수 있겠죠? O가 많을수록 부정적인 생각을 많이 하는 것이며 자신이 할 수 있다는 자신감이 부족한 것입니다. 자신감은 자신이 해낼 수 있다고 믿는 감정을 말합니다. 삶은 실패와 성공으로 이루어져 있고 시도한 일들 중에는 대부분 실패할 가능성이 많아요. 하지만 포기하지 않고 다시 도전해서 성공하겠다는 의지가 강해야 합니다. 이러한 특성은 타고난 특성이기도 하지만 실망할 필요가 없습니다. 연습하고 훈련하면 이러한 특성을 발전시킬 수 있으니까요. 어때요 자신감을 갖고 잘 할 수 있죠? 자신감에 따라서 자신의 행동과 환경을 선택하게 됩니다. 자신감이 높은 학생은 도전하고 노력하며, 자신이 해낼 수 있는 환경을 선택하게 됩니다. 여러분이 바로 그런 자신감 있는 사람이기를 바랍니다. 자 그럼 활동지를 시작해 볼까요.

나의 사고패턴은?

현재 자신의 사고 패턴을 알아봅시다.

| 학교 | 학년 | 반 | 이름: | 날짜: | 월 | 일 |

➡ 자신에게 해당하는 문항에는 ○, 해당하지 않는 문항에는 ×표시 해 보세요.

번호	설문문항	그렇다	아니다
1	자신을 원망할 때가 많다.		
2	내가 아무 쓸모 없는 사람처럼 느껴질 때가 있다.		
3	후회하는 일을 자주 한다.		
4	비참하게 느껴질 때가 자주 있다.		
5	천재들은 타고나는 것이라고 생각한다.		
6	공부는 부모님을 위해 해주고 있는 것이 진실에 가깝다.		
7	나는 공부를 해도 어느 수준 이상으로 잘 할 수 없는 것 같다.		
8	'난 원래 바보야' '나는 왜 이 모양일까' 같은 부정적인 생각을 자주한다.		
9	나는 잘하는 것이 아무 것도 없는 것 같다.		
10	어떤 일에 한두 번 실패하면 그 일에 재능이 없다고 판단한다.		
11	열심히 노력하고 실패하느니, 놀다가 실패하는 게 훨씬 낫다고 생각한다.		
12	부모님이 싸우기라도 하면 내가 공부를 못해서 그러는 것만 같다.		
13	계획에 조금이라도 차질이 생기면 그 일은 완전 끝장이라고 생각한다.		
14	작은 실수에도 과도한 의미를 부여하며 절망하는 경향이 있다.		
15	자신의 성공에 대해 '아무나 할 수 있는 건데 뭐!' 하며 무시하는 편이다.		
16	만약 내가 돈 많은 부모를 만났다면 지금보다 훨씬 공부를 잘했을 것이다.		
17	선입견이나 우연한 일에도 부정적인 의미를 부여하여 새 징크스를 만든다.		
18	내가 만약 실패한다면 그것은 대부분 부모님의 책임이라고 생각한다.		
19	경쟁이 너무 심해서 똑똑한 사람이 아니고는 살아남기 어렵다고 생각한다.		
20	세상에는 행복한 일보다 불행한 일이 더 많다.		

**○가 표기된 문항이 많을수록 부정적인 사고패턴을 가지고 있다는 것이겠지요?
자신을 먼저 파악하는 것이 문제 해결을 위한 첫걸음입니다.**

2. 나의 사고패턴은?

현재 자신의 사고 패턴을 알아봅시다.

| 학교 | 학년 | 반 | 이름: | 날짜: | 월 | 일 |

🌀 자신에게 해당하는 사항에는 O, 해당하지 않는 X 표시를 합니다.

번호	문 항	O	X
1	자신을 원망할 때가 많다.	O	
2	내가 아무 쓸모 없는 사람처럼 느껴질 때가 있다.	O	
3	후회하는 일을 자주 한다.	O	
4	비참하게 느껴질 때가 자주 있다.	O	
5	천재들은 타고나는 것이라고 생각한다.		O
6	공부는 부모님을 위해 해주고 있는 것이 진실에 가깝다.		O
7	나는 공부를 해도 어느 수준 이상으로는 잘 할 수 없을 것 같다.	O	
8	"난 원래 바보야.""나는 왜 이 모양일까?"같은 부정적인 생각을 자주한다.	O	
9	나는 잘하는 것이 아무 것도 없는 것 같다.	O	
10	어떤 일에 한두 번 실패하면 그 일에 재능이 없다고 판단한다.	O	
11	열심히 노력하고 실패하느니, 놀다가 실패하는 게 훨씬 낫다고 생각한다.		O
12	부모님이 싸우기라도 하면 내가 공부를 못해서 그러는 것만 같다.		O
13	계획에 조금이라도 차질이 생기면 그 일은 완전 끝장이라고 생각한다.		O
14	작은 실수에도 과도한 의미를 부여하여 절망하는 경향이 있다.	O	
15	자신의 성공에 대해 '아무나 할 수 있는 건데 뭐' 하며 무시하는 편이다.	O	
16	만약 내가 돈 많은 부모를 만났다면 지금보다 훨씬 공부를 잘했을 것이나.		O
17	선입견이나 우연한 일에도 부정적인 의미를 부여하여 새 징크스를 만든다.		O
18	내가 만약 실패한다면 그것은 대부분 부모님의 책임이라고 생각한다.		O
19	경쟁이 너무 심해서 똑똑한 사람이 아니고는 살아남기 어렵다고 생각한다.	O	
20	세상에는 행복한 일보다 불행한 일이 더 많다.		O

11개 9개

O에 표시된 문항이 많을수록 부정적인 사고패턴을 가지고 있다는 것이겠지요?
자신을 먼저 파악하는 것이 문제 해결을 위한 첫걸음입니다.

평소에는 잘 몰랐지만 활동지를 통해 자신이 평소에 부정적인 사고패턴을 하고 있었다는 것을 알았다면, 앞으로 진행되는 활동들을 통해서 긍정적인 사고패턴으로 바꾸어 보도록 이 활동지에 여러분이 원하는 목표를 한 가지 적어보도록 하겠습니다. 이번 학기의 학습과 관련된 목표도 좋고 진로와 관련된 목표도 좋습니다. 마음 속의 천사와 악마가 대화를 나누어 보게 해보되 마지막은 천사의 말로 끝나도록 해보죠! 천사의 말을 통하여 내가 가지고 있는 목표에 대해서 구체적으로 생각해 보게 되고, 심리적으로 가지고 있던 막연한 불안으로부터 벗어나 해낼 수 있다는 자신감을 가질 수 있겠죠.

생각의 싸움

자신에게 떠오르는 긍정적 부정적 생각을 스스로 발견해 봅시다.

| 학교 | 학년 | 반 | 이름: | | 날짜: | 월 | 일 |

➡️ **여러분이 간절히 원하는 목표 한 가지를 적고, 마음 속의 천사와 악마가 대화를 나누어 보게 하세요**

나는 .... 을 꼭 하고 싶어!

4. 생각의 싸움

자신에게 떠오르는 부정적 ?긍정적 생각을 스스로 발견해 봅시다.

학교   학년   반 이름: 날짜: 월   일

여러분이 간절히 원하는 목표 한 가지를 적고, 마음속의 천사와 악마가 대화를 나누어 보게 하세요.

나는 _____ 책 10권 읽기 _____ 을 꼭 하고싶어!

컴퓨터만 하잖아.

일단 내 마음에 드는 책을 살거야.

10권은 무리일껄. 집에 많은데도 안보잖아.

독서 시간을 정해서 지키면 다 볼수 있어.

잠도 많고 숙제도 많은데?

한달에 2권씩. 일주일에 반권씩. 나눠 보면돼.

예시

나에게 자신감을 주는 말하기

여러 가지 상황 속에서 자신에게 힘을 주는 긍정적인 말을 해봅시다.

| 학교 | 학년 | 반 | 이름: | 날짜: | 월 | 일 |

➡ **이런 경우에 나에게 어떻게 말하면 좋을까요? <보기>에서 알맞은 말을 찾아보세요.**

- 친구와 독서실에서 함께 열심히 공부하였는데 나만 시험을 못 봐서 속상하다.
  (   )
- 수업시간에 집에서 조사해 온 것을 발표할 예정인데 다른 사람보다 아주 잘 할 수 있을지 걱정된다. (   )
- 학급회의 시간에 나의 생각을 말하려고 하는데 자꾸만 숨이 가빠지고 긴장되어 말문이 열리지 않는다. (   )
- 엄마의 생신을 맞이하여 맛있는 음식을 만들어 드리려고 하다가 그만 그릇을 깨뜨리고 말았다. 혼날까봐 너무 두렵다. (   )
- 중요한 시험이 있는 날인데 지각을 해서 선생님께 혼나고 공부할 책도 집에 두고왔다. 오늘은 어쩐지 예감이 좋지 않다. (   )

보기

1. 꼭 최고가 아니어도 도전하는 것이 중요한 것이다.
2. 완전하게는 못하더라도 다른 사람들이 하는 만큼 해내면 된다.
3. 내가 한 것은 좋은 의도에서 한 것이고, 실수이기 때문에 솔직하게 말하면 된다.
4. 나의 능력이 부족해서가 아니라 노력이 부족했기 때문이므로 다음에는 더 노력하면 된다.
5. 일이 뜻대로 이루어지지 않는 것은 좋은 일이 아니지만 그렇다고 해서 그것이 나의 모든 것에 대한 끝장은 아니다

➡ **나에게 힘을 주는 긍정의 말을 해보세요.**

내가 나의 목표를 이룰 수 있는 능력이 있을지 의심스럽다.

....

분명히 열심히 공부한 내용인데 자꾸 까먹어서 공부하는 것이 자신이 없다.

....

어느 것을 선택할까?

자신감이 낮은 친구들 중에는 어떤 일을 할 때 자꾸 결정을 미루거나, 회피하거나, 남의 탓을 하거나, 새로운 것에 도전하는 것을 두려워하는 친구들이 많습니다. 이것은 자신의 능력으로는 할 수 없다고 생각하기 때문입니다. 이 활동지는 문제 상황 속에서 여러 가지 대안을 생각해보고 중요도에 따라 점수를 매겨 최고의 대안을 선택하도록 하는 활동입니다. 어떤 문제에 대해서 깊이 생각해보고, 우선순위를 정한 후에 다양한 방법으로 실행에 옮겨보고, 만일 처음 시도한 방법이 좋지 않았다면 다음 대안으로 다시 시도해 보는 것입니다. 실패했을 때 포기하는 것이 아니라 성공하기 위해 끊임없이 방법을 찾고 노력하는 것입니다. 그렇게 한다면 분명 좋은 결과를 가져올 가능성이 매우 높기 때문입니다. 이처럼 도전해서 성공을 경험해본 학생들은 이런 경험이 많아질수록 자신이 할 수 있다는 믿음이 커지고 자신감이 향상됩니다.

어느 것을 선택할까?

문제에 대한 여러 대안을 생각해보고 합리적으로 의사결정을 해봅시다.

| 학교 | 학년 | 반 이름: | 날짜: | 월 | 일 |

문제상황

나는 평소에 영어공부에 대한 자신감이 없었기 때문에 이번 방학 동안 영어공부를 열심히 하겠다고 다짐하였다. 교육방송을 규칙적으로 시청하면서 혼자서 공부하려고 생각하였으나 주변에 친한 친구들이 모두 영어학원에 다닌다고 한다. 왠지 고민이 되었다. 학원에 다니자니 집에서 학원까지의 교통이 너무 불편하다. 나는 시간이 많이 걸리는 것을 원치 않는다. 또한 비용이 30만원이라 가계에 부담이 될 것 같다.

해결해야 하는 문제는?

지금 선택할 수 있는 것은 무엇인가?

문제를 해결하기 위한 구체적이고 다양한 방법을 생각해봅시다.

대안 1	대안 2	대안 3
( )점	( )점	( )점

중요도에 따라 1~5점까지 점수를 적고, 가장 좋은 대안을 선택해봅시다.

자신감 바퀴

자신감 바퀴를 사용하여 스스로의 자신감을 점검해 봅시다.

| 학교 | 학년 | 반 | 이름: | 날짜: | 월 | 일 |

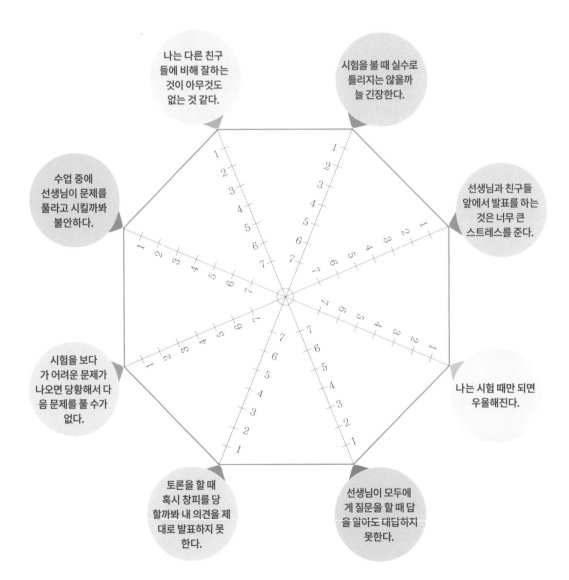

자신감 바퀴

앞으로 학교 가기 전이나 아침에 일어났을 때, 잠자리에 들기 전 등 틈틈이 활동지의 문구를 소리내어 읽기로 합시다.

자성 예언하기

- 나는 나 자신을 믿을 수 있다.
- 나는 정직하며 겸손한 사람이다.
- 나는 뚜렷한 목표와 용기가 있다.
- 나는 매력적이고 멋진 사람이 될 것이다.
- 나는 반성하고 인정할 줄 아는 사람이다.
- 나는 목표한 것을 이룰 무한한 가능성이 있다.
- 나는 언제 어디서나 필요한 사람이 될 것이다.
- 나는 실패를 두려워하지 않는 용기 있는 사람이다.
- 나는 친구들과 주변 사람들에게 참 좋은 사람이다.
- 나는 할 수 있다는 긍정적인 사고를 가진 사람이다.
- 나는 공감능력과 인간관계에서는 따뜻한 사람이다.
- 나는 결과에 집착하지 않고 과정에 최선을 다한다.
- 나는 미래를 멋지게 준비하는 자기주도적인 사람이다.
- 나는 가족의 행복과 사회발전을 위해 노력하는 사람이다.

이건 아주 중요한 비밀인데요. 자성예언을 하루에 세 번씩 크게 소리내어 읽다 보면, 예언처럼 여러분이 바로 그렇게 될 수 있습니다. 나의 자신감 지수를 알아보고 습관과 사고패턴을 긍정적인 방향으로 바꾸어, 자신감을 업그레이드 시킬 수 있는 다양한 활동들을 함께 해보았습니다. 여러분은 목표를 향해 나아가는 과정에서 실패와 어려움을 경험하게됩니다. 하지만 이런 순간에 긍정적인 방향으로 생각하고 내린 선택과 결정은 스스로에게 신뢰와 자신감을 주며, 성공적인 결과를 이끌어내는 원천이 될 것입니다

5 꿈을 향한 나의 R=VD

핵심 키워드

#구체적으로 꿈꾸는 방법 #R=VD #꿈을 구체적으로 상상해보기
#꿈과 관련된 사진 찾기 #꿈과 관련된 동영상 찾기
#꿈과 관련된 장소 찾아가기 #꿈에 대해 이야기하기
#꿈에 대해 그림이나 글로 표현하기

"여러분은 꿈이 있나요?" 꿈이 있다고 하는 친구도 있고, 구체적으로 생각해보지 않았다고 하는 친구, 또는 꿈이 없다는 친구도 있을 것 같습니다. 그럼 선생님이 꿈이 있다는 친구들에게 다시 한번 물어 볼게요.

"왜 그런 꿈을 갖게 되었나요?"

이 질문에 대답을 머뭇거린 친구들은 자신의 목표에 대해 다시 한번 생각해 볼 필요가 있습니다. 자신만의 꿈을 갖고 그 꿈을 이루기 위한 방법들을 선생님과 함께 알아보도록 하겠습니다. 구체적으로 꿈꾸는 방법 'R=VD'에 대해서 소개해 드리겠습니다. 먼저 이 방법은 데니스 웨이틀리(Denis Waitley) 박사가 창안한 방법인데, 생생하게(Vivid) 꿈꾸면(Dream) 현실이 된다(Realization)는 의미를 가지고 있습니다. 우리나라에서는 『꿈꾸는 다락방』이라는 도서를 통해 소개된 적이 있는데, R=VD를 위한 구체적인 방법으로는 −상상 기법, −사진기법, −동영상 기법, −말하기 기법, −글로 적기 기법 등이 있습니다.

R=VD
Realization = Vivid + Dream의 약자로 생생하게
꿈꾸면 이루어진다는 공식

R=**VD**

Vivid Dream

Realization

여러 가지 R=VD 기법 중 이번 시간에는 R=VD 기법 활동을 통해 실천해보도록 하겠습니다. R=VD에서 가장 중요한 점은 마치 지금 내가 꿈꾸던 일이 이루어진 것처럼 느끼고, 상상하고, 행동하는 것입니다. 지금 보이는 R=VD 활동지를 통해 내가 꿈을 이룬 그 순간의 한 장면을 그림이나 글로 표현해 보겠습니다. 내가 꿈을 이룬 그 시간, 그 장소, 그 느낌을 생생하게 상상해보는 것이 좋겠죠?

R=VD를 위한 효과적인 실천방법을 안내해 드리겠습니다. 먼저 상상기법입니다. 이는 끊임없이 자신이 되고 싶은 것을 구체적으로 상상해보는 것입니다. 두 번째는 사진기법입니다. 자주 머무는 주변에 자신이 이루고 싶은 꿈과 관련된 사진을 붙여 놓는 것입니다. 사진을 보면서 자신도 모르게 꿈에 대한 생각을 자연스럽게 하면서 꿈을 이루기 위한 여러 가지 활동에 지속적으로 동기부여를 할 수가 있습니다. 세 번째는 동영상 기법입니다. 이 방법은 사진 기법과 비슷하게 적용이 되지만 자신감을 심어 주기 위한 방법으로도 사용됩니다. 예를 들어 농구선수가 꿈인 학생 중 3점 슛에 대한 실패 때문에 걱정하는 즉, 자신감이 떨어진 학생에게 농구선수가 3점 슛을 넣는 장면을 녹화하여 계속 보여주게 되면 3점 슛 성공에 대해 자신도 할 수 있다는 자신감을 갖게 됩니다. 네 번째는 장소 기법입니다. 이는 꿈과 관련된 장소에 찾아가서 내가 그 장소에 머무르면서 꿈이 이루어진 모습을 강렬하게 상상해 보는 것입니다. 예를 들어 가고 싶은 대학이 있다면 그곳 캠퍼스와 도서관 또는 가고 싶은 대학을 상징하는 상징물에 가까이 다가가서 대학을 다니는 자신의 모습을 상상하는 것입니다. 다섯 번째는 소리내어 말하기 기법입니다. 이 방법은 자신의 꿈을 소리 내어 말하는 방법인데, 대표적으로 다른 사람들에게 자신의 꿈을 이야기하는 것이 있습니다. 그렇게 되면 자신이 한 말에 대해 좀 더 구체적으로 생각하게 되고 꿈을 꼭 이루고 싶은 책임감을 느끼고 이러한 책임감은 꿈을 이루기 위한 행동에 영향을 미치게

소리 내어 말하기 기법

되기 때문에 꿈에 한발 더 다가갈 수 있습니다. 마지막으로 글로 적기 기법입니다. 자신의 꿈을 그림이나 글로 표현하고, 항상 보이는 장소에 붙여 놓거나 휴대하면서 포기하고 싶을 때 자신이 표현한 꿈을 펴보게 되면 한 번 더 꿈을 위한 의지를 가질 수 있을 것입니다. 이 밖에도 미래의 자신이 이루고 싶은 직업의 명함을 미리 만들어보거나 자서전 표지를 만들어보면서 생생한 꿈을 표현하는 방법들이 있습니다.

실제 R=VD 활동의 실천으로 성적의 변화를 가져온 서울 신림고등학교의 배기영 학생 사례를 소개해 드리겠습니다. 배기영 학생은 중학교 시절만 해도 공부와 담을 쌓았다고 할 정도로 공부에 대한 이유도 없었고, 목표도 없고 관심 자체가 없는 학생이었습니다. 하지만 고등학교에 올라와서는 성적으로 전교 석차 30등 안에 드는 학생으로 바뀌게 되었는데, 기영이가 변화하게 된 계기는 바로 꿈이 생기기 시작하면서였습니다. 기영이는 우연한 기회에 중국 상하이 푸동 공항을 사진으로 보게 되었는데 그 사진은 많은 성공한 사업가들이 환영과 배웅을 받는 그런 사진이었습니다.

R=VD 실천 사례 : 배기영 학생

항상 목표로 삼고 돌아보는 글귀예요
여기 이사진은 중국 푸동공항이거든요

중국 상하이 푸동 공항을 사진으로 봤는데
많은 성공한 사업가들이 환영받고 배웅받는 걸 봤어요

사진을 보면서 기영이는 자신도 저렇게 되고 싶다는 생각, 즉 사업가라는 꿈을 갖게 되었습니다. 기영이의 R=VD 실천은 이 때부터 자발적으로 시작되었는데, 실제 기영이는 매학기가 끝날 무렵 지금보다 한 단계 높은 성적으로 다음 학기 성적표를 스스로 만들어 늘가지고 다녔습니다. 또 자신이 미래에 돈을 많이 벌게 되면 타고 싶은 자동차를 스크랩하여 노트에 붙이기도 하고, 자신의 롤모델인 위대한 사업가 워랜버핏의 사진이 든 액자를책상 근처에 놓아두었습니다. 그리고 워랜버핏이 주주총회에서 했던 "습관이 인생을 좌우한다."라는 글귀를 벽에 붙여두고 공부하기 싫을 때나 공부를 왜 해야 하는지 모를 때 이러한 사진들을 보면서 자신을 다스린다고 합니다.

과거 학습부진아였던 기영이가 자신을 다스려 다시 공부에 몰입하게 만든 힘, 그리고불과 2–3년 만에 상위권으로 성적을 향상시킬 수 있었던 힘은 학원이나 유명 과외 또는외부적인 보상이 아니라 기영이 스스로 무엇인가 이루고 싶은 마음, 즉 꿈이 생겼기 때문이라는 점을 봤을 때, R=VD 활동은 학업성취도에 많은 영향을 미친다고 할 수 있습니다.

뒤에는 이렇게
제가 살 집을 이렇게... 보고있어요

R=VD 실천 사례 : 배기영 학생

　　한 번의 생생한 꿈이 아니라 늘 자신이 공부하는 주변에 생생한 꿈을 실천할 수 있도록 노력한 것입니다. 이는 지금 당장의 성적의 변화뿐만 아니라 생활습관의 개선, 나아가 삶의 방향과 목표에도 큰 영향을 미친다고 할 수 있습니다.

기억하고 적용할 점

상상기법 R=VD

R=VD 기법을 알아보고 상상기법을 활용해 봅시다.

학교　　　학년　　　반　이름:　　　　　　날짜:　　월　　일

➡ **교사가 알려준 다양한 기법을 이용해서 여러분이 간절히 원하는 꿈을 표현해 보세요**

R=VD 기법

상상기법 R=VD

R=VD는 다양한 방법으로 할 수 있는데 앞서 언급한 첫 번째로 소개할 R=VD 기법은 상상기법입니다. 올림픽에서 금메달을 딴 유명한 운동선수들 중에는 R=VD를 꾸준히 실천한 선수가 많다고 알려져 있습니다. 상상기법은 이미지트레이닝라이고 생각하면 됩니다. 선수는 경기장에 입장하면서 어떻게 호흡을 하고 발을 움직이며 그동안 연습한 기술을 어떠한 방법으로 사용할 것인지까지 경기 전에 눈을 감고 매우 구체적으로 머릿속에서 끊임없이 반복하여 상상을 합니다. 이렇게 구체적이며 반복적이며 상상하게 되면 실제 상황에서 긴장하거나 불안감에서 나오는 실수를 줄이고 매우 좋은 결과를 얻게 된다는 연구 결과가 있는 것처럼 여러분들도 꾸준히 연습을 한다면 좋은 결과를 갖게 될 것입니다.

사진 VD 기법은 나사에서 실제로 달 착륙 프로젝트 때 사용했던 방법입니다. 매일 가는 장소, 시선이 가는 곳마다 목표를 떠올릴 수 있는 사진을 붙여둠으로써 늘 목표를 생각하게 되는 것입니다. 학생들의 경우에는 공부하는 책상이나 매일 보는 다이어리에 롤모델이나 목표에 관련된 사진을 두고 마치 이미 이루어진 것처럼 행동하고 상상해보세요.

장소 VD는 자신이 꿈꾸는 목표와 연관된 장소에 직접 가보고, 그곳에서 마치 꿈이 이루어진 듯 행동하고 상상을 해 보는 것입니다. 자신의 꿈을 소리내어 말하거나 글로 적어 보는 것만으로도 우리는 꿈에 한 발짝 다가설 수 있습니다.

학생들이 원하는
자신의 모습

나만의 모델 만들기

액자 속의 내가 닮고 싶은 특성을 가진 나만의 모델 그리고, 그 특성에 대해 설명해 봅시다.

| 학교 | 학년 | 반 | 이름: | | 날짜: | 월 | 일 |

모델속에서 모델 만들기

- 봉준호 감독의 "_____"
- BTS의 "_____"
- 부모님의 "_____"
- "_____" 의 "_____"
- "_____" 의 "_____"

나만의 모델 만들기

어렵게 느껴지는 것이 있나요? 간단하지만 강력한 힘을 가지고 있는 R=VD 기법을 지금 당장 시작해 봅시다. R=VD에서 가장 중요한 점은 마치 지금 현재의 내가 목표를 이룬 것처럼 생생하게 상상할 수 있어야 한다는 것입니다.

명함 만들기나 미래의 자기소개서를 작성하는 것은 지금 현재의 내가 마치 꿈꾸는 직업을 가지게 된 것처럼 생생하게 느끼는 것입니다. 이것을 작성해 보는데 그치는 것이 아니라 다른 사람에게 소개하거나 늘 볼 수 있는 곳에 두면서 의지를 다지는 것이 도움이 됩니다. 이런 활동은 일회성이 아닌 반복적으로 꾸준히 진행할 때, 이루어질 가능성이 매우 높습니다. 동기가 만들어지는 것도 중요하지만 만들어진 동기를 유지해나갈 수 있는 노력과 방법이 더 중요하다는 것을 잊지 마세요. R=VD는 단순한 공식이 아니라 많은 사람들의 꿈을 이루게 해준 마법과 같은 주문입니다. 방탄소년단, 손흥민, 김연아, 장미란, 박지성, 비와 같은 여러 분야에서 활동하는 수많은 사람들이 그것을 증명해 주고 있습니다. 여러분도 그들 중 한 명이 될 수 있습니다. 생생하게 꿈꾸면 이루어지니까요.

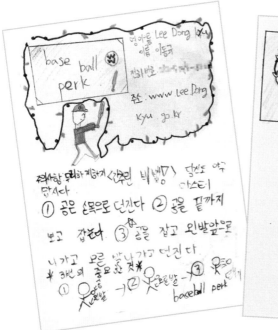

미래 나의 모습 설계하기

장래에 되고 싶은 사람과 그것을 이루기 위해 노력해야 할 사항을 적어보고
미래의 자신의 모습을 설계해봅시다.

학교	학년	반	이름:		날짜:	월	일

나의 장래희망은 ⋯⋯⋯⋯⋯⋯⋯⋯⋯⋯⋯⋯⋯⋯⋯⋯⋯ 입니다.

사명(이유)		
시기	목표	내가 노력해야 할 일

나의 장래희망은 <u>꿈, 가치, 하고 싶은 일...</u> 입니다.

사명(이유)	내가 그 꿈을 가져야 하는 이유 내가 나아가야 할 방향	
시기	목표	내가 노력해야 할 일
최종적으로 꿈을 이룬 시기	구체적인 목표	그 목표를 달성하기 위해 노력해야 하는 일
최종적으로 꿈을 이룬 시기		
꿈을 향해 열심히 달려 나가는 시기		
꿈을 구상하며 노력하는 시기		

하향식 목표설정

나의 장래희망은 <u>교육자로서 세상에 도움이 되는 사람</u> 입니다.

사명(이유)	배운 것을 함께 나누고, 사회에 유익하게 하기 위해	
시기	목표	내가 노력해야 할 일
60대	교육관련 자문활동	교육과정개발, 학습심리, 평가 관련 분야에서 자문위원으로 역량 발휘
40~50대	교육 분야 연구 (대학 또는 연구소)	연구실적 쌓기, 공공기관 연구소 연구 프로젝트 진행 경험 쌓기
30대 중후반	대학원 박사 공부	4~5년 동안 박사 공부, 지도교수 님과 다양한 연구과제, 프로젝트 경험
30대 초반	박사 입학 준비, 다양한 교육 경험 쌓기	연구원으로서 많은 학생들을 만나며 다양한 교육경험을 쌓고, 사례 수집, 박사 입학 준비를 위한 영어공부 등

미래 나의 모습 설계하기

　학생들은 R=VD 기법을 활용하여 각자의 꿈을 표현했습니다. 이미 꿈을 이룬 미래에 사는 것으로 가정하여 자신의 활동 모습을 표현할 수도 있고, 자신이 꿈으로 정한 이유와 함께 그 일을 하는 모습을 표현할 수도 있습니다. 또 꿈을 가지게 된 계기가 있다면, 자신이 그 상황의 주인공이 된 모습을 표현하기도 했습니다. 혹은 홍보 포스터, 임명장, 상패 등 미리 디자인하고 그 내용을 만들어 볼 수도 있습니다. 형식에 구애 받지 말고 만화, 포스터, 자서전, 그림, 콜라주 등 자유롭게 자신의 미래 모습을 표현하면 됩니다. 내가 표현해 볼 미래의 시기와 장소 등을 먼저 정하는 것도 좋습니다. 함께 활동을 하며 스스로 진정 원하는 것이 무엇인지 고민할 수 있는 기회를 만들어 주는 시간을 가져보세요.

미래모습 생각하기(R=VD) 사례

미래의 명함 만들기

미래의 명함을 만들어 장래의 꿈을 나타내 봅시다.

학교　　　학년　　반　이름:　　　　　날짜:　　월　　일

➡ **자신이 정한 직업을 가진 나의 모습을 상상하며 미래의 명함을 만들어 보세요.**

앞면 붙이기

뒷면 붙이기

꿈을 좇아서

꿈을 위해 여러분은 무엇을 하고 있는지 생각해 봅시다.

학교   학년   반 이름: 날짜: 월   일

➡ 내가 꿈을 이루기 위해 나는 무엇을 하고 있는지 적어 보세요

미래의 자기소개서 작성하기

미래의 자기소개서를 작성해 봅시다.

| 학교 | 학년 | 반 | 이름: | 날짜: | 월 | 일 |

➡ 자신이 정한 직업을 가진 나의 모습을 상상하며 미래의 명함을 만들어 보세요.

나의 성장과정

나의 장단점 & 단점 극복방안 제시

나의 경력

나의 꿈 나의 미래

자서전 표지 만들기

미래의 나의 자서전 표지를 완성해 봅시다.

학교	학년	반	이름:		날짜:	월	일

➡ **나의 자서전 표지를 상상해보고 그림으로 표현해 보세요.**

OOO
지음

OO
출판사

저자소개

기억하고 적용할 점

6 성공을 위한 약속, 효과적인 시간관리

#우선순위를 아는 것이 성공포인트 #시간관리하는 능력
#중요한 것과 급한 것 #자투리 시간관리

우선순위

무슨 일이든 우선순위를 아는 것이 효과적인 성공 포인트입니다. 이번 시간에는 여러분의 학습을 성공적으로 이끌기 위해서 무엇이 우선순위인지 생각해보고, 효과적으로 시간을 관리하는 방법에 대해 알아보도록 하겠습니다. 시간관리를 잘하기 위해서 여러분은 자신의 시간활용을 점검하고, 자신만의 습관 및 시간, 학습계획을 세울 수 있어야 합니다. 하루에 모두에게 똑같이 주어지는 24시간이라는 시간을 효과적으로 활용하는 사람과 그렇지 못한 사람은 자신이 이루고자 하는 목표 달성에 차이가 생길 것입니다. 그래서 모두에게 주어진 시간을 어떻게 관리하는지 배우고, 실천하는 습관이 필요합니다. 1분 1초도 소중하게 여기고 효과적으로 활용해서 여러분 모두 자신의 시간을 지배하는 주인이 되어야겠죠?

여러분은 하루 24시간을 어떻게 사용하고 있나요?

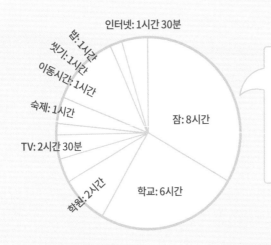

다음 설명에 해당하는 시간에 색을 칠하세요.

1. 생명을 유지하는 데 투자하는 시간

2. 의무적인 활동에 투자하는 시간
   (이동시간 포함)

3. 나의 발전을 위해 투자하는 시간

시간 관리에 있어 우선순위, 즉 자신에게 있어 중요한 것과 긴급한 것을 구별하여 그 순서에 맞게 실천하는 것이 중요합니다. 이 점이 얼마나 중요한지 잘 알고 있습니다. 하지만 실천하는 사람은 매우 적습니다. 그래서 이번 시간에 진행하는 활동지는 시간관리 매트릭스라고 하는 훈련을 통해서 쓸데없이 낭비하는 시간을 점검하고 반성하며 우선순위를 정하는 시간입니다. 활동지에 하루 동안 내가 한 일을 적어보겠습니다. 학교생활, 학원가기, 컴퓨터게임, 문자 보내기, 유튜브 하기, 숙제, 독서, TV보기, 친구와 전화, 카카오톡, 스마트폰사용 등 여러분도 이런 일들을 하지 않았나요? 그럼 이것을 매트릭스에 넣어 보겠습니다. 어느 영역에 있는 것을 가장 중요하게 실천하고 있나요? 1사분면의 일들을 가장 먼저 실천해야 하고, 2사분면과 4사분면은 어떤 것을 우선시해야 할지 개인마다 다를 수 있습니다. 하지만 2사분면의 해야 할 일들을 긴급하지 않다고 해서 미루게 된다면 이후에 긴급하고 중요한 것(미룬 숙제, 건강관리의 이상으로 병원 등)으로 나타날 수 있기 때문에 계획성 있게 꾸준히 실천할 수 있도록 하는 것이 중요합니다.

시간 관리는 지극히 개인적인 것입니다. 그렇지만 분명 잘 하고 있는지 아닌지는 알 수 있습니다. 그것은 바로 생활습관을 점검해 보는 일인데 평소 무심코 지나쳐버린 하루의 일과를 되돌아보고 버려지는 시간이 없는지를 체크하는 일이 선행되어야 합니다.

학업에 쉽게 한계를 느끼는 것은 다시 말하면 해보니 잘 안되더라는 경험 때문입니다. 학습계획(시간관리)은 가능할 것 같지 않았던 시간이 확보되는 경험을 통해 불가능해 보였던 과목별 학습을 고루 배치하고 전략과목을 만들어서 실제로 적용해보도록 돕습니다. 이는 한계를 극복할 수 있다는 경험이 생긴다는 점에서 학습에 많은 영향을 준다고 생각합니다. 독일의 콘스탄츠 대학에서 비버교수팀이 구체적인 계획을 세운 그룹과 추상적인 계획을 세운 그룹 사이의 상관관계를 연구하여 발표했습니다. 구체적인 계획을 세운 그룹이 추상적인 계획을 세운 그룹보다 과제를 포기하지 않고 성공적으로 수행할 가능성이 높았다는 연구 결과가 나왔습니다. 이 연구가 증명하고 있듯이 학습계획을 구체적으로 세우는 습관은 매우 중요합니다. 학습계획을 세우는 습관은 가능성에 대한 심리적 거리를 줄여주는 것에서부터 시작하는 것입니다.

효율적인 시간활용은 시간을 단순히 지나가는 것으로 인식하지 않고 단 5분의 시간이라도 생산 활동으로 바꿔주는 훈련을 필요로 합니다. 효율적인 시간관리를 위한 지침은 다음과 같습니다.

 효율적인 시간관리를 위한 지침

1. 장·단기 목표를 세운다.
2. 기록하는 습관을 갖는다.
3. 주간 일정표와 일일 일정표를 갖는다.
4. 꾸물거리거나 뒤로 미루지 않는다.
5. 학교에서 한 시간 공부한 과목에 대하여 2-3시간의 학습시간을 계획한다.
6. 학습시간을 여러 번 나누어 할당한다.
7. 시간이 여의치 않을 때는 자투리 시간을 활용한다.
8. 해야 할 일이 너무 많다고 생각될 때에는 서슴없이 그 중 일부를 제거한다.

결국 성공과 실패의 차이는 쉽게 흘려보내기 쉬운 짬을 얼마나 효과적으로 활용했느냐에 달렸다고 해도 과언이 아닙니다. 이것을 뒷받침해줄 수 있는 이론도 있습니다. Pareto 법칙에 따르면 어떤 결과의 80%는 그 원인이 되는 요소의 20%에 해당하는 시간이 결정적이라고 합니다. 또한 Parkinson 법칙에서 일이란 것은 허용된 시간의 끝까지 연장되는 경향이 있다고 주장합니다. 즉 학습에 들이는 총 시간보다 비록 제한된 시간일지라도 그것을 효율적으로 사용할 때 전체 시간을 더 잘 관리할 수 있다는 말입니다. 짧은 5분을 활용하여 학습의 내용을 예측해보거나 학습의 결과를 정리하는 방법은 자투리 시간을 효율적으로 활용하는 대표적인 방법입니다. 이러한 방법은 저학년보다 고학년에서 더욱 강력한 효과를 가져옵니다.

　　실제적인 시간관리 방법에 앞서 알아야 할 것은 최악의 시간활용을 피하는 것입니다. 시간을 낭비하는 사람들은 다음과 같은 특징을 보입니다.

 최악의 시간활용의 예

- 타인으로부터 부탁 받은 일을 한다.
- 항상 같은 일을 같은 방법으로 한다.
- 특별히 소질이 없는 일을 한다.
- 재미없는 일을 한다(공부하기 싫어서 평소 안 보던 TV 토론을 본다).
- 항상 방해 받는 일을 한다.
- 타인이 관심을 보이지 않는 일을 한다.
- 원래 예상한 시간보다 2배나 더 걸릴 일을 계속한다.
- 신뢰할 수 없는 사람, 능력이 떨어지는 사람과 일한다.

최악의 시간활용에서 살펴본 것처럼 시간관리에서 중요한 것은 계획한 것을 그때그때 본인의 계획과 실천 여부에 맞춰 스스로 수정도 할 줄 알아야 한다는 것입니다. 그래야 타인에 의해 지배되는 시간관리가 아닌 스스로가 만드는 시간 관리를 해 나갈 수 있습니다. 부모님의 마음에 들지 않거나 선생님의 마음에 들지 않는다 하더라도 수정의 경험이 본인에게 있어야 하고, 수정된 계획을 통해서 이것이 효과적임을 본인이 체험했을 때 올바른 시간 관리 습관이 만들어집니다.

기억하고 적용할 점

생활 습관 점검

내가 개선해야 할 점이 무엇인지 알아봅시다.

| 학교 | 학년 | 반 | 이름: | | 날짜: | 월 | 일 |

➡️ **다음은 생활습관에 관한 내용입니다. 자신에게 해당되는 내용에 V표시를 해보세요.**

생활습관과 태도	체크
학교에 다녀오면 할 일과를 다 했다고 생각한다.	
학교 다녀와서 많은 시간을 쉬면서 보낸다.	
학교 다녀와서 많은 시간을 놀면서 보낸다.	
과제나 숙제는 저녁이 다 되어서야 시작한다.	
무엇이 중요한 일이고 그렇지 않은 일인지 구분을 잘하지 못한다.	
어떤 일을 먼저 해야 하고 나중에 해야 하는지 구분을 잘하지 못한다.	
빨리 끝내야 할 일과 그렇지 않은 일들의 구분을 잘하지 못한다.	
그때그때 기분에 따라 놀기도 하고 공부하기도 한다.	

표시한 개수가 얼마나 되나요?

- 표시한 것이 없거나 1개 정도면 생활습관이 상당히 좋은 편입니다.
- 표시한 것이 2~3개 정도면 보통이지만, 생활습관을 조금 더 개선해야 합니다.
- 표시한 것이 4개 이상이라면 생활습관을 크게 개선해야 합니다.

시간관리를 방해하는 요인

시간관리를 방해하는 요인에는 무엇이 있는지 찾아봅시다.

학교　　　학년　　　반　이름:　　　　　날짜:　　월　　일

➡ **다음은 시간관리를 방해하는 요인에 관한 내용입니다. 잘 읽고 자신에게 해당되는 내용이면 '예'에, 그렇지 않으면 '아니오'에 V 표시해 보세요.**

번호	설문문항	그렇다	아니다
1	목표를 분명하게 세우지 않는다.		
2	우선순위를 정하지 않는다.		
3	한꺼번에 너무 많은 일을 하려고 한다.		
4	공부해야 할 내용과 과제를 충분히 파악하지 않는다.		
5	계획을 세우지 않는다.		
6	교과 내용과 관련된 책, 참고서, 인쇄물들을 정리하지 않는다.		
7	무엇을 어디다 두었는지 몰라, 찾느라고 시간을 낭비할 때가 있다.		
8	책상 정리가 안 되어 어수선하다.		
9	공부하고 싶은 의욕이 없다.		
10	대체로 인내심이 부족하다.		
11	일을 끝까지 마무리 짓지 못한다.		
12	주의가 산만한 편이다.		
13	친구의 전화를 받느라고 하던 일이 끊길 때가 많다.		
14	친구들과 만나느라 하던 일을 뒤로 미룰 때가 많다.		
15	일을 자꾸 미루는 경향이 있다.		
16	너무 꼼꼼하게 하느라고 무엇이든 시간이 늦춰지는 편이다.		
17	매사에 조급하고 초조해하는 편이다.		
18	보통 기분에 따라 일정이 바뀐다.		
19	친구들이나 가족, 친척들과 대화를 나누는 시간이 너무 많다.		
20	TV 시청, 컴퓨터 사용 시간이 긴 편이다.		

'예'에 표시된 문항이 많을수록 시간관리를 방해하는 요인이 많다는 것이겠지요?
문제에 대한 이유를 파악하는 것이 해결을 위한 첫걸음입니다.

시간관리 매트릭스

시간을 낭비하게 하는 원인을 찾아봅시다.

학교	학년	반	이름:		날짜:	월	일

➡ **지난 하루 동안 내가 한 일을 적어보세요.**

➡ 시간관리 매트릭스

내가 지난 하루 동안 한 일을 보고 각 사분면에 해당하는 내용을 써보기

중요O 긴급X	중요O 긴급O
중요X 긴급X	중요X 긴급O

높음
↑
중요성
↓
낮음

낮음 ← 긴급성 → 높음

활동지 시간관리 매트릭스 활동 사례

(중요○, 긴급×)   (중요○, 긴급○)

밥 먹기

밥을 꼭 먹어야 하지
만 긴급하지는 않기
때문이다.

잠자기

잠은 꼭 자야 되기 때
문이다.

숙제하기

시간 안에 학원 가기
전에 꼭 해야 할 일이
기 때문이다.

씻기

나가기 위해서가 아니
라도 씻어야 하기 때문
이다. 나가기 전이라면
긴급하기 때문이다.

학원

시간이 정해져 있기
때문에 중요하고 긴급
하다.

자기주도학습
캠프

시간이 정해져 있고 지
켜야 하기 때문이다.

(중요×, 긴급×)   (중요×, 긴급○)

핸드폰 보기

언제나 할 수 있고 하지
못한다고 하여 피해를
입거나 타격이 가지 않
기 때문이다.

전화 받기,
메세지 확인
하기

중요하지는 않지만 받
지 않거나 지체하면 안
되기 때문이다.

시간관리 매트릭스와 만족 지연

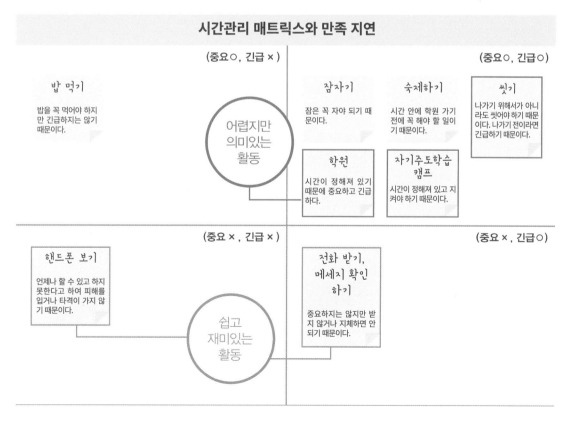

일의 우선순위를 확인하는 것이 필요합니다. 이것은 시간관리 매트릭스를 활용함으로써 가능합니다. 시간관리 매트릭스는 종이를 4등분으로 구분하고 오른쪽으로 갈수록 긴급한 일, 위로 올라갈수록 중요한 일을 적어보는 것입니다.

각 사분면에 중요하고 긴급한 일, 중요하지만 긴급하지 않은 일, 중요하지 않지만 긴급한 일, 중요하지도 긴급하지도 않은 일을 적습니다. 시간관리 매트릭스를 작성하면 지금 나의 시간 활용을 한눈에 확인할 수 있습니다. 또한 해야 하는 일의 우선순위를 정하는 데 큰 도움을 받을 수 있습니다. 중요하고 긴급한 일을 우선순위에 두고, 중요하지 않고 긴급하지 않은 일을 지양하는 것이 필요합니다. 여기서 잊지 말아야 할 것은 중요하지만 긴급하지 않은 일을 미루게 되면 이것이 중요하고 긴급해져 시간관리를 어렵게 만든다는 것입니다. 따라서 중요한 일을 꾸준히 실행하는 노력이 필요합니다

시간관리 매트릭스를 활용하여 시간관리를 잘 하면, 시간을 낭비하지 않고 효율적으로 공부할 수 있습니다. 또한 노력한 결과를 확인할 수 있고 그 결과가 더 향상되는 것을 알 수 있습니다. 따라서 자신이 수행한 일에 대한 만족감이 커지게 됩니다. 이런 만족감은 점차적으로 더 어려운 공부나 과제에 도전하고 이를 처리할 수 있도록 돕습니다. 결국 시간관리를 잘하게 되면 목표의식이 생기고 자신감이 향상되는 효과를 얻게 됩니다.

시간관리 매트릭스 수업을 들은 학생들의 반응

다음과 같은 전략을 상황에 맞춰 지도해 보면 좋은 효과를 얻을 수 있습니다.

시간관리를 위한 지도 전략

- 현재 보내고 있는 시간을 분석한다.

- 생활습관과 시간 사용 패턴을 확인한다.

- 목표와 함께 우선순위를 정한다.

- 공부할 시간의 양을 정한다.

- 공부할 과목의 순서를 정한다.

- 학교, 학원, 식사, 수면 등의 고정시간을 표시한다.

- 복습 시간을 꼭 계획한다.

- 어려운 과목은 가장 집중이 잘 되는 시간에 배당한다.

- 실천할 수 있는 합리적인 시간 계획을 세운다.

- 여가 시간에는 학습과 관련된 생각이나 활동을 하지 않는다.

- 계획을 실천하기 위해 노력하고 달성한 후에는 자기 자신을 칭찬한다.

7

성공하는 1%만의
학습플래너

#시간계획을 세우는 올바른 방법   #우선순위를 정하는 방법
#성공한 경험 만들기   #구체적인 계획 세우기   #계획에 대해 스
스로 평가하기   #계획을 세우는 습관 만들기   #목표세우기

시간계획을 세우고 이를 실천하지 못한 가장 큰 이유는 계획을 세우는 방법을 알려주지
않고 무조건 계획을 세웠기 때문입니다. 계획표를 작성하기 전에 우선순위를 정하는 방법
이나 구체적으로 계획표를 작성하고 이를 평가하는 방법을 알려줘야 합니다. 방법을 알지
못하고 작성한 계획표는 실천되지 못하며 실패를 경험하게 됩니다.

실제로 플래너를 작성하기 전에는 우선순위를 아는 것이 중요합니다, 학생들의 우선순
위에서 가장 먼저 와야 하는 것이 무엇일까요? 그것은 바로 공부일 것입니다. 문제는 아이
들이 우선순위에 와야 하는 것이 공부라는 것을 알고 있느냐 하는 것입니다. 물론 대다수

여러분들은 일주일 동안의 계획표를 짜는 겁니다

6명중 5명이 어려워하는 시간표 작성

일주일 동안 가장 중요한 일
해야 될 걸 다 알고 있어서 쉬웠던 것 같아요

딱히 중요한 건 생각하지 않고 그냥,
흘러가는 대로 학원가고 그런 거밖에 없어요

학교 갔다가 학원 숙제 하고 학원 갔다가
저녁 먹고 학교 숙제 하고 자고

가 공부가 중요한 우선순위에 있다는 것을 알고 있습니다. 그런데 왜 대부분의 학생들이 실천에 있어서는 공부를 우선순위에 두지 않고 TV보기나 컴퓨터 게임하기 등을 우선순위에 둘까요? 아마 처음에는 우선순위에 공부가 있었을 것입니다. 하지만 거듭되는 실패의 경험이 반복되면서 결국 시간관리를 제대로 하지 못하고, 순간순간 닥쳐오는 대로 시간을 낭비하게 될 가능성이 높습니다. 만일 우선순위에 놓았던 공부에 성공했다면 시간관리에 성공했을 것입니다.

시간관리를 위해 무조건 플래너를 사거나 계획을 세우는 것보다는 그 전에 계획표를 작성하는 방법에 대해 아는 것이 반드시 필요하겠습니다. 실제 계획 세우는 방법을 알아보기 전에 학생들이 왜 계획표 작성을 어려워하는지 알아보도록 하겠습니다. 한 중학교에서 학생들에게 계획표를 작성해 보도록 하였습니다. 총 6명의 학생 중 한 명을 제외한 다섯 명의 학생들이 계획표 작성의 어려움을 이야기하였습니다. 왜 많은 학생들이 계획표 작성을 어려워하고 계획을 잘 세우지 못할까요?

계획을 못 세웠다기보다는 지금 나에게 더 중요한 것, 우선시되어야 하는 것에 성공의 경험이 없거나 적었기 때문이었을 것입니다. 그러다보니 자연히 의욕이 떨어지고, 학습목표성향도 약해지게 된다고 할 수 있습니다. 그런가하면 학생들 중에는 이 우선순위가 고려된 계획표를 짜지 못해서 실천의 기쁨을 맛보기도 전에 모든 계획이 수포로 돌아가는 경우가 의외로 많습니다. 플래너를 작성한다는 것이 사실 그렇게 만만하지 않습니다. 따라서 한 달과 일주일 그리고 매일 매일의 계획을 세우고 실천하는 것을 일정기간 동안 연습하고 훈련해야 합니다. 우선 자신의 현재 생활이 어떤 상태인지를 파악하고 분석하는 일이 선행되어야 할 것입니다. 가깝게는 어제, 혹은 지난 2~3일, 혹은 일주일 동안 실행한 자신의 생활과 학습 활동을 쭉 기록하다보면 본인 스스로 분석과 더불어 평가를 할 수 있을 겁니다. 그 다음에는 내일, 혹은 2~3일 정도까지만 계획을 세워보고, 그 계획이 어느 정도 실행되었는지 점검하고 다시 평가합니다. 그 후에 또 다시 3일 정도를 계획, 실행, 평가하기를 몇 차례 반복합니다. 이러한 과정을 반복하다 보면 어느 시점에서는 일주일, 1개월, 학기, 연간 계획으로 확대해 갈 수 있을 것입니다. 현장 경험으로는 개인차는 있었지만 2주에서 1개월 정도 구체적 학습계획 수립, 실행, 평가를 경험한 학생들은 지속적으로 구체적 학습계획을 세우는 습관이 형성됨을 볼 수 있었습니다. 구체적인 일일 계획표는 앞으로 일주일 혹은 그 이상의 시간을 최대한 사실적으로 계획할 수 있도록 돕습니다. 일일 계획표를 작성하기 위해서는 다음과 같은 주요 요소가 있습니다.

첫째, 하루 일과 중 스스로 공부할 수 있는 시간을 확보하고 기록하기입니다. 많은 학생들이 자신이 얼마의 시간을 공부할 수 있는지 계산하지 않고 계획부터 세우는 경우가 많습니다. 이는 자신의 체력을 고려하지 않고 처음부터 전력 질주하여 중간에 달리기를 그만두는 마라토너에 비유할 수 있습니다. 즉, 나의 실제 공부시간을 알고 거기에 맞추어 실천 가능한 공부 계획을 수립하는 것이 중요합니다. 계획이 실천되는 경험을 만들 수 있도록 노력해야 합니다.

둘째, 구체적으로 계획을 기술하기입니다. 독일의 콘스탄츠대학의 연구결과를 살펴보면 구체적인 계획은 과제의 수행능력을 높여줍니다. 학습계획을 구체적으로 세우는 방법은 공부해야 하는 과목과 세부 단원, 실제 학습의 양과 공부를 하는 이유를 파악하는 것입니다. 공부의 이유를 파악하는 것은 적절한 학습방법을 선정하는 데 도움을 줍니다. 예를 들어 시험을 위해 공부하는 학생은 문제풀이 위주의 학습을 할 것이고, 예습과 복습을 하는 학생은 교과서를 가지고 개념을 정리할 것입니다. 즉 학습의 이유를 파악하여 공부 방법과 그 양을 예측할 수 있습니다.

셋째, 우선순위의 설정입니다. 앞서 구체적으로 계획한 여러 가지 일들 중에서 무엇을 먼저하고 무엇을 나중에 할 지 정하는 것입니다. 많은 학생들이 책상에 앉아서 무슨 과목을 먼저 공부할지 고민하는 모습을 볼 수 있습니다. 우선순위를 먼저 정한다면 자리에 앉아서 바로 공부를 시작할 수 있고 그만큼 더 집중하여 학습할 수 있습니다.

넷째, 스스로 평가하기입니다. 계획은 세우는 것에서 그치는 것이 아니라 실천하고 평가해야 합니다. 타인에 의한 평가가 아니라 본인 스스로 평가할 수 있어야 합니다. 본인 스스로의 평가는 다음 계획을 세우는 중요한 자료가 되고, 또한 평가를 통해 작은 성공의 경험을 맛볼 수 있습니다. 위에서 언급한 네 가지 요소를 꾸준히 실천한다면 나만의 학습 플래너를 만들어 갈 수 있고 자기화할 수 있게 됩니다. 중요한 것은 이러한 자기화를 통해 획득한 만족감과 자신감은 학습 플래너뿐만 아니라 다른 학습활동에도 전이되고, 따라서 학업성취에 큰 영향을 미치게 됩니다.

서울광장초등학교의 경우 학생들이 학습 플래너를 잘 활용하고 있습니다. 학생들은 매일 등교와 함께 하루의 계획을 세우는 습관을 만들어 가고 있습니다. 바로 '습관의 씨앗'이라는 학습 플래너입니다. 광장초등학교의 '습관의 씨앗'은 오늘의 일을 계획하고, 어제 한

광장초등학교 '습관의 씨앗' 학습 플래너

일을 평가하도록 구성되어 있습니다. 또한 학생들의 목표와 그것을 위해서 내가 해야 하는 일을 적도록 하여 학생들로 하여금 스스로 동기를 만들고 유지할 수 있도록 돕습니다.

스스로 계획을 세우고 실천하여 목표를 달성하도록 돕기 위해 시작한 학습 플래너, 광장초등학교 학생들은 습관의 씨앗을 통해 자기관리능력은 물론이고 자기반성의 기회까지 키웠다고 합니다.

누구나가 이야기하는 자신의 학습을 계획하는 학습플래너의 중요성! 하지만 우리들 중 제대로 학습 플래너를 작성하는 사람이 몇 명이나 될까요? 여러분이 직접 작성한 플래너를 활용해서 계획한 목표를 성공적으로 실천해본 경험이 있나요? 보기 좋게 예쁘게만 보이는 꾸미기 위주로 되어있는 보여주기식의 효과 없는 학습 플래너가 아닌 성공할 수 있는 학습 플래너를 작성하는 것이 필요합니다. 지금부터 차례대로 성공을 위한 가치 있는 1%만의 학습 플래너를 작성하는 방법을 알려 줄게요.

Planner: 일정 계획표
(Diary와는 다름)

시간관리 습관을 만들어줄 플래너

반드시 성공하는 학습 플래너의 비밀은 먼저 자신의 시간을 분석하고 다음으로 목표를 세우는 거예요, 그 목표를 쪼개면 계획이 됩니다. 이와 같은 순서를 통해 월간, 주간, 일일 계획표를 작은 단위로 쪼개며 성공할 수 있는 계획을 작성하게 되는데요, 월간에서 일일로 내려올수록 계획은 점점 구체적으로 작성해야 합니다. 예를 들어 한 학기의 목표를 작성한다고 한다면, 4달간의 목표를 세울 수 있겠죠. 이를 1/4 하여 월간 계획을 세울 수 있고, 또 하나의 월간계획을 4주로 나누고, 다시 7일로 나누게 되는 것입니다. 이 성공하는 1%만의 학습 플래너는 자신이 해야 할 일을 알 수 있음은 물론이고, 시간이 지난 뒤 자신이 학습한 것들을 확인할 수 있는 도구가 됩니다. 학습 플래너라고 해서 구체적인 계획을 많이 세우는 것이 능사가 아닙니다. 이것이 훈련되지 못한 학생들이나 저학년의 경우 처음부터 일일 계획표를 구체적으로 만들어가기란 어려운 일입니다. 우선은 내가 좋아하는 일이나 하고 싶은 일을 적어봄으로써 하나씩 실천해보는 것이 좋습니다. 또한 내가 존경하거나 이루고 싶은 것과 관련된 인물의 사진을 학습 플래너 앞에 붙이고 내가 그 목표를 이루기 위해서 지금 할 수 있는 한 가지 혹은 두 가지를 적어보고 실천해보는 것도 스스로 동기를 만드는 좋은 방법입니다.

일일 계획 세우기는 보다 구체적으로 작성해야 하는데요, 과목명, 학습단원명, 공부의 이유(예습, 복습, 시험, 숙제, 학원, 취미 활동 등등) 등이 필요하겠죠. 그리고 우선순위 표기, 예상시간과 실행시간을 통해 다음에 진행할 계획을 세우고 실천한 결과를 확인, 평가를 하는 순서로 정리합니다.

마지막에 하는 점검과 평가는 자신감을 향상시키고, 다음에 세워질 계획을 반드시 성공적으로 실천할 수 있도록 수정의 경험을 하게 하기 때문에 중요하게 생각해야 합니다. 이런 계획 세우기를 시험전략과 연계해서 활용하면 더 큰 힘을 발휘할 거예요. 여러분의 학습 능력을 더욱 향상시켜줄 시간관리, 오늘은 효과적인 시간관리에 대해 알아봤는데요, 선생님과 함께한 계획 세우기를 실천해보면서, 시험전략과 연계해보세요. 여러분의 실력이 쑥쑥 늘어날 테니까요.

우선순위 / 구체적으로 / 예상 소요시간

확인	마친 일	진행중인 일	다음으로 미룬일	필요 없던 일
	○	△	→	×

	중요	할 일(과목/ 교재, 단원, 분량/ 페이지)	계획 시간	실행 시간	확인
발전 목표 실천 과제	1	수학 교과서 함수 부분 개념 정리(10~15쪽)	60분	70분	○
그 외 할 일	2	스트레칭	30분	20분	○

실제 소요시간

오늘의 만족지연 : ——— 무엇을 참았나?

의지 통제		어떻게 참았나?
나의 격려	성공 □	난 나와의 약속을 지키는 사람이다!
	실패 □	내가 왜 이럴까 ㅠ.ㅠ 내일은 반드시 지켜보자!

☺ 하루를 보낸 나의 소감 (만족지연에 대한 소감도 함께 적어봅시다!)

☺ 확인해주세요~

나	선생님	부모님

일일 플래너 활용하기

기억하고 적용할 점

목표 세우기

한 학기 목표를 세워 봅시다.

학교   학년   반 이름: 날짜: 월   일

➡ **목표 세우기**

20   년 학기(월 ~   월) 목표

일일 계획 세우기

나의 하루 계획을 세워 봅시다.

| | | 학교 | 학년 | 반 | 이름: | | 날짜: | 월 | 일 |

	중요	해야 할 일(과목명, 단원명, 숙제, 수행평가 등)	확인	계획 시간	실행 시간
오늘 해야 할 공부					
공부 외에 할 일					
공부시간 확인					

확인 마친 일: ○   마치지 못한 일: △   하지 못한 일: ✕   필요 없던 일: ✁

➡ 한줄 소감

평가	소감

➡ 인정해 주세요!

학생	교사	부모

주간 점검하기

주간의 나의 목표를 스스로 평가해 봅시다.

학교	학년	반	이름:		날짜:	월	일

➡ ( )월 ( )주차 되돌아보기

목표	결과
	성취도 0점 30점 60점 90점 120점
	성취도 0점 30점 60점 90점 120점
	성취도 0점 30점 60점 90점 120점
	성취도 0점 30점 60점 90점 120점
	성취도 0점 30점 60점 90점 120점
	성취도 0점 30점 60점 90점 120점

➡ 스스로 평가해 보기

칭찬할 점	반성할 점

월간 계획 세우기

나의 월간 계획을 세워 봅시다.

| 학교 | 학년 | 반 | 이름: | 날짜: | 월 | 일 |

월

1.

2.

3.

➡ ( )월의 학습 계획표

구분	목표	노력
1주차		
2주차		
3주차		
4주차		
5주차		

성공하는 1%만의 학습플래너에서 강조하고 싶은 핵심은 차를 타고 먼 곳을 여행한다고 생각해보세요. 가는 길에 내가 좋아하는 좋은 곳을 몇 군데 들른다면 목적지까지 가는 길이 너무 부담스럽게 느껴지지 않을 것입니다. 마찬가지로 학생들이 단기목표를 세우고 달성하면 이루고자 하는 큰 목표에 도달할 수 있다는 생각과 자신감이 들 것입니다. 학생들이 목표를 세우고 발전하도록 도와주세요. 그리고 틈틈이 발전한 것과 어려웠던 과정에 대해 이야기해보세요. 새로운 목표, 더 좋은 목표가 생겼다면 칭찬하고 격려해주세요.

기억해야 할 다섯가지

1. 달성할 수 있는 목표에 대해 이야기하십시오.

2. 학생들이 그 목표를 달성하기 위한 계획을 세우도록 도와주세요.

3. 노력하고 발전한 점에 대해 자주 칭찬해 주세요.

4. "다른 사람이 할 수 있었다면 너도 할 수 있다"는 식으로 비교하지 않도록 조심해주세요. 스스로 할 수 있다는 결론을 내리도록 도와주세요.

5. 언제나 도움이 필요하다면 선생님이 기쁘게 도와줄 거라는 점을 강조해주세요.

기억하고 적용할 점

8

내가 잘하는 것!

#내가 잘 하는 것 찾아보기   #관심유형
#나만의 모델 만들기

학업성적이 낮은 학생들은 자신이 무엇을 잘하는지 말하지 못하죠? 정확하게 말하면 자신이 무엇을 잘하는지를 모르고 있다는 거예요. 이것은 잘하는 것에 대한 생각이 공부에만 한정되어 있기 때문입니다. 오늘 이 시간에는 여러분이 잘하는 것, 여러분이 되고 싶은 것에 대해 알아보고, 여러분을 성공으로 이끌 수 있는 활동으로 진행하도록 하겠습니다. 많은 학생들은 자신이 잘할 수 있는 것보다는 잘하지 못하는 것을 먼저 생각하기 때문에 자신감을 많이 잃어버립니다. 이를 극복하기 위한 방법으로 본인에게 흥미 있는 활동을 분명하게 아는 것이 중요합니다. 여러분은 다음 활동지를 통해서 자신이 잘할 수 있는 활동들을 통해 자신의 유형을 알 수 있고, 자신이 실제 원했던 직업이 자신의 관심유형과 일치하는지에 대한 확인 및 관심 유형에 속하는 다양한 직업들을 확인할 수 있습니다. 이런 활동은 진로 선택에 도움을 줄 수 있습니다.

'내가 잘하는 것' 활동지는 질문을 읽고 해당되는 번호에 표시를 한 후 각 유형별로 점수를 합산하여 '내가 잘하는 것 2' 활동지에 해당 점수를 표시하고, 본인의 결과에 대한 분포 정도를 한 눈에 볼 수 있도록 합니다. 이 때, 높은 점수를 받은 유형에서 반드시 본인의 직업을 결정하는 것이 아니라 본인이 원하는 직업에 속하는 유형을 성숙하게 키우기 위해 노력해야 할 것이 무엇인지에 대한 관점을 갖는 것이 중요합니다.

홀랜드 직업선택이론은 사람들은 자신에게 친숙한 활동이나 특정 직업에 대한 흥미를 가지고 있으며, 이러한 흥미는 몇 개의 범주로 나눌 수 있고, 한 개인이 특정 흥미유형을 가지고 있으면 그 유형에 속하는 어떤 특정 직업에도 흥미를 가질 수 있다는 기본 가정에서 출발합니다. 직업적 흥미의 6가지 유형은 현실형, 탐구형, 예술형, 사회형, 진취형, 관습형(사무형)으로 나뉩니다. 각 유형의 특징을 비롯하여 적성 및 강점, 직업, 잘하는 활동 등은 활동지 3을 참고하면 좋겠습니다.

자신이 가장 자신 있으며 잘하는 것을 찾아 봅시다.

| 학교 | 학년 | 반 | 이름: | 날짜: | 월 | 일 |

➡ **다음 질문을 읽고, 해당되는 번호에 표시하세요**

활동 특성	거의 그렇지 않다 1	때때로 그렇다 2	자주 그렇다 3	항상 그렇다 4
R 나는 운동하는 것을 좋아한다. 나는 길을 잘 찾는다. 나는 망가진 물건을 잘 고친다. 나는 동식물을 잘 키운다. 나는 조립을 잘 한다. 나는 오래 달리기를 잘한다.				

합산 점수 _____

I 나는 동식물을 관찰하는 것을 좋아한다. 나는 컴퓨터를 조작하는 것을 잘한다. 나는 계산하는 것을 좋아한다. 나는 실험하는 것을 좋아한다. 나는 과학 과목을 좋아한다. 나는 탐구심이 많다.				

합산 점수 _____

A 나는 악기를 연주하는 것을 좋아한다. 나는 사진 찍기를 좋아한다. 나는 다이어리를 꾸미는 것을 좋아한다. 나는 요리를 잘한다. 나는 그림을 잘 그린다. 나는 노래하는 것이 좋다.				

합산 점수 _____

활동 특성		거의 그렇지 않다 1	때때로 그렇다 2	자주 그렇다 3	항상 그렇다 4
S	나는 봉사활동에 관심이 많다.				
	나는 종교활동을 한다.				
	나는 친구의 말을 잘 들어준다.				
	나는 다른 사람을 배려한다.				
	나는 친구들에게 인사를 잘한다.				
	나는 친구들과 대화하는 것이 좋다.				

합산 점수 _____

E	나는 새로운 일에 도전하기를 좋아한다.				
	나는 다른 사람을 통솔하는 것을 잘한다.				
	나는 협동심이 강하다.				
	나는 무슨 일이든 열성적으로 한다.				
	나는 친구들과 토론하는 것을 즐긴다.				
	나는 낙관적인 사고를 가지고 있다.				

합산 점수 _____

C	나는 책상을 잘 정리한다.				
	나는 계획적으로 일하는 것이 좋다.				
	나는 청소하는 것을 즐긴다.				
	나는 수집하는 것을 좋아한다.				
	나는 노트필기를 잘한다.				
	나는 변화하는 것을 좋아하지 않는다.				

합산 점수 _____

내가 잘하는 것 2

활동 특성 검사 문항을 읽고 본인이 해당하는 곳에 체크해 봅시다.

| 학교 | 학년 | 반 | 이름: | 날짜: | 월 | 일 |

➡ 나의 활동 특성 분포도

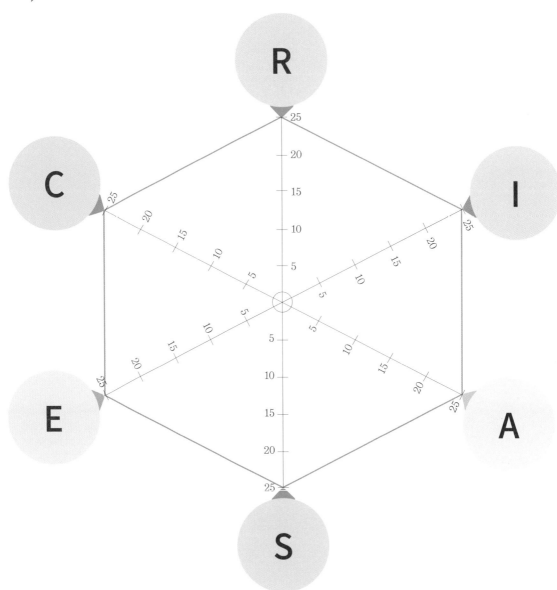

나의 목표 정하기

다음 표를 참고해서 나의 목표를 정해 보세요.

| 학교 | 학년 | 반 | 이름: | | 날짜: | 월 | 일 |

잘하는 활동	유형	특징	적성 및 강점	직업
운동하기, 앞구르기, 길찾기, 동식물 키우기, 줄넘기, 조립하기, 망가진 물건 고치기, 오래달리기	현실성 (Realistic)	솔직, 성실, 검소, 말이 적으며, 고집 있고 단순함.	기계 및 건설 분야 신체적인 활동	기술자, 정비사, 항공기 조정사, 농부, 엔지니어, 운동선수
동식물 관찰하기, 컴퓨터 하기, 실험하기, 수학계산 하기, 책 읽기, 집중하기, 과학과목, 수학과목	탐구형 (Investigative)	탐구심이 많고 논리적, 분석적, 합리적이며 신중함.	수학, 과학 분야 분석 및 조사활동 연구 분야	과학자, 생물학 자, 화학자, 물리 학자, 인류학자, 지질학자, 의사, 의류기술사
악기연주, 사진찍기, 조각하기, 목걸이 만들기, 다이어리 꾸미기, 요리하기, 노래하기, 그림그리기	예술형 (Artistic)	상상력이 풍부 하고, 자유분방, 개방적, 개성적이고 감정풍부	문화분야 예술 분야 창작활동	예술가, 무대감 독, 작가, 배우, 디자이너, 무용 가, 연예인
친구 화해시키기, 종교 활동, 봉사활동, 친구 말을 잘 들어줌, 인사하기, 양보하기	사회형 (Social)	사람을 좋아하고 친절함, 애정이 많고 이상주의적	교육 및 서비스 분야, 봉사활동 대인활동	교육자, 간호사, 사회복지사, 상담가, 종교지도사
리더십, 긍정적 사고 하기, 새로운 일에 도전하기, 협동심, 토론하기	진취형 (Enterprising)	통솔력과 지도력이 진취형 있으며 경쟁적, 낙관적, 열성적임.	사업 및 정치 분야 설득활동	기업경영인, 정치가, 판사, 영업사원, 관리자, 연출가
책상 정리하기, 파일 정리 하기, 청소하기, 수집하기, 노트필기, 빠른 숫자계산	사무형 (Conventional)	계획적이며 변화를 좋아하지 않고 책임감이 강함.	탐구력 독창적 능력 무모한 과업	공인회계사, 은행원, 경제 분 석가, 감사원, 세무사, 법무사

나만의 모델 만들기

　나만의 롤 모델을 설정하는 것은 매우 중요합니다. 성공한 많은 사람들 중 자신에게 긍정적인 영향을 미쳤고 자신감을 갖게 만든 인물을 찾아보는 겁니다. 그들의 삶 속에서 발견된 명언, 행동, 활동, 사회에 끼친 영향, 작품, 받은 상 등에서 본받고 싶은 부분을 발견할 수 있습니다. 중요한 것은 단순히 롤 모델을 따라하는 것이 아니라 그들이 성공을 위해 한 노력이나 방법, 습관, 신념들을 배워야 한다는 것을 잊지 마세요.

　다음 활동지는 나만의 모델 만들기라는 활동지입니다. 이 활동지를 통해 성공한 사람들의 특성을 살펴보고, 나만의 모델을 정하여 그림이나 사진으로 자유롭게 표현해 보도록 하는 활동입니다. 선생님의 롤 모델은 세계적으로 영향력 있는 여성리더로 인정받고 있는 오프라 윈프리입니다. 흑인 빈민가에서 태어난 그녀는 책을 좋아했지만, 딸이 똑똑해지는 것을 원하지 않았던 그녀의 어머니는 딸의 손에 쥐어진 책을 빼앗아 문 밖으로 던져버리고 그녀도 내쫓았다고 합니다. 그만큼 오프라 윈프리의 가정환경이 열악했다는 것이죠. 그러나 그녀는 그녀만의 '좌절금지'와 '역경극복의 자세'로 지금은 자신의 분야에서 최고의 역할을 해 내고 있습니다.

방송인을 꿈꾸는 세계 청소년의 롤모델
오프라 윈프리 이야기

　여러분도 오프라 윈프리처럼 나에게 주어진 상황에서 나만의 '좌절금지' 자세를 가지고 최선을 다해서 나의 롤 모델을 갖는다는 것에 흥미와 필요성을 느끼고 있나요? 지금 바로 자신의 롤모델을 정해보세요.

나만의 모델 만들기

성공한 사람들의 특성을 살펴보고 나만의 모델을 정해 봅시다.

| 학교 | 학년 | 반 이름: | 날짜: | 월 | 일 |

➡️ 자신감으로 난관을 극복하고 성공한 사람들의 특성을 살펴보세요.

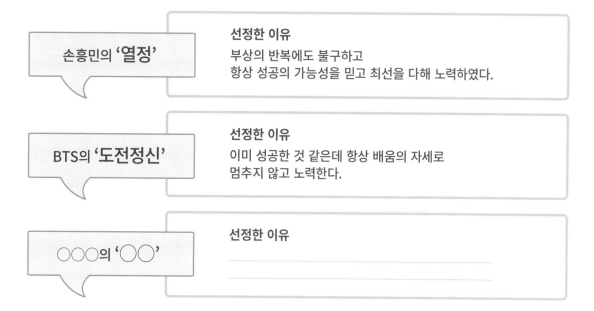

| 손흥민의 **'열정'** | **선정한 이유**
부상의 반복에도 불구하고
항상 성공의 가능성을 믿고 최선을 다해 노력하였다. |

| BTS의 **'도전정신'** | **선정한 이유**
이미 성공한 것 같은데 항상 배움의 자세로
멈추지 않고 노력한다. |

| ○○○의 **'○○'** | **선정한 이유** |

➡️ 내가 닮고 싶은 나만의 모델을 정하여 그림이나 사진으로 표현해 보세요.

Action Plan

 다음 활동지는 Action Plan인데요, 나의 롤 모델로부터 닮고 싶은 점을 더욱 구체적으로 생각해보고, 앞으로 어떻게 할 것인가에 대한 세부적인 목표와 실천 계획표를 작성해보는 겁니다. 이 활동을 통해서 여러분이 새롭게 목표를 정하고, 여러분이 직접 해야 할 일들에 대해 명확하게 파악할 수 있을 겁니다. 이번 시간 활동의 궁극적인 목적은 여러분이 자신의 사고 패턴을 확인하고 내재화되어 있는 부정적인 사고와 무기력한 사고를 긍정적이며 자신감 있는 사고로 전환하는 것입니다. 또 자신의 흥미를 파악하고 롤 모델을 설정하는 활동은 미래를 위한 구체적인 계획 수립 및 실천에 동기를 부여하여, 성공적인 경험들을 쌓아갈 수 있도록 도울 것입니다.

Action Plan

나만의 모델처럼 되기 위한 앞으로의 목표와 계획을 세워봅시다.

학교　　 학년　　 반　 이름:　　　　　　　 날짜:　　 월　　 일

　내가 정한 모델에게서 닮고 싶은 점을 찾고, 앞으로 어떻게 하면 모델에 가까워질 수 있을지 구체적인 목표와 발전계획을 세워봅니다.

➡ **Action Plan 도전 과제**

닮고 싶은 점

1. ....

2. ....

3. ....

목표	실천 계획

　지금 보여주는 선서문과 다짐문은 여러분께 내는 과제입니다. 자신을 격려할 수 있는 선서문을 만들고 '할 수 있다'는 선서식을 해보기 바랍니다.

선언문

자기주도학습에 대한 자신의 생각을 정리해 봅시다.

학교　　학년　　반　이름:　　　　　날짜:　월　일

선 언 문

나 ＿＿＿＿＿＿의 목표는 ＿＿＿＿＿＿ 입니다.

나는 나의 목표를 이루기 위해 자기주도학습자로서

1. ＿＿＿＿＿＿을(를) 노력할 것입니다.

2. ＿＿＿＿＿＿을(를) 열심히 할 것입니다.

3. ＿＿＿＿＿＿을(를) 꾸준히 할 것입니다.

년　　월　　일

선언자 : ＿＿＿＿＿＿

꼭 알아야 할 1%만의 공공시용설명서

기억하고 적용할 점

02
SECTION

꼭 알아야 할 1%만의
혼공 사용 설명서

인지 영역

활동지

공부하는 이유와 실패하는 이유

#내가 공부하는 구체적이고 명확한
#스스로 목표-방법-계획-실행하기

　　여러분이 공부를 하는 이유와 그 중요성을 스스로 인식하고, 공부를 하면서 실패하는 이유를 찾아낼 수 있도록 할 텐데요. 나의 학습성향을 파악하여 내가 공부하는 이유를 명확하게 함으로써 학습 방법이나 목표, 계획, 실행 등을 자기 스스로 결정하고, 계획한 일을 점검하고 평가하면서 성실하게 수행할 수 있는 방법을 알아보도록 하겠습니다. 첫 번째로 여러분들이 어떠한 이유 때문에 공부를 하는지, 더 나아가 학교를 다니는 이유는 무엇인지를 생각해 볼 텐데요. 이 활동지는 나에게 공부가 무엇인지에 대한 나만의 정의를 내려보는 활동지입니다. 활동을 통해 확인해 보도록 하겠습니다.

"공부"

무언가를 익히기 위해
시간과 노력을 들이는 것

진학을 위한 공부   진로에 대한 공부   취미에 대한 공부

공부의 이유

공부하는 이유에 대해서 알아봅시다.

| 학교 | 학년 | 반 | 이름: | | 날짜: | 월 | 일 |

➡️ 공부하는 이유는 무엇일까요? 해당 항목에 체크해 보세요. (OX퀴즈)

번호	내용	공부하는 이유
1	많은 것을 배우기 위해	
2	학교에서 공부하면 부모님이 좋아하시니까	
3	좋은 성적을 얻기 위해	
4	몰랐던 것을 알기 위해	
5	장래 나의 소망을 이루기 위해	
6	공부하는 방법을 알기 위해	
7	선생님에게 칭찬받기 위해	
8	공부를 잘하면 상을 받으니까	
9	다른 친구들도 학교를 다니니까	
10	공부 자체가 정말 재미있어서	
11	학교를 안 다니면 혼나기 때문에	
12	새로운 지식이나 기술을 익히는 것이 중요하기 때문에	
13	학교 공부는 나에게 중요하니까	
14	내가 성장해 나가는 데 중요한 역할을 하기 때문에	
15	새로운 것을 알았을 때 뿌듯하기 때문에	
16	내가 살아가는 데 도움이 될 것이라는 생각 때문에	
17	다른 학생들보다 우수한 학생이 되기 위해	
18	수업시간에 주어지는 문제를 모두 다 풀기 위해	
19	다른 학생들보다 교과의 내용을 더 많이 알기 위해	
20	시험 점수 등수를 잘 받는 것이 중요하기 때문에	

나만의 정의 내리기 1

'공부' 라는 단어로 나만의 정의를 내려봅시다.

학교   학년   반 이름: 날짜: 월   일

나만의 정의 내리기 2

공부와 관련하여 나만의 정의를 내려봅시다. (예: 학교, 가족, 친구 등)

학교   학년   반   이름: 날짜: 월   일

기억하고 적용할 점

나는 학습목표 성향일까요?

#학습목표성향의 학생   #평가목표성향의 학생
#올바른 목표 성향 찾기   #나의 행동 통제 정도 파악

공부의 이유를 잘 알기 위해서는 자신의 학습성향을 아는 것이 중요해요. 두 가지 성향이 있어요. 학습목표와 학습평가목표에 대해 좀 더 자세하게 설명하자면, 누구나 실패를 경험 하잖아요. 실패를 경험했을 때 학습목표성향의 학생은 그 원인을 노력으로 돌리는데, 노력을 덜 해서 만족스러운 결과가 없었다고 원인을 귀착하기 때문에 실패의 상황에서 포기하거나 좌절하기 보다는 다시 도전하고자 합니다. 하지만 평가목표성향의 학생은 자신의 실패의 원인을 능력으로 귀착하기 때문에 실패의 상황에서 다시 시도한다 할지라도 나의 능력으로는 이정도의 난이도를 해결할 수 없다고 단정하고 쉽게 좌절합니다. 도전하기를 두려워하며 포기하게 되는 것이죠.

공부의 이유 내용	체크	목표성향
학습목표	o	학습
학습목표	x	평가
평가목표	o	학습
평가목표	x	평가

앞서 공부의 이유에 대해 체크한 활동지를 바탕으로 여러분의 학습성향을 알아보도록 하겠습니다. 각각의 문항별로 내용을 보면 어떠한 학습성향인지 구별할 수 있겠죠! 표와 같이 공부의 이유 내용이 학습목표성향인데 체크를 O로 했다면 나의 목표성향은 '학습', 학습목표성향을 X로 체크하였다면 나의 목표성향은 '평가'로 기록합니다. 전체의 내용을 확인후에 각각의 목표성향을 세어보면 자신의 성향을 알 수 있을 것입니다.

학습목표성향과 평가목표성향을 알아봤는데요. 평가목표성향이 안 좋은 것은 아닙니다. 다만 입시나 학교에서의 평가, 경쟁, 등수 등등으로 평가목표성향이 짙어지게 될 경우에 실패를 경험했을 때, 좌절하거나 쉽게 포기하고 다시 도전하는 것을 두려워하며 피하는 경향이 있다는 점을 우려해야 합니다. 평가목표성향이 나쁘다고 할 수는 없지만 실패상황에서 분명한 한계점이 있기 때문에 우리는 결과보다 과정, 능력보다는 노력을 중요시하는 학습목표성향을 지향할 필요가 있다는 점을 기억해 두시고요. 만족지연을 통해 의지조절의 경험을 할 수 있도록 훈련이 필요하다는 것도 알아야 하겠습니다.

Q. 공부하는 이유는?

A. 없다 혹은 모르겠다. 30명 중 13명(43%)

없다. 공부가 싫다.

미래에 잘 살려고 (목표: 꿈 없음)

※ 동기가 없는 학생은 집중력을 만들 수 없다.

학습목표와 평가목표에 대하여 알고 나의 목표 성향을 알아 봅시다.

학교   학년   반 이름: 날짜: 월   일

➡ **학습목표란?**

➡ **나는 이럴 때 학습목표(Learning Goal)를 갖게 된다!**

예) 아무도 풀지 못한 수학 문제를 포기하지 않고 노력하여 풀었을 때, 또 다른 어려운 문제를 풀어보고 싶다.

➡ **평가목표란?**

➡ **나는 이럴 때 평가목표(Performance Goal)를 갖게 된다!**

예) 시험 결과가 나왔을 때 나의 친한 친구보다 점수가 낮으면 자신감이 없어지고, 공부를 하기가 싫어진다.

나는 학습목표와 평가목표 중 어떠한 성향이 크게 나타나는지 생각해 보아요.
또 왜 그러한 목표 성향을 가지게 되었는지 이유를 찾아 보아요.

목표	왜?

➡️ 공부의 이유

우리는 왜 학교에 다닐까요? 왜 공부를 하는 걸까요? 나의 생각에 맞는 내용이면 〇, 아니면 X표 하세요

	내 용	〇/X		내 용	〇/X
1	많은 것을 배우기 위해		11	학교에서 공부하면 부모님이 좋아하시니까	
2	몰랐던 것을 알기 위해		12	좋은 성적을 얻기 위해	
3	장래 나의 소망을 이루기 위해		13	선생님께 칭찬받기 위해	
4	공부하는 방법을 알기 위해		14	공부를 잘하면 상을 받으니까	
5	공부 자체가 정말 재미있어서		15	다른 친구들도 학교를 다니니까	
6	새로운 지식이나 기술을 익히는 것이 중요하기 때문에		16	학교를 안 다니면 혼나기 때문에	
7	학교 공부는 나에게 중요하니까		17	다른 친구들보다 우수한 학생이 되기 위해	
8	내가 성장해 나가는 데 중요한 역할을 하기 때문에		18	수업시간에 주어진 문제를 모두 다 풀기 위해	
9	새로운 것을 알았을 때 뿌듯하기 때문에		19	다른 친구들보다 교과의 내용을 더 많이 알기 위해	
10	내가 살아가는 데 도움이 될 것이라는 생각 때문에		20	시험 점수, 등수를 잘 받는 것이 중요하기 때문에	

올바른 목표 성향 갖기

나의 목표 성향을 알아본 후, 올바른 목표 성향 성립을 위한 나의 노력 및 계획을 수립해 봅시다.

학교　　학년　　반　이름:　　　　　날짜:　　월　　일

나는 학습목표를 가졌을까, 평가목표를 가졌을까?

1, 4, 5, 6, 10, 12, 13, 14, 15, 16에 O표시가 많다면 당신은 학습목표의 성향을 지녔습니다.

1, 4, 5, 6, 10, 12, 13, 14, 15, 16에 X 표시가 많다면 당신은 평가목표의 성향을 지녔습니다.

2, 3, 7, 8, 9, 11, 17, 18, 19, 20에 X 표시가 많다면 당신은 학습목표의 성향을 지녔습니다.

2, 3, 7, 8, 9, 11, 17, 18, 19, 20에 O 표시가 많다면 당신은 평가목표의 성향을 지녔습니다.

➡ 바른 목표 성향을 갖기 위한 나의 계획

(평가목표 → 학습목표)

내용	목표성향	변화를 위한 나의 노력
예) 학교에서 공부하면 부모님이 좋아하시니까	평가 목표	부모님이 좋아하시는 것도 중요하지만, 우선 내가 평가목표를 좋아할 수 있는 이유를 찾는다.

나의 행동통제 정도는?

자기조절력과 통제력의 정도 파악을 위하여 나의 행동통제성을 측정해 봅시다.

| 학교 | 학년 | 반 | 이름: | | | 날짜: | 월 | 일 |

➡ **다음 질문을 읽고, 해당되는 번호에 표시해 보세요.**

내용	거의 그렇지 않다 1	때때로 그렇다 2	보통이 다 그렇다 3	자주 그렇다 4	항상 그렇다 5
나는 친구들이 옆에서 놀고 있어도 계속해서 공부한다.					
나는 주위가 시끄러워도 공부에 집중한다.					
나는 문제의 뜻이 이해가 안 되면 주위 사람에게 물어본다.					
나는 수업 시간에 선생님의 말씀에 집중한다.					
나는 실패했을 때 희망적으로 생각하려고 노력한다.					
나는 시험을 앞두고 하고 싶은 일이 있어도 참고 공부한다.					
나는 재미있는 책을 읽을 때 오랫동안 몰두해서 읽는다.					
나는 공부 시간이 길어도 끝까지 집중해서 공부한다.					
나는 해야 할 숙제가 있으면 바로 계획을 세워서 시작한다.					
나는 한 번 시작한 일이 하기 싫어지면 그만둔다.					
나는 시험을 망쳐서 기분이 나쁠 때 잊으려고 노력한다.					
나는 공부할 때 노력하면 잘 할 수 있다고 자신에게 말한다.					
나는 해야 할 과제가 있으면 즉시 시작한다.					
나는 당장 무슨 일을 시작해야겠다고 생각하면 곧장 시작한다.					
나는 중요한 일을 오랫동안 계속 할 수 있다.					
나는 좋아하는 영화를 볼 때 다른 생각을 하지 않는다.					
나는 책을 읽다가 지루해지면 뒷장을 넘겨본다.					

공부의 방해물을 제거하라

공부하는데 방해되는 요소에 대해서 알아보고 그 이유와 극복 방안을 찾아 봅시다.

학교　　　학년　　　반　이름:　　　　　날짜:　　월　　일

➡ 다음 질문을 읽고, 해당되는 번호에 표시해 보세요.

공부 방해요소들

컴퓨터, 축구, 친구, 부모님, 자신, 웹툰, 게임,
스마트폰, 농구, 학교, 교사, 돈, 집, 기타 등등

공부에 방해되는 요소	이유	극복 방안	해결할 수 있는 사람
1. 컴퓨터 게임	매일 컴퓨터 게임을 한다.	시간을 정해 놓고 한다.	나
2.			
3.			
4.			
5.			
6.			
7.			

공부 방해요소에 대해 정리해 보아요.

나에게 가장 큰 방해요소는 무엇인가요?

방해요소가 되는 이유는 무엇인가요?

해결할 수 있는 방법은 무엇인가요?

기억하고 적용할 점

1% 만의 성적 올리기 전략 편

#SQ3R   #Survey 예측하기   #Question 자문하기
#Read 이해하며 읽기   #Recite 자기화하기
#Review 복습하기   #효과적인 읽기전략

이번 시간에는 전국 1%가 되기 위한 특별한 방법을 알려 줄게요. 비밀은 효과적인 읽기 전략에 있어요. 어떠한 과목이던 읽기와 이해가 기본이라는 것 잘 알고 있죠? 읽기를 할 때는 제대로 읽는 것도 중요하지만 읽은 내용을 이해하는 속도를 높이는 방법도 중요해요. 공부를 잘하는 친구들은 그렇게 하기위해서 바로 SQ3R 전략에 따라 교과서를 읽고 이해 하며 학습하는 방법을 익히는데 많은 노력을 하는 거죠. 여러분도 지금부터 집중해서 전 국 1%의 친구들이 하는 방법을 나의 것이 되도록 연습하고 노력해 보세요.

SQ3R 전략은 우선 목차에 주목하는 것에서부터 시작해요. 교과서뿐만 아니라 모든 책 에는 목차가 있는데요, 목차가 무엇일까요? 목차는 책의 구성을 순서대로 또는 중요도의 순서대로 열거하여 찾아보기 쉽도록 만든 것인데 단순하게 차례(순서) 정도라고 생각해서 는 안돼요. 단원의 주요내용과 상황의 맥락을 예측하도록 도와주고 선생님이 수업을 어떻 게 전개할 것인지를 예측하고 파악하게 합니다. 수업에 집중력을 높이는데 매우 중요한 역 할을 하죠. 잡지나 사전은 책에 따라서 다르긴 하지만 목차는 내용을 일목요연하게 정리해 서 검색의 역할을 하고, 한눈에 전체 구성과 흐름이 파악되도록 하는 역할을 합니다. 어떤 친구들은 교과서를 중요하게 생각하지 않고 참고서나 문제지 위주의 공부를 하는데요. 멋 진 우리 학생들은 교과서의 중요성에 대해 인식하는 학생이되길 부탁해요. 교과서의 목차 는 내가 배우게 될 내용을 전체 흐름 속에서 파악할 수 있도록 도와주는 매우 중요한 부 분이라는 점 기억해주세요.

교과서의 구성을 이해하고 학습할 때 잘 활용하면 학습하는 내용을 더욱 잘 이해할 수 있고 오랫동안 기억할 수 있어요. 그리고 더욱 중요한 점은 수업시간이 즐거워지고 수업에 참여할 수 있는 기회가 많아진다는 거예요. 그럼 지금부터는 교과서를 가지고 공부하는 1% 만의 방법을 알려줄게요. 1970년도에 Robinson이라는 학자가 이 방법을 개발하였는데 효과가 매우 좋아서 지금까지 전 세계의 공부를 잘하고 싶은 많은 사람들이 널리 사용하고 있는 교과서 학습 방법이에요. 바로 SQ3R 교과서 학습방법이라고 불러요. SQ3R학습전략은 각각의 영어 단어의 앞 글자를 따서 S.Q.3.R이라는 이름을 붙였는데요. 3R은 R이 3개 있다는 뜻이고 이렇게 해서 총 5개의 단계로 나뉘어요.

1. Survey

첫 번째 Survey 단계는 훑어보는 단계인데요. 우리가 여행가기 전에 미리 지도를 보거나 그 지역의 특징과 가볼 만한 명소 또는 맛집 등을 알아보고 즐거운 시간을 상상하는 것처럼 전체적으로 훑어보면서 오늘 배울 내용을 예측해 보는 거예요. Survey 단계에서 훑어볼 때에는 공부할 단원에 나오는 목차, 학습목표, 그림, 사진, 그래프, 도표, 기호, 지도 등을 놓치지 않고 꼼꼼하게 살펴보면 더욱 쉽게 오늘 배울 내용을 파악하고 선생님이 어떻게 수업할지 예측할 수 있어요.

> ### Survey : 예측하기
>
> 전체적으로 훑어보며 오늘 어떤 내용을 배울지 예측해본다.
>
> → 목차, 학습목표, 표, 그림, 그래프, 지도 등의 시각자료를 보며 학습할 내용을 예측해본다.

대부분의 학생들은 물론, 성인들조차 새로운 책을 접하게 되면 목차나 소제목들은 무시하고 바로 본문의 내용부터 읽기 시작합니다. 그러나 본문의 내용을 살펴보기 전에 목차를 보는 활동은 그 책의 전체적인 흐름 또는 이번 시간에 배울 단원이 전체적인 흐름 속에서 어떤 위치를 차지하고 있는가에 대해 생각해 볼 수 있다는 점에서 그 중요성이 매우 큽니다. 또한 그 목차에 나온 소제목들을 보면서 이번 시간에 어떤 내용으로 수업이 진행될지를 예측해 보고 자신이 잘 모르거나 해결이 필요한 사항에 질문을 던질 수 있는 기회를 제공한다는 점에서 또한 매우 중요합니다. 목차를 보는 활동은 앞서 언급한 학습목표를 설정하고 정리하는 습관과 함께 수업의 내용을 예측하고 질문하는 데 효과적인 전략입니다.

수업을 예측하는 인주의 학습법

예습이 많은 시간을 들여 수업의 내용을 완벽하게 파악하는 것이라는 생각은 잘못된 생각입니다. 목차와 학습목표를 보면서 수업을 예측하고 질문을 만드는 것은 아주 짧은 시간이면 충분히 할 수 있습니다. 전날 잠들기 전 혹은 수업 바로 전 쉬는 시간을 활용해도 가능한 전략입니다. 이러한 활동은 학습 동기를 형성하고 인지 활동을 자극하는 효과를 불러옵니다. 이것이 바로 효과적인 예습의 방법이라고 할 수 있습니다.

목차를 보면서 지난 시간에 내가 무엇을 배웠는지 그리고 오늘 배울 부분은 전체 속에서 어느 부분에 위치하고 있는지 찾아보세요~

그리고 이제는 오늘 배울 부분의 교과서 페이지를 펼쳐볼까요. 가장 먼저 우리는 학습목표를 확인해야 해요. 학습목표는 '오늘 학습이 끝난 뒤에 내가 이것만큼은 꼭 알아야 한다!'라는 목표를 가지고 학습할 수 있도록 도와준답니다. 교과서를 훑어보면 그림, 그래프, 도표 지도 등이 나오지요. '여기 이 그림은 왜 나와 있을까? 이 그래프는 오늘의 학습목표와 무슨 관련이 있지?' 자신에게 질문해보고 궁금한 내용이나 잘 모르는 부분이 있다면 문장의 형태로 교과서 여백이나 포스트잇을 사용해서 적어 놓아 보세요.

예를 들어(예측하기)

→ 예습은 수업 시간 집중력을 높이고, 선생님 말씀을 이해하는데 큰 도움이 됩니다. 올바른 예습을 위하여 교과서의 목차와 학습목표를 읽고 무엇을 배울지 생각한 후 질문을 만드세요. 질문의 답이 본문 어디쯤 있는지 훑어보고, 그림·표를 살펴본다면 수업 시간에 배울 내용에 대한 확신을 가질 수 있습니다. (아래 교과서 목차 참조)

① 〈1. 목차는 왜 있을까?〉에는 큰 주제(2. 여러 지역의 생활)와 네 개의 작은 주제들이 있습니다.

② 오늘 배울 곳이 '② 도시의 생활 모습'이라고 했을 때, 목차만 보고 오늘 수업 시간에 배울 내용을 예상하여 질문으로 만들어 보세요.

③ 예를 들면, 전 시간에 '① 촌락의 생활 모습'을 배웠겠지요? 따라서 이번 시간에는 촌락과 도시를 비교하면서 도시의 생활 모습을 배울 것 같네요. 이것으로 보아 나의 질문을 〈첫째, 도시의 생활 모습은 어떨까?〉 〈둘째, 촌락과 도시의 생활 모습은 무엇이 다를까?〉로 정할 수 있겠네요.

④ 만약 목차만 보고 질문을 만드는 것이 어렵다면, 〈2. 학습목표는 왜 있을까?〉에 있는 학습목표를 참고하세요. 추가로 〈도시는 어떤 곳에 주로 발달했을까?〉에 대하여 배운다는 것을 알았네요.

⑤ 학습목표는 수업 전, 내가 가지고 가야 할 질문이 무엇인지 말해줍니다. 또 수업 시간에 그에 대한 해답을 찾는데 집중할 수 있도록 도움을 준답니다.

⑥ 교과서의 그림이나 표는 내용을 쉽게 이해하고 기억하는데 도움을 주지요. 확실하게 해볼 수 있겠죠!

1. 목차는 왜 있을까?

목차는 우리가 찾고자 하는 정보를 한눈에 볼 수 있는
지도와 같아요. 그렇다면 목차를 보고 어떤 것을
예측할 수 있을까요?

2. 학습목표는 왜 있을까?

학습목표는 학습을 통해 얻고자 하는 최종결과를
나타내요. 학습목표를 미리 보면서 결과를
예측해볼까요?

※ 학습목표
 - 촌락 지역과 도시지역의 생활 모습은 어떻게 다를까요?
 - 도시는 주로 어떤 곳에 자리 잡고 발달할까요?

3. 교과서의 그림(또는 표)을 보고 무엇을 예측할까?

그림과 표는 교과서의 중요 내용을 이해하기 쉽도록
돕는 시각자료예요. 이것만으로도 수많은 정보를
예측할 수 있겠죠?

2. Question

Question : 자문하기

**스스로에게 질문해보며
잘 모르는 내용이나 궁금한 내용을 표기해둔다.
→ 여백에 질문을 적어둔다.**

교과서 훑어보기에서 왜? 라는 질문이 많이 나와야 공부가 재미있어지는 거예요. 이렇게 궁금한 것을 생각해보는 단계가 바로 두 번째 Question 질문하기 단계예요. 예를 들어 여기 그림에서는 우리가 흔히 보던 기호들과 함께 만화가 나와있네 왜 나와있을까? 그래 오늘의 학습목표가 바로 문자로 식을 간단하게 나타낼 수 있다였구나 일상생활에서 일어나는 일들을 기호나 문자로 나타낼 수 있는 것처럼 고개를 넘을 때마다 호랑이가 떡을 2개씩 가져간다는 것을 식으로 나타낼 수 있다는 의미를 가진 만화구나! 이렇게 스스로에게 질문을 하고 이해하는 과정을 예습하기 단계라고 하는 거예요.

→ 본문을 훑어보면서 궁금한 점을 찾아서 '나만의 질문'을 더해보는 연습을 해 보도록 해요.

① 주어진 지문을 읽으면서 아래의 예시와 같이 질문을 만들어 보세요.
② 처음 보는 내용이기 때문에 당연히 궁금하거나 모르는 것들이 있을 거예요. 이것을 그냥 넘기지 말고 꼭 표시해서 수업 시간에 답을 찾도록 노력해요.

3. Read

Read : 이해하며 읽기

혼자 또는 선생님과 함께
본격적인 학습을 하면서 자료를 읽는다.

→ 학습목표에 대한 부분, 자문한 질문에 대한 답이
나오는 부분에 적절히 표기하며 이해하며 읽는다.

　　3번째 Read 단계는 읽기예요. 본격적으로 수업이 진행될 때에 우리는 그냥 멍~하니 앉아있지 않지요. 중요한 단어에는 동그라미를 치기도 하고 밑줄을 긋기도 해요. 또한 Question 단계에서 적어 두었던 질문에 대한 답을 찾으면서 책의 내용을 꼼꼼하게 이해하며 읽는 거예요. 읽기를 할 때 중요한 포인트는 공부한 결과를 교과서에 남기면서 읽어야 해요. 다음에 다시 볼 때 내가 무엇을 공부했고 무엇을 중요하다고 생각하며 읽었는지 떠오르게 도와줄 거예요. 따라서 아무데나 밑줄을 긋거나 형광펜으로 칠한다면 안 되겠지요. 그렇다면 어디에 밑줄을 그어야 할까요. 바로 '내가 만든 질문'에 대한 답이 있는 곳에 그으면 되겠지요. 이번 활동으로 흔적 남기며 읽기 연습을 해보세요. 본문을 읽는 단계는 앞서 예측하고 질문한 것을 바탕으로 읽는 내용을 완전히 자기 것으로 만드는 단계입니다. Read 단계는 크게 네 가지로 정리할 수 있습니다. 첫 번째는 각 장의 요점을 상기하면서 도움이 된 핵심 키워드(key-word)부분에 강조표시를 하는 것입니다. 두 번째는 앞서 표시한 각 장의 요점을 설명해 주는 단어나 구절에 밑줄을 긋습니다. 세 번째는 본문에서 중요한 정의나 공식에 구분된 부호(별, 느낌표, 물음표 등)를 표기하여 이해를 마친 것, 궁금한 것 등을 구분합니다. 이러한 활동은 수업 상황에서 해당하는 내용이 진행될 때 더욱 몰입하여 내용을 확인하거나 정답을 찾아낼 수 있도록 돕는 효과가 있습니다. 마지막 네 번째는 각 페이지마다의 여백을 잘 활용하는 것입니다. 여백을 활용하거나 포스트잇을 활용하여 본문의 내용을 보충하는 설명이나 자신 스스로 요약한 내용을 적어봄으로써 보다 풍부한 학습결과물을 만들어낼 수 있습니다.

① 활동지에 교과서의 본문이 있습니다. 지문은 [활동지]에서 만든 질문을 다시 생각하면서 밑줄을 그어보세요.

② 지문은 학습목표와 지문의 첫 번째 줄을 잘 읽고 밑줄을 그어보세요.

③ 질문에 해당하는 내용이 어디에 있는지 찾아보면 무엇이 중요하고, 수업 시간에 집중하여 들어야 할 부분이 무엇인지 정리할 수 있어요.

→ 제대로 된 '밑줄 긋기'는 다음에 교과서를 다시 펼쳤을 때 어디를 펼쳐보더라도 무엇이 중요한 단어인지, 선생님이 강조하신 내용이 무엇인지, 이해만 하면 되는 곳이 어디인지, 내가 궁금한 부분이 어디인지, 시험에 나온다고 했던 내용이 무엇인지 등을 한 눈에 볼 수 있도록 도와줍니다. 이번 활동에서 올바른 나만의 밑줄 긋기 전략을 만들어 봅시다.

① 제일 먼저 밑줄 긋기의 규칙을 만들어 보세요. 밑줄을 그을 때는 내 마음 대로 아무 색이나 사용하지 말고 나만의 규칙을 사용하세요.

② 여러 가지의 색을 사용해서 예쁘게만 밑줄을 긋는 습관은 오히려 나를 헷갈리게 만들 수 있어요. 중요한 부분이 어디인지 몰라 처음부터 다시 읽어야 할 수도 있지요.

② 내가 만든 규칙을 활용하여 주어진 지문에 밑줄 긋기 연습을 해 보세요.

선생님이 중요하다고 말씀해 주신 것 → 〜〜〜〜〜

핵심 단어 & 문장 → ▭

핵심 단어 & 문장을 설명하는 것 → ▬▬▬

내가 던진 질문에 대한 설명 → ▬▬▬

학습목표 → ▬▬▬▬▬▬

4. Recite

4번째 단계인 Recite는 자기화하기 단계예요. 여러분은 재미있었던 영화에 대해서 다른 사람들과 이야기 해본 경험이 있나요? 맞아요. 내가 아는 내용을 소리내어 이야기하면 더욱 이해도 잘 되고 기억에도 오래 남지요. 이렇게 배운 내용을 내 것으로 만들기 위해서 배운 내용을 기억하고 꺼내어 보는 연습이 필요해요. 배우긴 배웠는데 기억나지 않고, 꺼내어 사용할 수 없다면 그 지식은 내 지식이 아닌 이미 멀리 날아가버린 사용할 수 없는 지식인 거예요. 그러지 않기 위해서 우리는 배운 내용을 자주 꺼내어 사용하는 연습을 해야 하는데 방법은 소리 내어 암송하기와 글로 리메이크 요약하는 방법이 있어요. 단, 요약을 할 때에는 본문 내용을 복사하듯 일일이 옮겨서 적지 말고 자신이 이해한 방법으로 요점과 새롭게 알게 된 내용, 인상 깊었던 내용, 꼭 알아 두어야 할 내용을 위주로 정리해서 적어봅시다.

> ## Recite : 소리내어 말하기
>
> **학습한 내용을 자기화한다.**
> → 학습목표를 중심으로 내용을 요점정리, 소리내어 말하거나, 친구에게 가르쳐본다.

앞서 언급한 방법대로 교과서 읽기를 마쳤다면 칠판, 화이트보드, 연습장, 스케치북 등에 학습된 결과물을 적어보면서 친구, 가족 혹은 자기 자신에게 설명해보거나 선생님이 설명했던 것을 재현해봅니다.

칠판을 활용하여 Recite 하는 인주

듣는 사람은 쉽게 잊고 말하는 사람은 오래 기억한다는 말이 있습니다. 기억을 오랫동안 가져가는데 가장 좋은 방법은 알게 된 지식을 사용할 기회를 갖는 것입니다. 알게 된 지식이나 들은 정보를 누구에게 설명해 보거나 전달해보면 그 내용이 더욱 정교화되고 오랫동안 기억에 남게 됩니다. 그러므로 배운 것을 기억해서 설명하듯이 말해보면 내가 무엇을 알고 무엇을 놓치고 있는지를 명확하게 함으로써 살아있는 지식, 사용할 수 있는 지식이 되는 것입니다. 이것이 습득된 지식을 말이나 글로 표현하는 것을 또 하나의 능력으로 보는 이유입니다.

5. Review

다섯 번째 Review 단계는 수업시간에 예측하고 준비한 내용과 선생님 말씀이 얼마나 일치하는지, 차이점은 무엇인지를 확인하고 추가할 내용이 있다면 즉시 교과서 여백과 포스트잇을 사용해서 꼼꼼하게 하나도 놓치지 않게 채워가는 단계예요. 그리고 수업을 마친 후 다시 교과서와 노트를 보면서 학습한 내용을 전체적으로 점검하고 빠뜨린 부분은 없는지 추가할 내용은 없는지를 확인하면서 다양한 자료를 사용하여 마치 뼈대에 근육과 살을 채워 나가는것처럼 지식과 이해의 폭을 넓히는 단계입니다. 교과서를 읽어보거나 수업시간에 배운 내용을 자신의 배경지식, 경험지식 등과 관련지어 보면서 최종 마무리를 하는 것이 다시 보기의 기본입니다. 복습이 없는 학습은 병뚜껑을 열자마자 날아가 버릴 휘발성 기체와 같다고 해도 지나친 말이 아닙니다.

효과적인 복습 Tip

① 강조 표시했거나 기록해 둔 것을 다시 읽고, 관련된 내용을 기억해서 설명한다.

② 제시되어 있는 학습 목표, 학습 문제 등에 답을 해 본다.

③ 자기 스스로 문제를 내고 풀어 본다.

④ 그래픽 조직화 방법을 활용하여 핵심 내용을 도식화(flow chart)해 본다.

⑤ 기억해야 할 내용과 개념들이 많을 경우에는 학습카드를 만든다.

또다른 복습의 비법을 소개하자면 수업시간에 복습을 시작하는 것입니다. 많은 학생들이 복습을 수업이 마친 이후 집에서 하는 것이라 생각하고 이를 미루는 경향이 있습니다. 그보다는 수업시간에 복습을 시작하여 쉬는 시간 5분을 활용하는 것이 좋습니다. 이를 위한 시작은 수업시간에 궁금하거나 질문이 필요한 부분, 정확하게 이해가 가지 않는 부분을 표시하는 것입니다. 이후 쉬는 시간에 내가 이해하지 못한 부분을 알고 있는 친구의 설명을 듣는 것입니다. 설명을 하는 친구와 듣는 자신 모두에게 도움이 되는 학습법입니다. 이를 5분 학습 3분 자기화 2분 말하기라고 합니다. 특히 선생님이 아닌 친구에게 설명을 듣는 것이 좋다고 말씀드린 이유는 보다 쉽게 이해할 수 있기 때문입니다. 또한 관계성에도 긍정적인 영향을 미치기 때문에 학습된 내용을 보다 더 오랫동안 기억할 수 있도록 돕습니다.

이번 시간에는 효과적인 읽기 전략, SQ3R 전략에 대해 집중적으로 배워봤습니다. 이제 우리 SQ3R 방법에 따라 교과서를 공부하는 좋은 습관을 기를 수 있도록 활동지를 시작해 볼까요?

영화보듯 공부하기

전
- **Survey**
  ① 목차를 통한 수업내용 예측하기
  ② 학습목표 확인하기
- **Question** 목차와 학습목표를 통해 질문하기

중
- **Read**
  ① 밑줄 긋기
  ② 노트 필기

후
- **Recite** 정리한 내용을 말로 설명해 봄으로써 자기화
- **Review** 부족한 부분, 암기할 내용 보완

---

1. 예고편을 본다. → 1. 목차, 그림, 학습목표를 훑어본다. (Survey)

2. 내용에 대한 궁금증이 생긴다 → 2. 목차, 그림, 학습목표에 대한 질문을 한다. (Question)

3. 영화를 본다. → 3. 교과서를 읽는다. (Read)

4. 영화를 보고 나와서 누군가에게 이야기 한다. → 4. 읽은 내용, 배운 내용을 말로 설명해 본다. (Recite)

5. 인터넷에서 영화후기를 읽어본다. → 5. 배운 내용을 다시 한번 학습한다. (Review)

학습의 경험과 결과 만들기

공부한 내용들이 진짜 내 것이 되었는지 확인하기 위한 하나의 방법으로 설명해 보는 시간을 가져보세요.

1. [활동지]에서 밑줄 친 내용을 간단하게 정리해 보세요. 단, [활동지]를 보지 않고 머릿속으로 떠올리며 작성하도록 하세요.

2. 작성한 후 소리내어 말해 보세요.

3. 이때, 기억나지 않는 부분이 있다면 표시해 두고 [활동지]를 다시 보세요. 그리고 다시 소리내어 말하며 내 것이 되었는지 확인합니다.

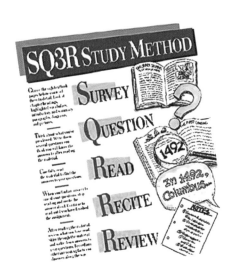

인지영역

Survey - 그림(삽화)보기

1 조선 사회의 새로운 움직임

1. 전란의 극복   10

2. 새로운 문물을 받아들인 조선   16

3. 서민 문화의 발달

4. 조선 시대 여성의 삶

5. 조선을 뒤덮은 농민9

◑ 모내기 「경직도」의 일부
(독일 게르트루드 클라센)

✿ **경직**
농사짓는 일과 실을 만들어 옷감을 짜는 일.

모내기법

　모내기법은 모판에 씨를 뿌려 싹이 자란 모를 논에 옮겨 심는 방법이다. 잘 자란 모를 골라서 심기 때문에 수확량이 늘어났고, 잡초를 뽑기가 쉬워져 일손을 줄일 수 있었다.

　조선은 임진왜란과 병자호란을 겪으면서 드러난 문제점을 해결하려고 여러 가지 노력을 하였다. 조정은 대동법을 시행하여 백성의 세금 부담을 줄이고자 하였으며, 백성은 새로운 농작물과 농사 기술을 이용하여 생산량을 늘리기에 힘썼다. 그리고 조선은 새로운 문물과 서학을 받아들였다. 이러한 변화는 조선 사람들에게 어떤 영향을 미쳤을까?

◭ 「장날」(선바위 미술관)

꼭 알아야 할 1%만의 춘궁사용설명서

166

훑어보기(Survey)

SQ3R학습전략 중에서 첫 번째 단계인 훑어보기를 해봅시다.

| 학교 | 학년 | 반 | 이름: | | 날짜: | 월 | 일 |

➡️ **읽기를 시작하기 전에 교과서를 훑어보며 학습목표를 예측해보세요.**

1. 목차는 왜 있을까?

출처: (중학교 사회 1), 서태열 외 9인, 금성출판사, 40p

2. 학습목표는 왜 있을까?

1. 다양한 기후 환경
- 기온이 대비되는 지역 간의 생활양식을 설명할 수 있다.
- 강수량 분포가 대비되는 지역 간의 생활양식을 비교할 수 있다.
- 우리나라의 기후 특성을 알고 다른 나라와의 차이를 설명할 수 있다.

미리 보는 용어: 기온 | 연교차 | 강수량 | 편서풍 | 대륙성 기후 | 해양성 기후 | 바람받이 | 스콜 | 계절풍

출처: (중학교 사회 1), 서태열 외 9인, 금성출판사, 500p

3. 교과서의 그림과 표를 보고 무엇을 예측할까?

우리나라와 일본의 다설지

출처: (중학교 사회 1), 서태열 외 9인, 금성출판사, 570p

Question - 질문하기

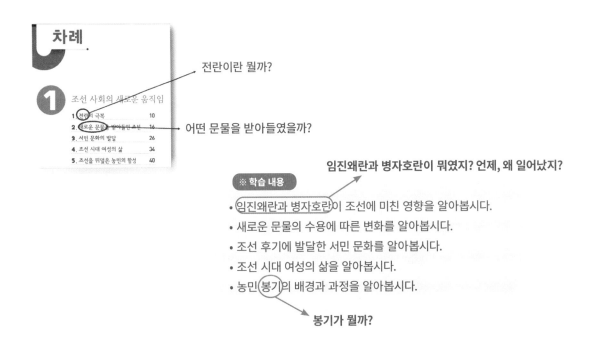

어떤 문물을 받아들였을까?

임진왜란과 병자호란이 뭐였지? 언제, 왜 일어났지?

※ 학습 내용

• 임진왜란과 병자호란이 조선에 미친 영향을 알아봅시다.
• 새로운 문물의 수용에 따른 변화를 알아봅시다.
• 조선 후기에 발달한 서민 문화를 알아봅시다.
• 조선 시대 여성의 삶을 알아봅시다.
• 농민 봉기의 배경과 과정을 알아봅시다.

봉기가 뭘까?

SQ3R 학습전략 - Read - 밑줄긋기

공기는 무게를 가지고 있어 공기의 양이 많을수록 무겁습니다. 공기의 무게 때문에 공기의 압력이 생기며, 이것을 기압이라고 합니다. ——▶ **기압의 뜻**

공기는 장소의 환경과 시간에 따라 양이 달라져 기압의 차이가 나타납니다. 일정한 부피에서 공기의 양이 주위보다 많아 기압이 높은 곳을 고기압이라 하고, 공기의 양이 주위보다 적어 기압이 낮은 곳을 저기압이라고 합니다. ——▶ **기압의 종류**

고기압 ◀———   ———▶ 저기압

공기의 양에 따른 무게 비교

저기압 중심에서는 수증기를 포함한 공기가 위로 올라가다가 공기의 온도가 낮아지면서 수증기가 응결하여 구름이 만들어집니다. 따라서 날씨가 흐리거나 비나 눈이 내리기도 합니다. 고기압 중심에서는 위에 있던 공기가 내려오면서 맑은 날씨가 나타납니다. ——▶ **기압에 따른 날씨 변화**

질문하기(Question)와 읽기(Read)

SQ3R학습전략 중에서 두 번째 단계인 질문하기와 세 번째 단계인 읽기를 해봅시다.

학교   학년   반   이름: 날짜: 월   일

1. 학습할 내용에 대해 자신이 얼마나 알고 있는지 자문해보고, 궁금하거나 모르는 부분을 찾아보세요.

2. 학습 목표를 생각하면서 질문한 내용에 답을 찾으며 읽어 보세요.

생각열기

겨울철이면 일본 삿포로는 눈으로 뒤덮인다고 해도 과언이 아닐 정도로 많은 눈이 내린다. 사진에서 보면 길가에는 눈이 가득 쌓여 있지만 인도에는 눈이 하나도 없다. 이처럼 삿포로에서는 많은 눈이 내려도 주요 도로와 인도에는 쌓이지 않는다. 그 이유는 무엇일까?

눈이 많이 오는 지역은 어디일까?

세계적으로 눈이 많이 내리는 지역은 공통적으로 추운 곳이면서 바다를 끼고 있다. 즉, 바다를 건너 온 습한 바람이 산지에 부딪히면서 눈구름을 형성하여 많은 눈을 뿌리기 때문이다. 동해에 인접한 일본의 북서 해안이나 사할린 섬, 알래스카, 미국 북동부 지역은 눈이 많이 내리기로 유명하다. 또한 히말라야 산지나 로키 산지, 알프스 산지에도 눈이 많이 내린다. 우리나라는 시베리아에서 불어오는 차가운 북서 계절풍과 북동풍이 바다를 건너면서 습기를 머금게 되고, 이때 만들어진 눈구름이 산지에 부딪히는 곳에 눈이 많이 내린다. 이러한 곳으로는 울릉도, 태백산맥 산간 지방, 영동 지방, 소백산맥 서사면의 호남 지방 등을 예로 들 수 있다.

출처 – (중학교 사회 1), 서태열 외 9인, 금성출판사, 57p

눈이 많이 오는 지역에서는 환경을 어떻게 극복할까?

눈이 많이 쌓이면 그 무게가 상당하기 때문에 가옥이나 건물이 파손되기 쉽고, 교통과 통신이 마비되어 많은 어려움을 겪게 된다. 이러한 기후적 제약을 극복하기 위해 다설지의 가옥은 지붕의 경사가 가파른 것이 특징이다. 우리나라의 다설지인 울릉도에는 겨울철 눈으로 고립되어 있을 때를 대비해 생활 공간을 확보하는 가옥 형태인 우데기가 발달하였다. 그리고 조상들은 눈 속에서 쉽게 이동할 수 있도록 설피나 설상화와 같은 도구를 만들어 사용해 왔다. 이는 모두 눈이 많이 내리는 곳에서 살아가는 사람들이 만들어낸 생활양식이라 할 수 있다. 오늘날에는 눈으로 인한 제약을 극복하고 오히려 이를 관광 자원으로 이용하는 곳이 늘고 있다. 우리나라에서도 태백산과 대관령, 울릉도 지역에서 눈꽃 축제가 열리고, 태백산지와 무주 일대에 스키나 스노보드를 즐기기 위해 사람들이 몰려 가는 것 또한 많은 눈 때문에 가능한 일이다. 일본에서 눈이 많이 내리기로 유명한 삿포로의 눈축제는 세계적으로 알려져 많은 관광객들이 찾고 있다.

출처 – (중학교 사회 1), 서태열 외 9인, 금성출판사, 570p

Recite - 암송하기, 말로 설명

진짜 지식이란?

| 내가 알고 있다는
느낌은 있는데
설명할 수는 없는 지식 | VS | 내가 알고 있다는
느낌뿐만 아니라 남들에게
설명할 수도 있는 지식 |

암송하기(Recite)와 다시보기(Review)

SQ3R학습전략 중에서 네 번째 단계인 암송하기와 다섯 번째 단계인 다시보기를 해봅시다.

학교　　학년　　반　이름:　　　　　날짜:　　월　　일

1. 학습한 내용을 소리내어 말해보고, 쓰면서 요약 정리해 보세요.

2. 학습한 내용을 다시 보면서 이해가 잘 되지 않는 부분이 있는지 확인하세요.

3. 빠뜨린 내용이나 추가해야 할 내용이 있는지 살펴보세요.

SQ3R전략 적용하기

SQ3R전략을 사용하여 교과서를 학습해 봅시다.

학교	학년	반	이름:	날짜:	월	일

S Survey

Q Question

R Read

R Recite

R Review

4

1% 만의 성적 올리기 노트

#메타인지 노트필기 #지식을 정리하는 역할 #기억에 필요한 단서 만들기 #밑줄 긋기 요령 #약어와 기호 사용하기
#자신만의 언어로 문장 다시 쓰기

이번 시간은 전국 1% 만의 노트 방법을 알아보는 시간입니다. 바로 메타인지 노트 필기 방법을 배우고 연습하는 활동을 통해서 보다 효과적인 노트필기 전략을 연습하고 사용하는 습관을 들일 수 있습니다. 그럼 지금부터 함께 알아보도록 하죠~

노트필기는 이해력은 물론 독해력을 향상시키는 데 유용합니다. 무엇보다도 학습의 내용을 효과적으로 정리하기 위해서는 노트를 활용해야 합니다. 이때 선생님의 말씀을 내가 기억할 수 있도록 정리하는 것이 중요합니다. 정보는 우리 두뇌에 매우 산만하게 들어오는데요. 노트필기는 산만한 정보를 바로 세우는 즉, 지식을 정리시키는 역할을 합니다.

노트필기를 지도하기 위한 요령은 먼저 노트필기에 대한 가이드라인을 제공해주는 것부터 시작됩니다. 공부한 내용을 한 방향으로 쭉 내려쓰는 것은 나중에 기억하기가 어렵

구역 나누기 사례

습니다. 따라서 필기를 하기 전에 자신이 기억하기 쉬운 형태로 구역을 만들어 어떤 곳에 어떤 내용을 필기할 것인지 정하고 필기를 진행하는 것이 효과적이라고 할 수 있습니다.

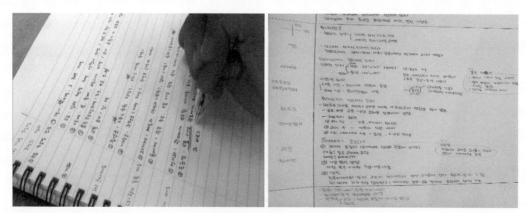

인출단서 만들기 사례

두 번째는 핵심내용을 기억하기 위해서 단서를 만드는 것입니다. 아이들은 학습한 내용을 저장하고 다시 기억해내기 위해 많은 노력을 해야 하는데, 기억하기 쉽도록 미리 단서를 만들어 놓고 저장하게 되면 다음에 그 내용을 기억할 때 훨씬 쉽게 기억해낼 수 있습니다.

세 번째는 밑줄 긋기 요령입니다. 보통 아이들은 중요한 내용을 밑줄 긋는 것에 많은 노력을 기울이지만 이렇게 하다보면 나중에 내가 밑줄을 왜 그었는지 생각이 나지 않습니다. 보다 효과적으로 학습하기 위해서는 일정한 규칙이나 위계를 정해서 밑줄을 긋는 것이 좋습니다.

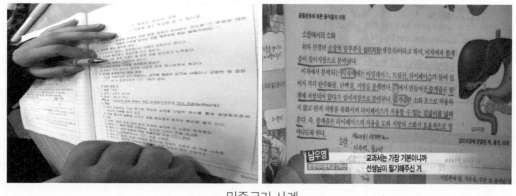

밑줄긋기 사례

마지막으로 약호와 기호를 사용하는 것입니다. 쓰는 속도는 말의 속도를 따라가기 어렵습니다. 선생님이 설명해주는 내용을 빠짐없이 적기 위해서는 나름대로 자신만의 기호나 약호를 사용할 필요가 있습니다. 이것을 부호화라고 하는데, 정교화 시현을 위하여 부호화를 활용한 필기 방법을 마련하는 것이 좋습니다.

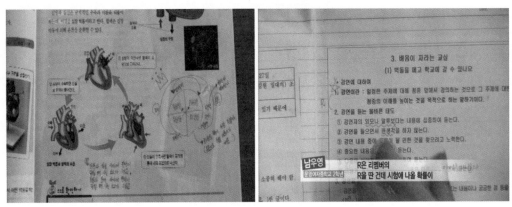

약어와 기호 사용하기 사례

지금까지 노트필기를 위한 다양한 방법을 이야기 했는데요. 여기서 중요한 것은 방법을 아는 것이 아니라 지속적으로 훈련하여 나에게 적합한 방법을 사용할 수 있도록 하는 것입니다. 즉, 문제에 답을 외우듯 방법을 아는 것이 아니라 이러한 방법을 자기화할 수 있도록 훈련을 경험해야 합니다.

노트필기는 우리가 학습한 내용을 저장하고 기억을 꺼내어 쓸 공부할 자료를 제공한다는 점에서 중요합니다. 또한 노트를 작성하는 것 자체가 바로 학습이기도 하죠. 더욱 중요한 것은 노트필기를 통해 우리 기억 속에 있는 정보를 인출하며 학습한 내용과 통합하여 새로운 정보로 연결하고 자기화시킬 수 있다는 것입니다. 기억에 저장한 정보를 꺼낼 수 있는 단서로써 인출단서를 구성할 수 있는데요, 인출단서는 내 장기기억 속에 필요한 정보를 찾기 위한 이정표 또는 힌트라고 할 수 있습니다.

위에서 사용한 방법을 바탕으로 머릿속에 들어온 텍스트를 자신의 사전지식과 배경 지식을 사용하여 연결하고 자신만의 이해된 언어로 구성하는 것이 바로 문장의 재구성입니다. 메타인지 노트 필기법은 '인출부분'과 '정리부분'으로 크게 나눌 수 있습니다. 정리한 교과서 또는 수업내용을 왼쪽의 '인출부분'만 가지고 떠올려 보는 활동을 통해 '자기화'할 수 있는 기회를 만들어 나가는 것이 중요합니다.

배운 내용을 꺼내어줄 나를 위한 힌트 『인출단서』

『인출단서』는 나의 기억 속에 있는 내용을 다시 꺼낼 때, 꺼내기 쉽도록 만들어 둔 '나만의 힌트'입니다. 학습한 내용을 모두 기억하는 것은 쉬운 일이 아니지요. 따라서 시간이 지나도 꺼내어 기억하기 쉽도록 도움이 될 만한 '힌트' 단어나 문구, 기호, 약어를 만들어 보도록 하세요.

① 활동지의 예시를 보면 중요한 단어나 의미를 인출단서로 선택했습니다. 그러나 인출단서는 학생마다 다를 수 있고 정해져 있지도 않습니다.
③ 내가 잘 기억할 수 있도록 돕는 단어나 문구를 찾거나 만드는 것이 이 활동의 핵심입니다.
④ 주어진 내용을 잘 기억할 수 있도록 나에게 도움이 될 만한 힌트 단어나 문구는 무엇인지 찾아보세요.

1% 만의 필기 시간을 줄이는 『약호 만들기』

매우 긴 문장은 이해하기 어렵거나 기억하기 힘들어요. 만약 길고 복잡한 문장을 간단하고 짧게 정리할 수 있다면 어떨까요? 약호(약속된 기호)는 글의 내용을 한눈에 이해하기 쉽도록 해 줄 뿐만 아니라 반복되는 단어도 간단하게 표시할 수 있어서 필기하는데 드는 시간을 줄일 수 있습니다. 나만의 약호를 만들고 사용해 보세요.

① 우리는 사람들이 공통적으로 약속하여 사용하고 있는 '약호'를 쉽게 찾을 수 있습니다.
② 활동지에 표시된 약호 외에 내가 사용하기 편한 새로운 약호를 만들어 보세요.
③ 나만의 약호를 활용하여 활동지의 예문을 짧게 정리해 보세요.
④ 예문을 정리하면서 새로운 약호를 만들 수도 있습니다.

메타인지 노트 필기

➡️ 메타인지 노트 필기법 학습

날짜:

과목:

선생님:

학습목표 교재:

1.

2.

페이지:

학습목표
수업 시간 전에 목차를 참고하여 그날의 학습 목표를 먼저 적어본다.

인출단서

정리

인출단서
(핵심개념, 질문)
수업내용 중 핵심 내용을 질문으로 만든다.

정리
수업내용을 기록한다.

MEMO

요약

요약
수업내용을 요약한다.
(5분 학습 3분 자기화 2분 말하기)

메모
과제나 기억해야 할 내용을 기록한다.

메타인지 노트 필기법 연습 1

메타인지 노트 필기법을 적용해 봅시다.

학교   학년   반   이름: 날짜: 월   일

➡ **다음 글을 읽고 메타인지 노트 필기법을 적용해 보세요.**

글의 짜임과 설명문

상대방이 이야기 할 때에는 내용을 생각하며 주의 깊게 들어야 한다. 내용을 바르게 판단하려면 다음과 같은 점에 유의해야 한다.

첫째, 말하는 이의 의도를 파악해야 한다. 친구가 "너, 지우개 있니?"라고 말할 경우가 있다. 이 때, 친구가 한 말은 지우개를 가지고 있는지의 여부를 묻는 것일 수도 있고, 지우개를 빌려 달라는 뜻일 수도 있다.

그러므로 상대방의 이야기를 들을 때에는 말하는 의도가 무엇인지 주의 깊게 들어야한다.

둘째, 사실과 의견을 구분하며 들어야한다. 말하는 내용에는 사실과 의견이 서로 섞여 있는 경우가 많다. 듣는 이가, 어느 것이 사실이고 어느 것이 의견인지를 가려서 들어야만 그 내용을 정확히 이해할 수 있다.

셋째, 말하는 내용이 옳고 그른지 판단하며 들어야 한다. 말하는 이가 항상 옳고 바르게 말한다고 생각해서는 안된다.

넷째, 중심 내용과 뒷받침 내용을 구분하며 들어야 한다. 어떤 내용이 중요한지 내용의 중요도를 파악해야만 이야기의 맥락을 바르게 이해할 수 있기 때문이다.

– 출처: 중학교 1-2 국어 교과서 –

메타인지 노트 필기법 연습 2

메타인지 노트 필기법을 적용해 봅시다.

학교   학년   반   이름: 날짜: 월   일

➡ **이 내용을 읽고 중요한 부분이나 모르는 부분에 밑줄을 그어 보세요.**

지진은 지구 내부의 급격한 지각변동으로 대부분 지층이 끊어질 때 일어난다. 이 충격으로 땅이 흔들리고 건물이 무너지게 된다. 지진이 발생한 지점을 진원이라고 하고, 진원 바로 위 지표면의 지점을 진앙이라고 한다. 지진의 세기는 규모와 진도로 나타낸다. 규모는 지진이 일어났을 때 생긴 총 에너지의 양을 계산하여 리히터 규모로 표시한다. 진도는 우리가 느낀 지진의 피해정도를 숫자로 나타낸 것이다. 지진이 발생하면 규모는 일정하지만 지진파가 관측되는 지점에 따라 진도는 달라진다. 보통 진도는 수정 메르칼리 진도로 나타낸다. 인류 역사상 지진으로 인한 사망자가 20만 명 이상인 지진은 총 6회나 발생하였다. 1556년 중국의 산시성에서 발생한 대규모의 지진은 가장 큰 인명 피해를 준 지진으로 기록되었다. 우리와 가까운 일본은 판의 경계에 위치하고 있어 지진이 자주 발생하고 지진의 규모도 크다.

비교적 지진의 안전지대인 우리나라는 최근 30년간 연평균 24회 정도의 지진이 발생하였고, 사람이 느낄 수 있는 지진은 연평균 9회 정도 발생하였다. 그 중 건물에 피해를 줄 수 있는 규모의 지진은 총5회 발생하였다. 지진이 발생하면 땅이 흔들리고, 건물이 무너지며 도로가 끊어지게 된다. 특히 대도시는 고층 건물이 많아 지진이 발생하면 큰 피해를 입는 경우가 많다. 건물이 붕괴되면서 가스 폭발이나 화재와 같은 이차적인 피해가 발생할 수 있기 때문이다. 지반이 약할때는 땅이 갈라지거나 산사태가 발생한다. 지진으로 댐이 무너지게 되면 홍수가 나서 큰 피해를 입기도 한다.

지진의 피해 중 가장 강력하고 위력적인 것은 쓰나미(지진해일)이다. 쓰나미는 지진이나 산사태로 생긴 큰 파도가 해안을 덮치는 현상이다. 짧은 순간에 넓은 해안선을 동시에 덮치므로 피해가 매우 크다. 2004년 인도네시아의 수마트라섬에서 발생한 지진은 인도양 주변 지역에 쓰나미를 일으켜 엄청난 피해를 입혔다. 이런 지진의 피해를 막기 위해서는 어떤 대비책이 필요할까? 주요 건물이나 다리는 반드시 내진설계를 하고, 붕괴의 위험이 있는 곳은 미리 조치를 취하는 것이 좋다. 또한 평소 지진이 발생할 경우를 대비해 대피 방법을 익히는 것이 필요하다.

다른 지진 피해와는 달리 쓰나미는 어느 정도 예보가 가능하다. 지진이 발생한 지점에서 생긴 쓰나미가 이동해 오는데 시간이 걸리기 때문이다. 따라서 충분한 예보 시스템과 대비가 있으면 피해를 줄일 수 있다. 우리나라의 소방방재청에서는 해안 지역에 쓰나미가 발생했을 때 대피할 수 있도록 경로를 구성하고, 주민들이 즉시 대피할 수 있도록 안내하고 있다.

– 출처: 중1 과학 교과서 –

기억하고 적용할 점

나를 위한 힌트 - 인출단서

학교   학년   반   이름: 날짜: 월   일

➡ 다음 예시처럼 지문을 보고 인출단서로 사용할 단어나 문구에 표시하거나 나만의
   인출단서를 만들어 보세요.

➡ **인출단서 예시**
수증기, 기체 상태의 물,
다림질, 음식 찌기,
만두, 안개등

예시

수증기는 기체 상태의 물입니다. 수증기는 우리 주위의 공기 중에 많이 있지만 눈으로는 볼 수 없습니다. 우리는 수증기를 이용하여 다림질을 하거나 음식을 찌기도 합니다.

〈출처: 초등학교 4학년 과학 교과서 〉

1. 위치는 무엇이 어디에 있는지를 가리키는 것이고, 영역은 그 경계가 어디까지인가를 나타냅니다. 위치와 영역을 아는 것은 지역의 특성을 이해하는 출발점입니다. 어디에, 어떻게 있느냐에 따라 지역의 특성이 달라지기 : 때문입니다.

〈출처: 초등학교 4학년 사회 교과서 〉

2. 설탕을 물에 넣은 다음, 시간이 지나면 설탕이 물과 골고루 섞여 눈에 보이지 않게 된다. 설탕이 물에 녹은 것처럼 물질이 골고루 섞이는 현상을 용해라고 하고. 설탕물처럼 물질이 골고루 섞여 있는 것을 용액이라고 한다. 이때, 설탕과 같이 녹는 물질을 용질, 물과 같이 녹이는 물질을 용매라고 한다.

〈출처: 초등학교 5학년 과학 교과서 〉

3. 세계 무역 기구 (WTO)는 1995년에 만들어진 국제기구로, 나라 간에 자유롭고 공평하게 무역이 이루어질 수 있도록 돕고 있다. 또한 세계 무역에 관한 규칙이나 협정을 만들고 무역에서 발생하는 나라 간의 다툼을 해결해 준다.

〈출처: 초등학교 6학년 사회 교과서 〉

인출단서 만들기

단어나 문구를 사용하여 나만의 인출단서를 만들어 봅시다.

| 학교　　　학년　　　반　이름:　　　　　　　날짜:　　　월　　일 |

➡ 다음 예시처럼 지문을 보고 인출단서로 사용할 단어나 문구에 표시하거나 나만의 인출단서를 만들어 보세요.

> <u>자력구제란 자기의 권리를 확보하기 위해서</u> 사법부의 사법 절차에 의하지 않고 <u>스스로 실력을 행사하여 권리를 찾으려는 행동</u>을 말한다.

1. 유명한 관광지나 명승지에는 어김없이 자신의 이름을 칼로 새긴 것에서부터 욕설이 적혀있는 것까지 관광객의 눈살을 찌푸리게 만드는 낙서들이 넘쳐난다. 우리는 왜 명승지마다 굳이 자신이 왔다 간 흔적을 남기려 할까?

2. 우리나라에서 2006년 발행되어 현재 사용되고 있는 만 원권 지폐에도 열 가지가 넘는 위조 방지 기술이 숨어 있다. 지폐 위조 방지 기술은 크게 종이의 특성을 이용하는 방법, 특수 인쇄 기술을 이용하는 방법, 빛의 간섭 현상을 이용하는 방법으로 나누어 볼 수 있다.

3. 자서전이란 글을 쓰는 이가 자신의 지나온 삶을 돌이켜 보면서 가치 있고 후세에 전할만하다고 판단한 일이나 경험들을 기록한 글이다. 자서전에는 특정한 시대 상황 속에서 글쓴이가 내렸던 주관적인 판단과 그 당시의 내면 세계가 진솔하게 표현된다.

4. These days, people talk about a very different kind of community. It's called on-line community. The on-line community has been made possible with the development of the Internet.

5. 발표에서 활용하는 매체란 정보를 전달하는 매개물로, 발표의 내용을 보완하는 역할을 한다. 그러므로 발표 상황과 주제에 따라 그림, 사진 등의 시각 자료, 소리, 음악 등의 청각자료, 동영상, 애니메이션 등의 복합 자료 등을 적절히 활용하는 것이 좋다.

밑줄 긋기 규칙 세우기

학교   학년   반   이름: 날짜: 월   일

밑줄 긋기 규칙 세우기

핵심 단어 ....

중요 설명 ....

예시 ....

모르는 단어

예시

고조선은 한반도 북쪽 지역과 중국의 동북쪽 지역에 자리 잡고 있었다. 고조선의 영역이었던 곳에서는 ① 비파형 동검 ② 탁자 모양의 고인돌 ③ 미송리식 토기가 많이 발견된다. 이런 유물들을 통해 고조선은 청동기 문화가 발달한 나라였다는 것을 알 수 있다.

〈출처: 초등학교 5학년 사회 교과서 〉

---

1. 시골에 가면 작은 마을을 볼 수 있는데 이것을 촌락이라고 합니다. 촌락은 주변의 환경과 생활 모습에 따라 농촌, 어촌, 산지촌으로 구분하여 말하기도 합니다. 농촌은 평야 지역에서 많이 볼 수 있습니다. 넓게 펼쳐진 논과 밭이 있으며 비닐하우스도 볼 수 있습 니다. 농사짓는 데에는 많은 물이 필요하므로 주변에 하천이 있습니다. 바닷가의 어촌에는 부두, 방파제와 같은 시설이 있습니다. 사람들은 주로 고기를 잡거나 양식을 합니다. 여름철에는 시원한 바다를 찾아오는 사람들로 붐비기도 합니다.

〈출처: 초등학교 4학년 사회 교과서 〉

---

2. 참정권은 나라의 대표자를 뽑거나 중요한 일을 결정하는 국민의 의무이자 소중한 권리입니다. 우리나라 국민은 만 열아홉살이 되면 누구나 공평하게 선거나 투표에 참여하는 참정권을 가집니다. 한 나라의 국민이라면 누구나 누려야 하는 권리 중의 하나가 참정권입니다. 고대 그리스 시대의 남성은 지금으로부터 약 2500년 전에 참정권을 가졌습니다. 그러나 여성이 참정권을 가지고 그들의 대표자를 뽑는 일에 참여하기 시작한 것은 백 년이 조금 넘었습니다.

〈출처: 초등학교 5-2 읽기 교과서 〉

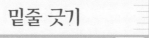

밑줄 긋기

필요한 부분에 밑줄을 그어 봅시다.

학교   학년   반 이름: 날짜: 월   일

➡️ **예시와 같이 지문을 보고 필요한 곳에 밑줄을 그어 보세요.**

> <u>시조</u>는 우리 민족의 얼과 정서가 담겨 있는 <u>우리 고유의 시가</u>다. 시조는 초장, 중장, 종장의 3장으로 되어 있으며, 각 장은 3~4자 정도로 된 <u>네 개의 마디</u>로 이루어져 있다.

1. 중요 무형 문화재 제 69호인 하회 별신굿 탈놀이는 매주 토요일과 일요일 오후 3시, 탈놀이 전시관 상설 무대에서 열린다.

2. 지각의 대부분은 암석으로 이루어져 있고, 암석을 살펴보면 색과 모양이 다른 작은 알갱이들로 이루어진 것을 알 수 있다. 암석 속에 있는 이들 작은 알갱이들을 광물이라 한다.

3. 숲은 임산물을 생산하는 경제 자원으로, 맑은 물과 깨끗한 공기를 만드는 환경 자원으로, 또 인간의 심성을 어루만져 주는 문화 자원으로의 기능과 역할을 담당한다. 그런데 어렵게 녹화시킨 우리의 숲은 아직 이런 기능과 역할을 담당하지 못하고 있다. 그 이유는 우리 숲이 대부분 30년생 이하의 어린 나무들로 이루어졌다는 구조적 문제 때문이기도 하며, 숲을 그저 자연스럽게 존재하는 것 아니면 여가 공간 정도로 여기는 사람들의 마음가짐 때문이기도 하다.

4. 우리 산하에 자라는 나무들 중에서 쓸모 없는 나무로 지목되는 대표적인 수종이 아까시나무이다. 이 나무는 다른 종류의 식물들이 제 영역 안에서 자라지 못하도록 독한 화학 물질을 분비한다. 그리고 줄기를 잘라 내어도 땅 속에 남아 있는 뿌리에서 계속 새 줄기를 만들어 낼 수 있는 능력도 있다.

4. The people in on-line community don't have to meet each other in the real world. But they can still talk about many different things and share information among themselves. Why don't you make a new Internet community of your own?

단어 줄이기

단어를 줄여봅시다.

| 학교 | 학년 | 반 | 이름: | | 날짜: | 월 | 일 |

➡ **예시와 같이 다음 단어를 짧게 줄여 보세요.**

> **헌법소원심판 → 헌소심**
> **이동성 고기압 → 이동고**

1. 자기실현

2. 조선왕조실록

3. December

4. 국민기초생활보장법

5. 피타고라스의 정의

6. 관성의 법칙

7. 직지심체요절

8. 자음동화

9. 코페르니쿠스

10. 엘니뇨현상

필기 시간을 줄이는 약호 만들기

| 학교 | 학년 | 반 | 이름: | | 날짜: | 월 | 일 |

약호	의미	약호	의미	약호	의미
↑	높아진다, 증가한다.	↓	낮아진다, 감소한다.		
?	이해가 안 되는 것	∵	왜냐하면		
★	중요해~!	∴	따라서		

우리 사회의 인구 문제

어떤 한 지역에 사는 사람의 수를 인구라고 합니다. 인구는 고정되어 있지 않고 변화합니다. 인구 변화로 인해 생기는 여러 가지 문제를 인구 문제라고 합니다. 50여년 전에는 인구 증가를 걱정하여 출산을 제한하기도 하였습니다. 그러나 최근 우리나라는 새로 태어나는 아기의 수가 점점 줄고, 평균 수명의 연장으로 노인 인구는 늘어나고 있습니다. 이러한 저출산과 고령화는 미래에 노동력의 부족, 사회 부양의 문제 등을 일으켜 사회 발전에 영향을 미칠 수 있습니다. 우리 모두가 조화롭게 살기 위해서는 이러한 인구 문제가 우리 사회에 미치는 영향을 파악하여 지혜롭게 해결해야 합니다.

— 출처: 초등학교 4학년 사회 교과서 —

나만의 약호 만들기

나만의 부호와 약호를 만들어 봅시다.

학교　　　 학년　　 반　 이름:　　　　　　　　 날짜:　　 월　　 일

➡️ **나만이 활용할 수 있는 부호나 약호를 만들어 보세요.**

약호	의미	약호	의미
예) ↑	상승, 증가	예) ★	중요한 내용
예) ?	잘 모르는 것, 이해가 안 되는 것	예) b/w	between

➡️ **위에서 만든 여러 가지 약호를 활용하여 아래의 글을 짧게 정리해 보세요.**

우주식품은 어떻게 만들까?

최근 우리나라도 우주인의 탄생으로 우주여행에 대한 관심이 높아졌다. 우주에서는 어떤 음식을 먹을까? 우주선에 음식을 싣고 가야 하므로 우주 식품은 부피가 작고 가벼워야 하며, 조리가 간편해야 한다. 우주 식품의 가공과정에 사용되는 방법이 얼음의 승화를 이용한 진공 동결 건조이다. 식품을 건조시키기 위해 직접 뜨거운 증기를 사용하게 되면 식품이 쭈그러들고 색깔이 변하며 영양소가 파괴되는 경우가 많다. 그래서 약 −40℃ 정도로 빠르게 냉동시킨 후 진공 펌프로 압력을 낮추면 식품 속에 들어 있던 얼음은 물 상태를 거치지 않고 직접 수증기로 승화되어 수분이 제거된다. 이렇게 가공된 식품에 물을 부으면 원래의 형태로 되돌아가므로 우주 식품을 먹을 수 있다. 우리가 흔히 먹는 라면 스프에 들어있는 건조 채소나 즉석국 등은 진공 동결 건조를 이용한 식품이다.

– 출처: 중학교 1학년 과학 교과서 –

꼭 알아야 할 1%만의 흔공사용설명서

188

일반적인 약호의 예

약호	의미	약호	의미
↑	상승, 증가	>	점진적 감소, ~보다 크다
↓	하강, 감소	vs	versus; against
=	동의어, 유의어	cf	비교
⇔	반의어, 대조	P	페이지
∵	왜냐하면	Q	질문
∴	그러므로	W	with
±	범위	w/o	without
+	추가, 첨가	→	이로 인한 결과
-	경감, 빼기	←	어떤 결과로써
※, ★	중요한 것	or	혹은
≠	다르다, 차이	&	그리고
≈	약, 대략	etc	기타
#	번호	%	비율
ex, eg	사례	?	의문, 질문
<	점진적 증가, ~보다 작다	₩	(화폐단위) 원

　　노트를 잘하는 학생들이 공통적으로 갖는 또 하나의 전략은 약호와 부호의 사용입니다. 일반적으로 사용하는 약어는 30여 가지를 벗어나지 않아요. 위에 표는 일반적으로 많이 사용하는 약어를 정리한 것입니다. 이때 주의할 점은 위 약어를 아이들에게 암기하도록 강요하지 말아야 하는 것입니다. 아이들에게 위 약어를 암기하도록 한 사례가 있기 때문에 특별히 당부하는 거예요. 약어는 무조건 외우는 것이 아닙니다. 몇 번 사용하다 보면 나에게 익숙한 혹은 자주 사용하는 약어가 생기게 되고, 아이와 함께 약어들과 그 뜻을 생각해 보았다면 활동을 통해 실제 약어를 활용할 수 있는 경험을 해보도록 안내하는 것입니다. 꼭 위에 제시한 약어만 사용해야 하는 것은 아니기 때문에 자신만의 약어를 만들어 사용하도록 도와주세요.

　　인출단서를 찾고, 밑줄 긋고, 약어를 사용하는 경험을 했다면 주어진 문장을 나만의 이해 수준으로 바꾸는 '문장 재구성'(리메이크)을 해보도록 해요. 앞서 공부를 안 하는 아이들의 특징을 이야기하며 교과서의 내용을 무작정 적는 경우를 언급하였습니다. 이런 학생들의 특징이 조사, 느낌표 하나 빼지 않고 그대로 교과서를 옮긴다는 공통점이 있어요. 중요한 것은 내용을 얼마나 정확하게 이해했는가이고, 그것을 어떻게 자신이 이해한 내용으로 마치 리메이크(이미 발표된 작품을 다시 만드는 것. 부분적인 수정을 가하지만 대체로 원작의 의도를 충실히 따른다.)하듯이 줄여보는 노력과 연습을 했느냐에 있습니다. 문장을 나만의 방법과 전략으로 재구성해보는 거죠. 좋은 노트는 본문 내용을 헤치지 않는 수준에서 이해하기 쉽게 다시 정리해보는, 리메이크를 하는 것입니다.

메타인지 노트 필기방법은 필기하는 사람의 인지수준을 반영합니다. 무작정 처음부터 보기 좋은 노트를 하기란 불가능해요. 활동지를 통해 연습을 했다면, 나의 학년에 따른 교과서를 가지고 꾸준히 습관이 될 때까지 노력하고 필기할 수 있도록 아이를 지도해야 합니다.

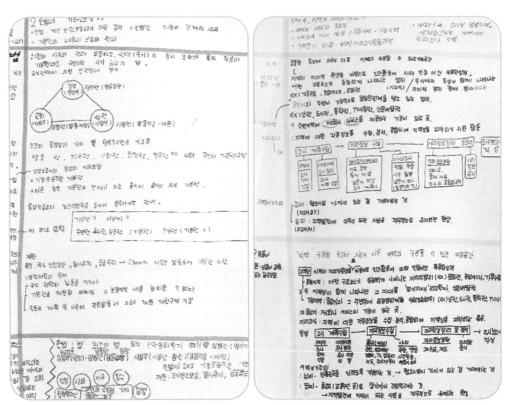

메타인지 노트 필기 방법 사례

가급적이면 위 규칙에 따라 노트 필기하도록 하는 것이 좋아요. 적어도 한 학기 동안 위 방법으로 필기한 학생은 자신만의 방법이나 규칙을 추가로 만들어 편하게 사용할 수 있게 됩니다. 줄을 하나 더 그어 새로운 영역을 만들어내는 경우도 있고 구획을 통합하여 사용하는 사례도 있어요. 학생들 혼자만 하도록 내버려 두는 것은 정말 바람직하지 않은 방법입니다. 가능하다면 초기에는 학생 수준에 맞추어 노트 필기하고 서로 필기한 내용을 설명하고 비교해보는 것이 좋아요. 학생을 다그치는 것 보다는 학생에게 좋은 모델을 제시하는 기회가 되기를 기대하며, 꾸준한 노력만이 좋은 결실을 맺을 수 있다는 것을 기억하면서 학생과 함께 메타인지 노트 필기 방법에 도전해보세요.

노트필기를 잘 하기 위해서는 경청이 가장 중요합니다. 경청을 위한 다섯 가지 방법을 소개하자면,

첫 번째는 입장을 바꿔서 생각해보는 것입니다. 선생님이 이야기할 때 내가 단순히 배우는 입장이 아니라 누군가를 가르친다는 입장에서 듣게 되면 조금 더 구체적으로 듣기 위해 몰입하게 됩니다.

두 번째는 기존에 내가 이미 알고 있는 것과 새롭게 알게 된 정보를 연결해보면서 듣는 방법입니다. 이러한 활동은 지금 알고 있는 지식을 보다 풍성하게 만드는 역할을 하게 됩니다.

세 번째는 올바른 시선처리가 중요합니다. 단순히 귀로만 듣는 것이 아니라 선생님의 행동이나 표정을 눈으로 관찰하면서 듣게 되면, 선생님이 설명하는 내용을 기억하기 쉬운 단서로 미리 만들 수가 있습니다.

네 번째는 선생님의 이야기를 요약해보는 것입니다. 이러한 활동을 통해 학생들은 자신이 지금 배우고 있는 내용을 저장하기 쉬운 형태로 바꾸어 보다 쉽게 저장할 수 있습니다.

마지막으로 다섯 번째는 선생님의 이야기에 맞장구 치면서 듣는 것입니다. 수업시간에 단지 참석만 했다면 배운 내용을 오랫동안 기억할 수 없습니다. 내가 직접 수업에 참여하면서 수업을 듣게 되면 딱딱하고 건조한 지식이 아닌 경험적 지식으로 받아들여 조금 더 오랫동안 기억하게 되는 장점이 있습니다. 그렇기 때문에 노트 필기를 잘하기 위해서는 먼저 잘 듣는 훈련이 필요하다는 점 꼭 기억하세요.

배운 대로 활용하기

지금까지 배운 것들을 한 번에 연습해 보는 활동입니다. 계속 연습을 해야 나만의 특별한 전략으로 만들어 갈 수 있어요.

1. [활동지]에서 배운 것을 예시문 아래에 표시된 '순서'에 따라 간단하고 짧게 만들어 보세요.

2. 내가 잘 이해할 수 있는 나만의 글이 되도록 아래의 내용을 확인하세요.

문장 재구성의 방법

1. 핵심내용 파악하기

2. 중요하지 않거나 되풀이되는 내용은 빼고 중심내용만 간추리기

3. 자기 마음대로 내용을 덧붙이거나 바꾸지 않기

4. 요약한 글은 하나의 '완성된 글'이어야 함

메타인지 노트 필기법

[활동지]를 통해 연습하면서 열심히 노력하고 연습하여 나만의 전략으로 만들었나요? 그렇다면, 심화된 활동을 해 봅시다. '나만의 학습 노트'는 효과적인 노트 필기를 위한 훈련이 목적입니다. 따라서 [활동지]에서 연습한 활동들 모두 '나만의 학습 노트'에 들어가 있습니다. 새롭게 도전하는 것이니, 처음에는 어려울 수 있습니다. 그러나 눈으로 읽고 머리로만 알고, 실제로 활용하고 적용해 본 경험이 없다면 진짜 나만의 전략이 될 수 없어요. 이제부터 실제 교과서로 도전해 보세요.

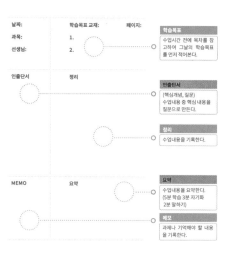

1. 날짜, 과목, 선생님의 성함을 적어요.

2. 학습목표와 교재, page를 적어요.

3. 본문을 정독하며 밑줄 친 중요한 내용들을 토대로 내용을 정리해요. 이때 단어 줄이기, 약호를 활용하여 문장 재구성을 할 수 있도록 하세요.

4. 정리한 내용을 기억하기 위한 인출단서를 만들어 주세요.

5. 요약(5분 학습 3분 자기화 2분 말로 설명하기)은 배운 내용을 5분 정도의 시간동안 정리한 후, 내용을 보지 않고 적어보는 활동을 통해 내 것으로 만들 수 있어요.

6. memo는 수업 중에 생긴 과제나, 궁금한 점 등을 적는 용도로 활용하세요.

메타인지 노트 필기

메타인지 노트 필기법에 따라 노트해봅시다.

학교 　 학년 　 반 　 이름: 　 　 날짜: 　 월 　 일

➡️ **다음 글을 읽고 메타인지 노트 필기법에 따라 노트해 보세요.**

학습목표: 마라톤 코스의 종류를 설명할 수 있다.

마라톤 코스의 종류

마라톤 코스는 길이의 굴곡이나 경사, 폭 등에 제한이 없다. 가파른 언덕이 있을 수 있고, 급하게 도는 길도 있을 수 있다. 선수들이 달리는 데에 방해가 되거나 장애가 되는 것은 피하되, 정해진 거리에만 맞으면 어떤 형태이든 상관이 없다.

마라톤 코스는 거리에 따라 나누어지는데, 42.195킬로미터를 뛰는 풀코스 마라톤과 21.0975킬로미터, 10킬로미터, 5킬로미터 등을 뛰는 단축 마라톤, 그리고 풀코스보다 더 긴 거리를 뛰는 울트라 마라톤 등이 있다.

한편, 마라톤 코스를 출발점과 반환점, 도착점을 기준으로 나눌 수도 있다. 출발점과 도착점이 서로 다른 편도 코스, 출발점에서 반환점을 돌아 다시 출발점으로 되돌아오는 왕복 코스, 출발점으로 다시 되돌아오기는 하지만 반환점이 없는 순환 코스, 또 같은 코스를 여러 번 도는 주회 코스 등이 있다.

－ 출처: 5-2학기 읽기 교과서 －

메타인지 학습노트

메타인지 필기법으로 내용을 정리해봅시다.

학교	학년	반 이름:	날짜:	월	일

➡ 앞에서 활용한 교과내용을 가지고 메타인지 노트에 적용해 보세요

날짜:	학습목표 교재:	페이지:
과목:	1.	
선생님:	2.	

인출단서	정리

MEMO	요약(5분학습 3분 자기화 2분 말하기)

글을 읽고 나만의 글로 재구성해 봅시다.

학교   학년   반   이름: 날짜: 월   일

➡️ **다음 지문을 읽고 요약하거나 통합하여 자신의 글로 정리하여 보세요.**

> 설명문은 어떤 대상에 대하여 글쓴이가 알고 있는 것을 독자들이 정확하게 이해할 수 있도록 쉽게 풀어 쓴 글이다.
> → 설명문 : 어떤 대상에 대해 쉽게 풀어 쓴 글

1. 문장의 명료성이란 뜻이 명확하게 전달되도록 문장을 간결하게 쓰는 것을 말한다.

2. 비유란 말하려는 대상이 독자에게 낯선 것일 때 익숙한 것으로 나타내어 독자의 이해를 쉽게 한 표현의 한 방법을 말한다.

3. 설화란 일정한 구조를 가진 꾸며 낸 이야기로 역사적 이야기나 현재적 사실을 말하는 것은 설화가 아니다. 대부분 입에서 입으로 전해지며 신화, 전설, 민담으로 나뉜다.

4. 판소리란 극적인 요소를 지닌 노래로서 판소리를 하는 사람이 혼자서 온갖 몸짓을 해가며 부른다. 대표적으로 심청가, 춘향가, 적벽가 및 수궁가 등이 있다.

5. 문제와 해결로 짜인 글이란 어떤 문제를 제기하고 그에 대한 해결 방안을 제시하는 방식으로 쓴 글을 말한다. 문제와 해결의 짜임으로 된 글을 읽을 때에는 '문제'와 '해결 방안'을 정리하며 읽는 것이 좋다.

6. 요약하기란 글의 주요 내용을 간추리며 정리해 나가는 과정을 말한다. 즉, 내용이 긴 글을 읽고 자신의 경험과 정보를 살려 글의 중심 내용을 간략하게 줄여서 그 글의 의미를 파악하거나 재구성하는 것을 말한다.

문장 재구성하기

➡️ **다음 지문을 읽고 자신의 글로 정리하여 보세요.**

우리 사회의 인구 문제

어떤 한 지역에 사는 사람의 수를 인구라고 합니다. 인구는 고정되어 있지 않고 변화합니다. 인구 변화로 인해 생기는 여러 가지 문제를 인구 문제라고 합니다. 50여 년 전에는 인구 증가를 걱정하여 출산을 제한하기도 하였습니다. 그러나 최근 우리나라는 새로 태어나는 아기의 수가 점점 줄고, 평균 수명의 연장으로 노인 인구는 늘어나고 있습니다. 이러한 저출산과 고령화는 미래에 노동력의 부족, 사회 부양의 문제 등을 일으켜 사회 발전에 영향을 미칠 수 있습니다. 우리 모두가 조화롭게 살기 위해서는 이러한 인구 문제가 우리 사회에 미치는 영향을 파악하여 지혜롭게 해결해야 합니다.

〈출처: 초등학교 4학년 사회 교과서〉

순서

1. 자신의 규칙에 따라 밑줄 긋기

2. 약호를 활용하여 정리하기

3. 인출단서 만들기

오늘 이 시간에는 전국 1% 만의 성적 올리기 노트에 대해 알아봤는데요, 메타인지 노트, 약호 만들기, 밑줄 긋기, 단어 줄이기, 문장 재구성 등 배우고 연습하는 과정을 통해서 여러분들이 학습을 하는데 필요한 자료들을 스스로 정리하고 관리할 수 있으며, 학습 능률을 향상시키는데 큰 도움이 될 것입니다.

5 1% 만의 성적 올리기
: Why-How 편

#개념노트 작성하기   #Why-How 오답노트

아는 것과 모르는 것 파악하기

이번 시간은 개념노트와 Why-How 오답노트에 대해 알아보려고 합니다. 아는 것과 모르는 것, 여러분이 학습을 하면서 가장 중요하게 생각해야 하는 부분인데요. 오늘 함께 개념노트와 Why-How 오답노트의 필요성과 방법에 대해 알아보면서 여러분이 좀더 효과적으로 학습할 수 있도록 도와 줄게요.

'선무당이 사람 잡는다'라는 속담이 있죠. 학습에 있어서도 모르는 것보다 잘못 아는 것 오개념이 더 위험합니다. 오늘 선생님은 오개념을 바로잡는 시크릿 노트 2권을 소개하려고 하는데요, 1.개념노트와 2.Why-How 오답노트를 통해 자신이 알고 있다고 생각했지만 잘못 알고 있는 것들을 정리하여 정확한 지식을 얻는 활동을 해보도록 하겠습니다.

활동지를 보고 친구들과 함께 글 속에서 자신이 모르는 단어를 찾아 밑줄을 그어봅시다. 친구에게 자신이 안다고 표시한 단어의 뜻에 대해 이야기해보세요. 명확하게 뜻을 설명했나요? 단어의 의미를 말로 풀어서 다른 사람에게 설명할 수 있어야 '정말 아는 단어'인 것입니다.

오답노트 만들기

Why-How 오답노트를 작성해 보세요.

학교   학년   반 이름: 날짜: 월   일

날짜	시험명	과목명

오답문제 (직접 쓰거나 오려붙이세요)

WHY - 문제를 틀린 이유?

	1	2	3	4	5
문제이해 부족	1	2	3	4	5
응용력 부족	1	2	3	4	5
개념이해 부족	1	2	3	4	5
실수	1	2	3	4	5

기타

HOW - 어떻게 풀 것인가?

오답문제 (직접 쓰거나 오려붙이세요)

WHY - 문제를 틀린 이유?

	1	2	3	4	5
문제이해 부족	1	2	3	4	5
응용력 부족	1	2	3	4	5
개념이해 부족	1	2	3	4	5
실수	1	2	3	4	5

기타

HOW - 어떻게 풀 것인가?

아는 것과 모르는 것 파악하기

이미 알고 있는 단어와 모르는 단어를 정확히 구분해 봅시다.

| 학교 | 학년 | 반 | 이름: | | 날짜: | 월 | 일 |

➡️ **다음 글을 읽고 모르는 낱말에 밑줄을 긋고 옆 사람과 학습지를 바꾸어서 줄을 긋지 않은 낱말을 묻고 설명하여 보세요.**

지구온난화

지구온난화의 의미

지구 표면의 평균온도가 상승하는 현상이다. 땅이나 물에 있는 생태계가 변화하거나 해수면이 올라가서 해안선이 달라지는 등 기온이 올라감에 따라 발생하는 문제를 포함하기도 한다.

온난화 현상의 원인

온난화의 원인은 아직까지 명확하게 규명되지 않았으나, 온실효과를 일으키는 온실기체가 유력한 원인으로 꼽힌다. 온실기체로는 이산화탄소가 가장 대표적이며 인류의 산업화와 함께 그 양은 계속 증가하고 있다. 이외에도 메탄, 수증기가 대표적인 온실기체다. 특히 현대에 사용하기 시작한 프레온가스는 한 분자당 온실효과를 가장 크게 일으킨다. 또한 인류가 숲을 파괴하거나 환경오염 때문에 산호초가 줄어드는 것에 의해서 온난화 현상이 심해진다는 가설도 있다. 나무나 산호가 줄어듦으로써 공기 중에 있는 이산화탄소를 자연계가 흡수하지 못해서 이산화탄소의 양이 계속 증가한다는 것이다. 이러한 가설 이외에도 태양 방사선이 온도 상승에 영향을 준다거나, 오존층이 감소하는 것에 영향을 준다거나 하는 가설이 있지만 온실효과 이외에는 뚜렷한 과학적 합의점이 존재하지 않는 상태이다.

온난화 현상의 결과

지구의 연평균기온이 계속 올라감으로써 땅이나 바다에 들어 있는 각종 기체가 대기 중에 더욱 많이 흘러나올 것으로 예측된다. 이러한 피드백 효과는 온난화를 더욱 빠르게 진행시킬 것이다. 온난화에 의해 대기 중의 수증기량이 증가하면서 평균강수량이 증가할 것이고 이는 홍수나 가뭄으로 이어질 수 있다. 가장 큰 문제는 해수면이 상승하는 것으로, 기온 상승에 따라 빙하가 녹으면서 이 현상이 일어날 것으로 예측된다. 2000년 7월 NASA는 지구온난화로 그린란드의 빙하가 녹아내려 지난 100년 동안 해수면이 약 23m 상승하였다고 발표하였다. 그린란드의 빙하 두께는 매년 2m씩 얇아지고 있으며 이 때문에 1년에 500억 톤 이상의 물이 바다로 흘러 해수면이 13mm 상승하고 있다는 것이다. 이러한 해수면 상승은 섬이나 해안에 사는 사람들의 생활에 영향을 미칠 것이며 특히 해안에 가까운 도시에는 대단히 큰 문제를 일으킬 수 있다. 또한 북극곰이나 펭귄을 비롯한 여러 동물이나 식물들이 멸종위기에 처해있다. 우리나라의 경우 겨울이 사라지고 사막이 생길 수 있으며 태풍과 가뭄 등 자연재해의 강도가 증가할 것으로 예상되고 있다.

– 출처: 네이버 백과사전 –

개념노트 만들기

몰랐던 단어들을 개념노트로 정리해 봅시다

학교	학년	반	이름:	날짜:	월	일

➡️ **몰랐던 단어들을 아래 개념노트에 정리하고 그 뜻을 익혀 보세요.**

No	단어	뜻	단어

꼭 알아야 할 1%만의 훈글사용설명서

204

다음은 개념노트 만들기입니다. 본문에서 찾은 모르는 단어를 쓰고, 사전에서 뜻을 찾아 옆 칸에 기록해 보세요. 다시 뜻만 보고 마지막 칸에 단어를 적음으로써 단어의 개념을 파악했는지 점검할 수 있습니다.

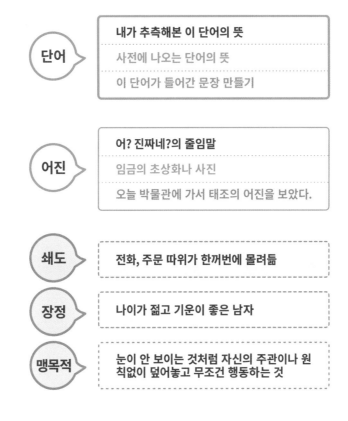

나만의 단어장 개념 노트
- 모르는 단어를 정리하는 노트
- 국어 과목 뿐만이 아니라 다른 과목에서도 사용할 수 있음

단어
- 내가 추측해본 이 단어의 뜻
- 사전에 나오는 단어의 뜻
- 이 단어가 들어간 문장 만들기

어진
- 어? 진짜네?의 줄임말
- 임금의 초상화나 사진
- 오늘 박물관에 가서 태조의 어진을 보았다.

쇄도
- 전화, 주문 따위가 한꺼번에 몰려듦

장정
- 나이가 젊고 기운이 좋은 남자

맹목적
- 눈이 안 보이는 것처럼 자신의 주관이나 원칙없이 덮어놓고 무조건 행동하는 것

이제 정교화 작업입니다. 첫 칸에 모르는 단어를 적고, 그 단어를 보고 자신이 처음 생각했던 의미를 idea칸에 써보세요. 그 다음, 사전을 활용하여 단어의 사전적 의미를 찾아 다음 칸에 쓰고 자신이 생각한 의미와 비교해 보세요. 나의 사전지식과 배경지식을 새로운 지식과 연결하여 단어의 개념을 이해하도록 해야 합니다. 이제 이러한 활동을 통해 정확한 뜻을 익혔다면 단어의 사용 맥락을 이해하는 과정으로 단어를 사용한 문장을 만들어 보도록 하겠습니다.

나만의 문장 만들기

새롭게 알게 된 단어를 통해 자신만의 문장을 만들어 봅시다.

학교	학년	반	이름:		날짜:	월	일

➡ **오늘 새롭게 알게 된 단어를 가지고, 나만의 문장을 만들어 보세요.**

	내 생각
	사전적 의미
	문장 만들기
	내 생각
	사전적 의미
	문장 만들기
	내 생각
	사전적 의미
	문장 만들기

꼭 알아야 할 1%만의 훈공사용설명서

의 문장 만들기

학교 4 학년 6 반 이름: 라예린 날짜: 11월 29일

모르는 단어를 적고, 아래의 빈 칸을 함께 채워 봅시다.

뜻	
내 생각: 좋지 않은 물질일 것 같다	변종
사전적의미: 같은 종류의 생물 중에 변화가 생겨서 형태나 성질이 달라진 것	
문장만들기: 같은 2마리 곤충 중 1마리가 변종이 되었다.	
안 좋은 세균일 것 같다.	연가시
실제로 존재하는 기생충이다.	
한 동물 몸 속에 연가시가 있었다.	
물을 관리하는 뜻일 것 같다.	수질관리
물의 성질을 관리하는 것	
한 분수에서 수질관리를 하고 있었다.	
일에 관련된 뜻일 것 같다.	고위직
높은 위치에 있는 직업	
우리 아빠는 고위직 공무원이다.	
말이 특이하여 옛날 말과 관련이 있을 것 같다	흥행
연극이나 영화를 돈 받고 사람들에게 보여주는 것이 성공하는 놀음	

마지막으로 새롭게 알게 된 몇 개의 단어들을 활용하여 하나의 문단으로 만들어 보는 활동입니다. 이는 각 단어의 개념이 정확히 파악되어야 가능한 활동인데요, 이렇게 개념노트 작성을 습관화하면 단어의 올바른 개념을 자기화하여 오래 기억하고 지문을 이해하고 독해력을 향상할 수 있게 됩니다.

나만의 문단 구성하기

새롭게 알게 된 단어를 통해 자신만의 문장을 만들어 봅시다.

학교   학년   반   이름: 날짜: 월   일

➡ **오늘 새롭게 알게 된 단어를 가지고 나만의 문장을 만들어 보세요.**

단어	
문단 만들기	
단어	
문단 만들기	

너는 누구니?

제시된 단어들을 사전에서 찾아 그 뜻을 알아 봅시다.

| 학교 | 학년 | 반 | 이름: | 날짜: | 월 | 일 |

➡️ **다음 제시된 단어들의 뜻을 사전을 활용하여 찾아보세요.**

박탈감

마수걸이

터울

께름칙하다

퀴퀴하다

6 Why-How 오답노트의
필요성과 방법

#모르는 것을 줄이는 방법 #어휘력의 필요성과 중요성
#어휘력 부족 → 이해력 부족 #의미지도 #기억 그물망
#마인드맵

학업성취도 향상을 위해서는 나의 이해의 영역을 정확히 파악해야 하는데요, 또한 새로운 것을 배우기만 하는 것보다 모르는 것을 줄여 나가는 일이 긴급하고 중요합니다. 오답노트 작성의 좋은 방법인 why와 how의 방법을 소개할 텐데요, 여러분도 금방 알 수 있는 방법입니다. why에는 왜 틀렸는지를 파악하여 적어보고, how에는 어떻게 하면 why에서 파악한 원인을 극복하여 다음번에 틀리지 않을 것인지, 즉 문제 해결 방법을 적어보는 겁니다.

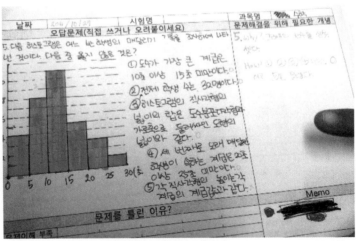

Why-How오답노트 예시 1

이 예시 사진에서 보는 것처럼, 문제집이나 교과서 여백에 Why와 How를 이용하여 오답내용을 정리할 수 있겠죠. 이 사진은 연구소에서 개발한 Why-How 오답노트 양식에 수학문제 오답을 정리한 사례인데요, 수학문제는 문제에 나온 그래프나 도형까지 오답노트에 옮겨 봄으로써 문제의 유형이나 출제 의도를 파악하는 효과도 얻을 수 있습니다. 이 시간에는 개념노트와 Why와 How로 오답노트의 필요성과 방법에 대해 알아봤는데요, 여러분이 스스로 개념노트를 작성하면 개념학습의 중요성을 확실히 알고 실천할 수 있게 되고, Why와 How 오답노트를 작성해서 모르고 있었던 것을 내 것으로 만드는 노력을 한다면 여러분의 학업성취도가 더욱 높아질 것입니다.

어휘력 향상의 중요성

공부의 기초는 어휘력이라고 할 수 있습니다. 왜냐하면 어휘는 지식의 단위로서 언어 사용자의 지식수준과 더불어 교육정도를 가늠하는 척도가 되기 때문입니다. 사람은 태어나면서부터 오감을 통해 새로운 현상과 지식을 얻게 되지만, 구체적 학습활동이 시작되는 학교교육에서는 언어를 통한 학습이 가장 중심이 되고 있습니다. 따라서 언어능력에서 어휘력은 절대적 비중을 차지하며, 어휘력이 높은 학생이 공부도 잘 하게 되는 것은 너무나도 당연한 이치입니다. 어휘력의 부족은 이해력의 부족으로 이어집니다. 이러한 이해력의 문제는 단지 국어과목과 언어영역, 논술이나 서술에 국한되지 않고 수학이나 과학, 사회 등 다른 과목에서의 이해력 부족 문제로 전이된다는 것이 더 큰 문제입니다. 다문화 가정의 예를 통해서도 알 수 있듯이 어휘력의 문제는 학습뿐만 아니라 문화적 문제까지 이어집니다. 어휘습득 능력의 가장 중요한 시기인 초등학교 4학년부터 중학교 2학년까지 어휘력을 소홀히 하게 되면 고차원적인 사고를 요하는 학문이 시작되는 시기에 많은 어려움을 겪게 될 것입니다.

어휘력이 학업과 밀접한 연관이 있다고 하였는데, 실제로 국내 한 대학의 연구팀에서 9주 정도의 실험기간 동안 중학교 2학년 학생들에게 정규교과도 아닌 아침자습 시간에 이를 연구한 사례가 발표되었습니다. 이들은 1주일에 1회씩, 총 8차시에 걸쳐 학습지를 통해 어휘학습을 시킨 학급과 그렇지 않은 학급의 사회와 과학 성적을 비교하였는데, 놀랍게도 과학과목에서는 통계적으로 유의한 성적의 차이가 나타났고, 사회과목에서는 통계적으로 유의하지는 않았지만, 평균점수에서 차이가 발생하였습니다. 그 짧은 실험기간 동안, 간단한 학습지만을 가지고 어휘력 향상을 위한 노력을 했음에도 불구하고 결론적으로 어휘력이 향상되면 학생의 학습능력도 향상된다는 것을 알 수 있었습니다.

어휘력을 높여주는 다양한 방법 중 '의미지도'에 대해서 알아보도록 하겠습니다. 의미지도란 주제가 되는 개념을 중심으로 주제와 의미적으로 연관이 되는 단어를 묶어서 그 관계를 도표를 활용해 시각적으로 보여주는 것을 말합니다. 예를 들면, 다양한 동물들의 이름을 나열하고 이를 무질서하게 펼쳐 놓습니다. 다음으로 이를 서식지에 따라, 알을 낳는지에 따라, 다리의 수에 따라 구분하여 묶어보는 것입니다. 이렇듯 연관된 단어를 범주화하는 의미지도를 그려보게 되면 단어의 의미를 더욱 정확하게 이해할 수 있게 됩니다. 우리 인간의 사고는 외부 환경을 지각하고 사회적으로 접촉한 언어의 개념을 통해 자신의 개념을 형성하여 점차 복잡한 개념망을 형성하게 됩니다. 이 개념망이 범주화로 연계되는 것입니다. 즉, 모든 학습과 지식은 개념의 정의에서 시작된다고 할 수 있습니다. 그래서 모든 전문서적을 보면 1장 1절이 '~~의 개념 혹은 ~~의 정의, ~~이란 무엇인가'로 시작됩니다. 개념학습은 추상적인 것을 구체화하여 우리 뇌에 쉽게 저장하는 특징을 가지고 있기 때문에 자신이 알고 있는 것을 다른 사람에게 설명할 수 있도록 완벽한 이해를 하는 것이 중요합니다. 따라서 무슨 과목을 공부하더라도 옆에 사전을 두고 공부하는 습관을 갖는 것이 필요합니다.

의미지도 그리기는 학습자의 배경지식을 활용하도록 하여 내용의 이해를 도와줍니다. 의미지도 그리기의 과정은 학습자가 기억장치에 저장된 배경지식을 끄집어내는 인지활동에 적극적으로 참여할 수 있는 기회를 주며, 끄집어낸 개념을 도표로 시각화하여 보게 해줍니다. 또한 단어의 확장에도 도움을 줍니다. 학생들은 새로운 단어의 의미와 활용을 배우면서 과거에 학습했던 단어를 새롭게 조망하고 단어들 간의 관계를 보게 됩니다. 그런가하면 의미지도 그리기는 전체 학습자들이 수업활동에 적극 참여하도록 유도함으로써 어휘의 파지(정보를 유지함)를 높이는 데 효과적입니다. 이러한 의미지도 그리기 활동을 통해 교사와 학생은 토론과정에 참여하게 되므로 생산적 어휘 지식의 발달에 도움을 줍니다.

연관된 단어를 범주화하는 과정에서 단어들 간의 관계와 의미를 파악하고, 배경지식을 활용하여 문제를 해결해 나가는 과정을 통해 유연한 지식, 자기주도학습능력을 발달시킬 수 있는 활동을 해보려고 합니다. 지금부터 함께 시작해볼까요.

어떠한 경우 책을 읽어도 이해가 되지 않아 답답한 느낌이 들 때가 있죠. 또는 시험에서 문제를 여러 번 읽어도 정확하게 무엇을 말하는 것인지 이해가 잘 안 되는 경험을 한적은 없나요? 그것은 바로 단어에 대한 이해가 부족하기 때문에 생기는 문제인데요, 튼튼한 건물을 짓기 위해서는 땅을 견고하게 다져야 하는 것처럼, 우리의 언어를 잘 구사하고 생각의 폭과 깊이를 확장하기 위해서는 기초공사에 해당되는 단어에 대한 이해가 먼저 이루어져야 합니다. 이 때 어휘력 향상은 독해와 학습의 기초가 되는데요, 오늘 시간은 어휘력을 향상시킬 수 있는 방법을 아는 시간이 될 것입니다.

우리가 새 책을 하나 산다고 가정해볼게요. 새 책을 큰 책장에 꽂으려고 할 때, 아무런 기준 없이 아무데나 꽂아 놓게 된다면 필요할 때 그 책을 찾기 힘들겠죠? 종류별 특성별로 장르끼리 분류해서 놓는다면 우리는 책이 어떤 특성의 책인지 어느 위치에 있는지 쉽게 기억하고 이해할 수 있습니다. 책의 분류와 마찬가지로 어휘는 별도의 독립된 개체가 아닌 특정한 구조 속의 일부로 포함되어 있어요. 다시 말해 모든 단어는 그들 사이에 개념적 관련성이 있다는 것이죠.

단어들 간의 관계와 의미를 파악하고 다양한 분류기준으로 묶어 구조화하는 것을 정교화라고 합니다. 이것은 단순히 저장만 하기보다는 기억하는 항목과 관련된 것들을 서로 연합하여 '기억 그물망'을 만드는 것이기도 해요. 정교화 방법에는 여러 가지가 있는데 이번 시간에는 그 중 '의미지도'에 관해 알아볼 것입니다. 의미지도란 주제가 되는 단어를 중심으로 연관성 있는 단어를 묶어서 범주화 하는 것을 말해요.

활동지를 살펴보면 다양한 분류의 기준으로 의미지도를 만들어 보고 의미를 파악한 단어들을 이용하여 글짓기를 해보는 활동입니다. 그리고 다음 활동지는 주어진 단어들을 묶어 구조화해 보는 활동입니다. 나열된 단어를 여러가지 기준으로 분류하여 연관성 있는 단어를 묶어보면 아무리 많은 단어도 한 번에 구조화할 수 있다는 것을 알 수 있죠. 이렇게 시각적으로 구조화한 것은 자연스럽게 자신의 배경지식에 동화되어 기억하고 유연한 지식을 가질 수 있도록 도와줍니다.

가지치기

마인드맵을 그리기 전 가지를 치는 방법을 익혀봅시다.

| 학교 | 학년 | 반 | 이름: | 날짜: | 월 | 일 |

➡️ 하나의 중심 단어를 정하는 것부터 주가지와 부가지를 찾는 작업까지 진행해 보세요.

중심단어　　　　주가지　　　　부가지

이미지화 하기

단어를 읽고 머릿속에 떠오르는 이미지, 약호, 기호 등을 그림으로 표현해 봅시다

학교	학년	반	이름:	날짜:	월	일

➡ 다음의 단어들 중 한 가지를 골라서 본인의 머리에 떠오르는 이미지를 그려보세요.

> 씨앗, 행복, 노랑, 통통, 휘파람, 쏜살같이, 골짜기, 벽, 부드러운, 꿈, 향하여, 추억, 불완전한, 실패

➡ 다음과 같이 그림을 그린 이유는 무엇인가요?

그림을 낱말로 나타내기

주어진 이미지, 상징, 기호들을 낱말로 나타내 봅시다.

학교   학년   반 이름: 날짜: 월   일

➡ **다음 보기를 참고하여 주어진 이미지, 상징, 기호를 낱말로 나타내 보세요**

보기

📢 → 소리, 확성기, 형광등, 큰 소리로 말하기....

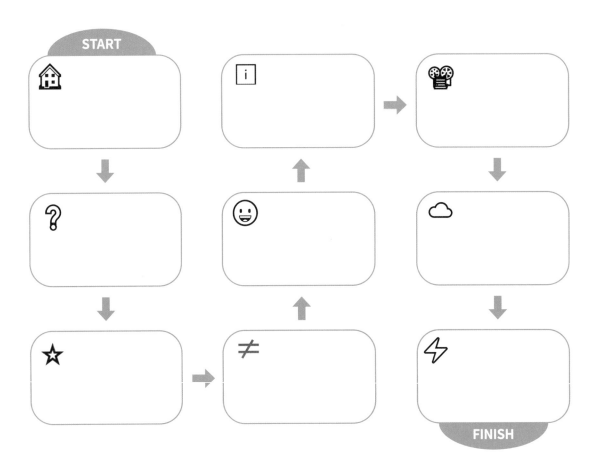

낱말 연상하기

처음 주어진 낱말을 통해 생각나는 단어, 그림, 기호, 상징 등을 계속 연결하여 나타내 봅시다.

| 학교 | 학년 | 반 | 이름: | 날짜: | 월 | 일 |

➡️ **다음 보기를 참고하여 주어진 낱말에 이어 연결할 수 있는 것들을 생각해 보고, 빈 공간을 채워 보세요**

보기

축구 → 월드컵 → 대한민국 →  →  → 분홍색

편지

사랑

옥수수

지도

마인드맵 익히기

마인드맵을 익혀봅시다.

| 학교 | 학년 | 반 | 이름: | 날짜: | 월 | 일 |

➡ **마인드맵 예시**

▲ 중앙에 주제를 표현하는 이미지를 3~4색을 이용하여 단어나 그림으로 표현합니다.

▲ 연결되는 이미지를 하나의 가지에 한 가지 색을 사용하여 낱말, 그림, 상징 기호 등을 표현 할 수 있도록 굵은 가지로 시작하여 밖으로 뻗어 나갈수록 가늘어지는 모양으로 그립니다.

▲ 부가지들은 주가지와 같은 색으로 연결하여 실선으로 그립니다. 하나의 가지 위에 하나의 핵심 단어나 이미지를 올려놓으며 자세한 내용을 표현합니다.

▲ 부가지와 연결하여 보다 더 자세한 내용인 세부사항을 부가지 보다 더 작은 가지들로 뻗어가도록 표현합니다. 자유롭게, 형식에 상관없이 재미있게 뻗어 나갑니다.

마인드맵은 각 아이디어를 낱말로만 표상하는 것이 아니라 시각적 이미지로도 표상하는데요. 이렇게 하는 과정에서 기억은 한층 증진됩니다. 엄청난 정보와 학습량을 기억하고 소화하는 방법은 바로 효율적이고 올바른 사고기술을 이용하여 우리 두뇌가 이를 체계적이고 손쉽게 관리하도록 하는 것입니다. 그러한 방법 중 하나가 바로 마인드맵입니다. 마인드맵은 두뇌의 기능을 최대한 발휘하는 프로그램입니다. 마인드맵은 각 아이디어를 낱말로만 표상하는 것이 아니라 시각적 이미지로도 표상하는데요. 이렇게 하는 과정에서 기억은 한층 증진됩니다. 두뇌는 낱말보다는 이미지를 몇 배나 더 많이 저장할 수 있기 때문입니다.

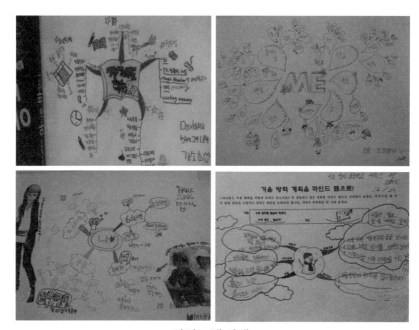

마인드 맵 사례

마인드맵은 쉽게 이야기해서 생각의 지도라고 표현할 수 있겠습니다. 사람의 생각은 단순하지 않고 다차원적인 특성을 가지고 있습니다. 이 생각을 일정한 규칙으로 분류해 도식화하는 작업이 바로 마인드맵입니다. 마인드맵은 사고력과 창의력 및 기억력을 높이는 두뇌개발 기법이자 두뇌활용 기법입니다.

마인드맵 그리기 단계

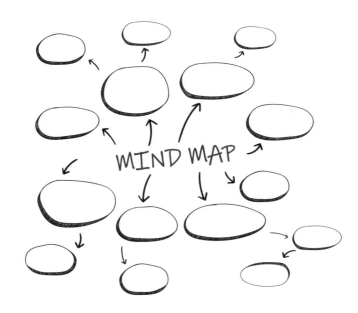

① 백지의 중앙에 핵심 주제(key word)를 이미지화하여 그린다.

② 몇 개의 주가지를 그리고 핵심 주제와 관련된 단어나 이미지를 생각하여 넣는다.

③ 주가지에서 다시 부가지를 연결하여 보다 다양한 주가지와 연관된 또 다른 단어나 이미지를 표현한다.

④ 다양한 단어를 이미지와 기호, 상징, 색깔을 사용하여 가지치기를 이어 나간다.

기존의 노트방법은 기록하고자 하는 내용을 칸에 맞추어 내려쓰는 수준의 것입니다. 반면 마인드맵은 첫째, 마음 즉 Mind, 인간의 정신 활동으로 얻게 된 정보와 지식을 직렬로 연결하는 것입니다. 둘째, 이해하고 인출하기 쉬운 약속된 기호로, 또는 그림으로 생각의 지도를 만들어가는 것입니다. 다양한 정보와 지식은 공통적으로 매우 산만하고 복잡하게 들어오는데요. 이러한 정보와 지식을 지도로 표현하여 일렬로 바로 서게 하고 조직화하는 것입니다.

마인드맵은 좌·우 두뇌의 기능을 조화롭게 활용하여 최대한 발휘하도록 유도하는 프로그램이므로 자기주도학습에 있어 인지조절 능력의 핵심이라고 할 수 있는 주의집중력과 기억력 향상에 영향을 미칩니다. 아울러 오감과 운동감각까지 모든 감각을 이용하여 이를 어휘와 이미지에 포함시키므로 다중지능 발달과 연계됩니다. 무엇보다도 마인드맵을 학생들이 정말 스스로 해보지 않고는 가시적인 결과물이 나오지 않기 때문에 마인드맵을 그리면서 무엇인가 경험해보는 활동만으로도 성취감을 느끼게 되고, 이를 통해 자기주도학습 능력이 눈에 띄게 향상됩니다.

주의해야 할 점은 시각적인 부분을 고려하여 작품성에 신경을 쓰는 경우가 있습니다. 즉 보기 좋아야 한다는 생각을 하게 되는데 이보다는 창의적인 아이디에서 더 큰 신경을 써야 합니다. 자칫하여 시각적인 부분에 몰두하다 보면 떠오르는 아이디어를 막을 수 있기 때문입니다. 우선은 생각을 정리하고 이후에 시각적인 부분을 보완하는 것도 한 방법이 될 수 있습니다. 마인드맵을 하는데 있어서 중요한 점은 규칙대로 적용해보려고 하는 태도입니다. 그래야 익숙해지면 규칙을 응용해서 자신만의 생각의 지도를 만들 수 있기 때문입니다. 학생들에게 마인드맵이란 단어를 듣고 떠오르는 생각을 자연스럽게 말할 수 있도록 하기 위함입니다. 마인드맵이란 읽고, 생각하고, 분석하고, 기억하는 모든 것들을 마음속에 지도로 그리는 방법입니다. 이미지와 핵심단어 그리고 색과 부호를 사용하여 좌뇌와 우뇌의 기능을 유기적으로 연결함으로써 두뇌의 기능을 최대한 발휘할 수 있는 사고력 중심의 두뇌 개발 프로그램이라고 할 수 있습니다. 따라서 학생들의 수준과 다양성을 고려해서 각자가 가장 편하고 효과적으로 사용할 수 있는 것을 선택하고 즐거운 마음으로 자신에게 적합한 구조로 발전시켜가는 것이 중요합니다.

너는 어디에 있니?

동물을 주어진 기준대로 구분하여 보세요.

| 학교 | 학년 | 반 이름: | 날짜: | 월 | 일 |

➡️ 다음 제시된 단어들의 뜻을 사전을 활용하여 찾아보세요.

바다에 있는 동물	땅에 있는 동물	하늘에 있는 동물

동물

☐☐☐☐☐을 파헤쳐라 1

다양한 분류의 기준으로 의미지도를 만들어 보고 의미를 파악한 단어들을 이용하여 글짓기를 해봅니다.

| 학교 | 학년 | 반 이름: | 날짜: | 월 | 일 |

➡ **선택한 단어와 연관되어 있다고 생각하는 단어들을 모두 적어보세요.**

➡ **단어들을 범주화 하여 의미지도를 그려보세요.**

☐☐☐을 파헤쳐라 2

주어진 그림을 보고 사건의 순서를 추리하고 그 내용을 적어봅시다.

학교	학년	반	이름:	날짜:	월	일

➡ **의미지도의 단어들을 이용하여 글쓰기를 해보세요.**

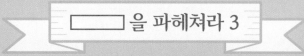

☐☐을 파헤쳐라 3

주어진 단어들을 묶어 구조화해 봅시다.

학교   학년   반 이름: 날짜: 월   일

정약용, 대동법, 성학십도, 유형원, 박지원, 이익, 신분제도 개혁,
박제가, 이황, 홍대용, 이이, 성학집요, 화폐

➡ 위의 단어들을 관련이 있는 것끼리 묶어 보세요.

➡ 각각의 묶음을 연결하여 구조화해 보세요.

나라면 어떻게?

주어진 그림을 보고 사건의 순서를 추리하고 그 내용을 적어봅시다.

| 학교 | 학년 | 반 | 이름: | 날짜: | 월 | 일 |

➡ 문제 사항을 어떻게 계획하여 해결할 것인지 다음 그림을 보고 순서를 정해 보세요.

계획한 순서에 따라 이야기를 만들어 보세요.

어떻게 해결할까요? 1

주어진 그림을 보고 사건의 해결책을 찾아보고 그 이유를 작성해 봅시다.

학교　　　학년　　　반　이름:　　　　　　날짜:　　월　　일

문제 사항

➡ **그림의 해결책으로 어떤 과정을 선택했나요?**

➡ **선택한 이유가 무엇인지 적어 보세요.**

어떻게 해결할까요? 2

주어진 그림을 보고 사건의 해결책을 찾아보고 그 이유를 작성해 봅시다.

학교   학년   반 이름: 날짜: 월   일

➡️ **그림 속의 문제 상황을 어떻게 해결할까요?**

➡️ **위와 같은 방법을 선택한 이유를 적어 보세요.**

마인드맵을 활용하면 자연스럽게 자신이 이미 알고 있었던 배경지식들을 활용할 수 있어서 내용을 더 잘 이해할 수 있고, 학습한 내용을 자기 것으로 만들 수 있습니다. 학습하는 내용의 전체 맥락을 파악하여 과거에 학습했던 단어를 새롭게 되짚어보고 알고 있던 단어와 새로 배운 단어가 어떻게 연결되는지 발견할 수 있기 때문에 단어를 의미 있게 학습하는데 도움이 되겠죠. 이 시간에는 의미지도와 마인드맵 정교화에 대해 알아봤습니다. 멋진 자기주도학습을 하면서 마인드맵과 의미지도를 활용한다면 학습한 내용을 자기 것으로 만드는데 큰 도움이 될 것입니다.

7 1% 만의 '혼공' 교과학습전략 편

#국어는 모든 교과목의 기초 #언어능력 신장 #국어지식의 학습
#비판적-창의적 정신 #이야기 지도 Story Map #영어 지문 정교화-시
각화하기-핵심단어 정리하기 #메타인지노트 #실험을 통한 과학적 사실
도출 #논리적인 탐구활동을 통한 수학과 친해지기
#메타인지 필기법 #심상지도 만들기 #시각화하기

교과서의 구조와 구성을 제대로 알고 학습에 활용할 필요가 있어요. 목차는 왜 있을까 학습목표는 왜 있을까 생각해 본 적이 있나요?

국어를 잘 하면 수학 또는 사회나 영어도 잘 한다는 말 들어보았나요?
국어는 독해능력을 길러 주기 때문에 교과를 넘어 범교과적 성격을 가지며 학습의 기초가 됩니다. 또 국어 학습을 통해 언어능력의 신장, 국어지식의 학습, 문학작품의 올바른 감상을 통해 비판적-창의적 정신을 기르고 인간의 삶을 총체적으로 이해할 수 있게 되는데요. 전 생애에 걸쳐 필요한 능력인 세상을 통찰하는 능력이 길러지는 것입니다. 앞으로 수능을 준비하는 데 국어과목은 매우 중요하고 큰 영향을 줄 것이기 때문에 관심을 갖도록 해요.

국어의 신이 되어보자!!

국어 학습전략에 대해 알아보는 시간입니다. 몇 가지 활동을 통해 여러분은 국어과목에 대한 중요성과 동기를 갖고, 실제로 국어교과학습 전략을 활용해보는 경험을 할 수 있을 텐데요. 지금부터 국어를 정복하기위한 전략 저와 함께 시작해보도록 할까요?

국어과목의 가치

• 다른 교과의 개념을 파악하고 학습하기 위한 도구교과

• 이해력, 표현력, 사고력, 감상능력, 비판적 사고능력 함양

• 수학능력과 업무능력에도 영향을 미치는 기초학습능력

먼저 교과서를 보고 내용 예측하기 활동을 해볼텐데요. 교과서 목차를 보고 오늘 배울 부분이 전체 단원 중 어디에 위치해 있는지 확인해보도록 합시다.

삽화를 보고 말해요

교과서의 삽화를 보고 배울 내용을 예측하여 봅시다.

학교　　　학년　　반　이름:　　　　　　　날짜:　　월　　일

➡ 인물의 표정과 배경을 살펴보고 어떤 상황인지 생각해보세요.

➡ 등장인물에게 이름을 붙이고 말주머니를 만들어 보세요.

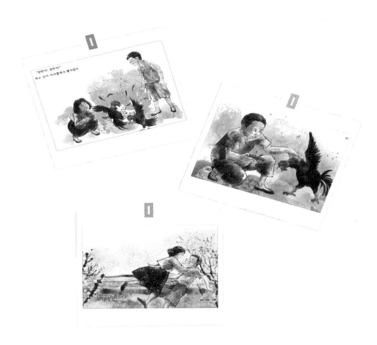

– 출처 〈중학교 1-1 국어교과서〉, 김형철, 교학사, 281p~285p, 일러스트레이션: 이주영 –

해당 부분에 실린 삽화를 보고 배울 내용을 예측해 볼까요. 우선 삽화 전체의 분위기, 인물의 표정, 배경을 파악하여 어떤 상황인지 이야기해보도록 합시다. 그리고 예측한 상황을 고려하여 인물에게 어울리는 이름을 붙여보세요. 마지막으로 삽화의 인물에게 말주머니를 만들어 대사를 적어보고 예측한 이야기의 흐름을 정리해 보면 됩니다.

1 여: 잘한다! 이겨라 이겨라!
남: 왜 우리 닭을 괴롭히고 그래...

2 남: 이거 먹고 힘내서 다음엔 꼭 이겨라!

3 여: 나 너 좋아한단 말야~

K-W-L 전략 활동

글을 읽는 활동에서 K-W-L전략을 사용한 간단한 예시를 볼까요? K(know)란 앞으로 읽은 글의 주제에 대해 이미 알고 있었던 것, W(want)는 더 알고 싶은 것, L(learn)은 글을 읽고 새롭게 알게 된 것을 의미합니다. 따라서 K에는 사자에 대해 본래 알고 있던 지식, W에는 사자에 대해 더 알기를 원하는 정보, L에는 글을 읽은 뒤 사자에 대해 새롭게 알게 된 지식을 나누어 적어 보는 것입니다.

본격적으로 K-W-L 읽기활동 활동지를 해볼텐데요, 우선 '표준어와 방언'이라는 주제에 대하여 K란에 이와 관련하여 미리 알고 있는 정보를 정리해 본 다음, 주제에 대하여 자신이 잘 모르는 내용, 더 알고 싶은 내용을 질문 형식으로 W란에 적어보는 겁니다.

K-W-L 읽기 전략

K(know)	W(want)	L(learn)
• 사자는 무서운 동물이다. • 사자는 아프리카에 많이 산다. • 암컷과 수컷의 모습이 다르다.	• 사자는 얼마나 빠르게 달리나? • 사자는 어디에 살지? • 요즘엔 사자가 왜 많이 없나? • 사자가 싫어하는 것은?	• 사자는 아프리카의 초원과 칼리하라 사막에 많이 살고 있다. • 사자의 몸무게는 수컷이 240kg, 암컷이 180kg 정도로 암수의 차이가 있다. 수컷이 암컷보다 훨씬 크며 목에 긴 갈기를 가지고 있다.

글을 읽어보세요. 이때 K와 W 단계에서 적었던 정보가 실제 글의 내용과 얼마나 일치하는지 파악하면서 읽으면 좋겠죠. 글을 읽고 난 후 새롭게 알게 된 내용을 L란에 적고, 마지막으로 K-W-L란의 내용을 각각 비교해 봅니다. 알고 싶은 것 중 해결된 것과 그렇지 않은 것을 파악해 보고, 새롭게 알게 된 내용이나 기존에 알고 있던 내용과 불일치하는 내용도 파악해 보도록 해요.

K-W-L 활동

K-W-L 전략을 활용하여 교과 내용을 정리해 봅시다.

| 학교 | 학년 | 반 이름: | 날짜: | 월 | 일 |

➡️ **다음 예문을 K-W-L 형식으로 정리해 보세요.**

표준어와 방언

성낙수(成洛秀)

한 나라에서 사는 사람들끼리 방언 때문에 서로 의사 소통이 안된다거나 오해가 생긴다면 큰 문제가 아닐 수 없다. 그래서 나라에서는 특정 시대, 특정 지역, 특정 계층에서 사용하는 말을 정하여 모든 국민이 배우고 쓸 수 있게 하는데, 이런 말을 표준어라고 한다.

우리 나라에서는 "표준어는 교양 있는 사람들이 두루 쓰는 현대 서울말로 정함을 원칙으로 한다"고 규정하고 있다. 여기에서 '교양 있는 사람들'이라는 말은 계급적 조건을 나타내는 것으로서, 교양 없는 사람들의 말은 표준어가 될 수 없음을 의미한다. 예를 들어, 지나친 비어나 속어, 유행어 같은 것은 표준어가 될 수 없다. 교양 있는 사람들의 말이라도 일부만 사용하면 안 되고, 두루 써야 한다는 조건이 들어 있다. (중략)

표준어가 아닌 말은 모두 방언이라고 하는데, 방언 중에서 지역적 요인에 의한 것을 지역 방언이라고 하고, 사회적 요인에 의한 것을 사회 방언 또는 계급 방언이라고 한다. 그러나 좁은 의미에서의 방언은 지역 방언만을 의미한다. 지역 방언은 동일한 언어를 사용하는 사람들이 서로 다른 지역에서 살게 되면서 변이된 것이다. 그러므로 가까운 지역보다는 먼 지역과 방언 차이가 더 크며, 교통이 잘 발달하지 않은 지역이나, 옛날에 다른 나라에 속했던 지역 간에도 방언의 차이가 크게 나타난다. (중략) 사회 방언은 언어의 사회적 요인에 의한 변이가 나타난 것인데, 대체로 계층, 세대. 성별, 학력, 직업 등이 중요한 사회적 요인이다. 사회 방언의 예를 들면, 물개는 군인들이 해군을 의미하는 말로 쓰며 낚다, 건지다는 신문이나 방송에 종사하는 사람들이 "(좋은) 기사를 취재하다"라는 의미로 사용한다. (후략)

– 출처: 중학교 3-1학기 국어 좋은책신사고, 39p –

제목 : 표준어와 방언

K (알고 있었던 것)	W (알고 싶은 것)	L (알게 된 것)

이야기 지도(Story Map) 활동

뷜(Doug Buehl)이 개발한 이야기 구조 분석 전략인 Story map 활동은 소설 작품 학습에 효과적인데요, 이야기 내용 요소를 시각화 하여 이야기 이해를 도울 수 있습니다. 먼저 제목과 배경을 적고, 작품의 중요인물과 부수적 인물을 구분하여 적어 봅니다. 작품의 전체 내용 중 발단 부분과 절정 부분을 먼저 파악한 후, 이야기 지도를 통해 발단에서 결말에 이르는 각 구성의 핵심 요소(사건)를 상승과 하강으로 정리해 봅니다. 주요 갈등과 갈등 해결의 원인 또는 양상을 파악하여 작품의 주제를 이끌어낼 수 있습니다.

이렇게 이야기 지도를 바탕으로 작품의 줄거리를 다시 요약해 봄으로써 작품을 체계적으로 이해할 수 있습니다. 이야기 지도(Story mapping) 만들기는 학생들이 서사에 대한 지식을 바탕으로 이야기의 구조를 분석해 볼 수 있도록 돕는 활동입니다. 이 지도에는 핵심적인 요소들이 모두 시각적으로 표현되어 읽은 글의 내용을 한 눈에 파악할 수 있도록 도와줍니다.

➡️ **이 소설을 읽고 이야기지도를 만들어 보세요.**

이야기 지도

제목: ...... 자전거 도둑 ....

절정: 수남이가 자신의 자전거를 훔쳐 가게에 돌아옴

중요 인물:

부수적 인물:

10. 자신의 자전거를 훔쳐 가게로 돌아옴

9. 주변 구경꾼들이 자전거를 들고 도망치라고 부추김

8. 자전거를 담보로 하려고 신사가 자물쇠를 채움

7. 수리비를 물어낼 처지에 놓임

6. 고급차에 흠집이 남

5. 자전거가 바람에 쓰러짐

4. 불길한 예감을 느끼며 자전거로 배달을 나감

3. 바람이 많이 불어 간판사고가 남

2. 주인 영감을 좋아함

1. 세운상가 점원으로 일함

사건

상승

11. 주인 영감이 칭찬을 함

12. 정이 떨어짐

13. 낮에 한 행동을 돌아보며 죄책감을 느낌

14. 고향에 돌아가기로 결심

하강

갈등: 앞으로 할지도 모를 도둑질을 하지 않기 위해 아버지가 계신 고향으로 떠나기로 결정함

갈등 해결: 자전거를 들고 도망친것이 옳은지 고민함

배경: 세운상가

주제: 금전적 이익만을 쫓는 위선적이고 비인간적 이며 비양심적인 사람들에 대한 비판

➡️ **이야기의 구도를 생각하며 자신의 언어로 요약정리해 보세요.**

세운상가 전기용품 도매상의 점원으로 일하며, 자신을 혹사시키는 주인영감의 속셈을 모르고 주인영감을 좋아하는 수남이 간판사고 사건으로 인해 불길한 예감을 느끼며 자전거를 타고 배달을 감.
저전거가 바람에 쓰러져 고급차의 수리비를 물어주어야 할 처지에 놓임.
자신의 자전거를 훔쳐 가게에 돌아옴
아버지를 떠올리며 고향으로 돌아갈 것을 결심함

수남이가 세운상가 점원으로 일함→간판사고 발생→자전거로 배달감→고급자동차에 자전거로 흠집을 냄
→수리비를 물어주어야할 처지→자신의 자전거를 훔침→영감님이 칭찬 해줌 (정이 떨어짐)→고향에 돌아가기로 결심

이야기 지도(Story map)

Story map을 활용하여 이야기의 구조를 분석해 봅시다.

학교   학년   반   이름: 날짜: 월   일

➡ **이 소설을 읽고 이야기지도를 만들어 보세요.**

이야기 지도

제목: ....

절정:

10. ....
9. ....
8. ....
7. ....
6. ....
5. ....
4. ....
3. ....
2. ....
1. ....

11. ....
12. ....
13. ....
14. ....

하강

상승

주요 인물:

부수적 인물:

사건

절정:

갈등 해결:

배경:

주제:

➡ **이야기의 구도를 생각하며 자신의 언어로 요약정리해 보세요.**

기억하고 적용할 점

나만의 단어장

Story map을 활용하여 이야기의 구조를 분석해 봅시다.

| 학교 | 학년 | 반 이름: | 날짜: | 월 | 일 |

➡️ **다음 글을 읽고 잘 모르는 단어를 찾아 뜻을 생각해보고 사전적 의미를 찾아보세요.**

고마운 숲

숲은 수많은 나무와 풀, 미생물, 곤충, 동물들이 모여 있는 하나의 사회로 지구 상에서 가장 완벽한 생태계이자 무궁무진한 자원의 보고이다. 숲은 여러 가지 공익적 기능을 하고 있다.

숲의 첫 번째 기능은 '휴양 기능'이다. 도시의 인구수가 점점 많아지면서 도시 생활에서 오는 스트레스와 피로도 커졌다. 나무가 해충이나 미생물로부터 자기를 방어하기 위해 공기 중에 발산하는 천연물질인 피톤치드가 살균작용을 해 피로한 신체를 건강하게 한다.

숲의 두 번째 기능은 물과 공기의 '정화 기능'이다. 토양에는 작은 동물들이 사는데 이런 동물들이 먹이를 찾으러 움직일 때 토양에 미세한 공간이 만들어진다. 이를 공극이라고 하며 수질을 정화하는 기능을 한다. 또한 숲의 나뭇잎들이 필터처럼 대기 중에 있는 먼지를 흡착하여 공기를 정화한다. 마지막으로 숲은 자연재해와 공해로부터 우리를 보호하는 기능을 한다. 대표적인 보호 기능으로는 산사태 방지, 기후 보호, 시계 보호 등을 들 수 있다.

이상으로 우리는 숲의 휴양 기능, 정화 기능, 보호 기능을 살펴보았다. 산림청의 연구 결과에 따르면 1년 동안 국민 한 사람이 숲으로부터 받은 혜택을 금전으로 환산하면 106만 원이나 된다고 한다. 그러나 사람들은 숲의 기능과 소중함에 대해 제대로 인식하지 못하고 있다. "숲은 사람을 필요로 하지 않지만, 사람은 숲을 필요로 한다."라는 말을 되새기며 숲의 고마움에 대해 다시 한번 생각해 볼 때이다.

– 출처: 중 2-1 국어 좋은책신사고, 75p –

	단어	내가 생각한 의미	사전에서 찾은 의미
1			
예문			
2			
예문			
3			
예문			

교과서 활용 설명서

교과서로 학습을 시작하기 전에 교과서의 구성을 살펴봅시다.

| 학교 | 학년 | 반 | 이름: | 날짜: | 월 | 일 |

➡ 교과서 활용 설명서를 만들어 보세요.

구성	구성이유	이렇게 활용하세요
표지와 단원 펼치기 		
활동 전에 		
학습활동 		
단원의 마무리 		

교과서 살찌우기 1

인적자원과 물적자원을 동원하여 교과서 여백을 활용해 봅시다.

| 학교 | 학년 | 반 | 이름: | 날짜: | 월 | 일 |

➡️ **여백에 궁금하거나 알고 싶은 내용을 적어보세요.**

먹어서 죽는다

법정

우리나라는 어디를 가나 온통 음식점 간판들로 요란하다. 도심에서 조금만 벗어나면 '가든'이 왜 그리도 많은지 서너 집 건너마다 가든이다. 숯불갈비 집을 '가든'이라고 부르는 모양이다. 사철탕에다 흑염소집, 무슨 연극의 제목 같은 '멧돼지와 촌닭집'도 심심찮게 눈에 띈다. 이 땅에서 이미 소멸해 버리고 없다는 토종닭을 요리하는 집도 버젓이 간판을 내걸고 있다. 게다가 바닷가에는 동해, 황해, 남해 가릴 것 없이 경관이 그럴 듯한 곳이면 횟집들이 다닥다닥 붙어 있다.

우리나라 사람들이 이렇듯 먹을거리에, 그중에서도 육식(食)에 열을 올린 지는 그리 오래된 일이 아니다. 1960년대 이래 산업화와 도시화의 영향으로 식생활이 채식 위주에서 육식 위주로 바뀌었다. 국민 건강이나 한국인의 전통적인 기질(氣質)과 체질(體質)을 고려한다면, 육식 위주의 식생활은 결코 바람직하지 않다.

– 출처 〈중학교 1-1 국어교과서〉, 김형철, 교학사, 197p –

사실

1960년대 산업화와 도시화는 우리 생활에 어떤 변화를 가져 왔는가?

교과서 살찌우기 2

인적자원과 물적자원을 동원하여 교과서 여백을 활용해 봅시다.

학교   학년   반 이름: 날짜: 월   일

➡ **나만의 규칙으로 밑줄을 그으며 읽어보세요.**

➡ **인출단서를 만들어 여백에 적어보세요.**

글의 짜임 파악하며 읽기

소단원 학습목표

문단을 요약하고
문단 간 관계를 파악
할 수 있다.

문단 간 관계 분석을
통해 글의 짜임을
파악할 수 있다.

설명하는 글과 설득
하는 글을 읽고
글의 짜임을 비교할
수 있다.

글의 짜임이란 필자가 자신의 생각을 질서 있게 엮어 놓은 방식을 말한다. 이러한 글의 짜임을 파악하면서 글을 읽으면 글의 내용을 더 잘 이해할 수 있다. 글은 대체로 처음, 중간, 끝으로 이루어지고, 각 부분은 여러 문단으로 구성된다. 따라서 글의 짜임을 파악하기 위해서는 문단의 중심 내용을 바탕으로 문단과 문단 간의 관계를 따져 보아야 한다.

문단의 중심 내용 파악하기

한 문단은 그 문단에서 말하고자 하는 핵심 내용이 담긴 중심 문장과 이를 뒷받침하는 문장으로 구성된다. 따라서 문단의 중심 내용을 파악하기 위해서는 중심 문장을 찾아야 한다. 중심 문장은 주로 문단의 처음이나 끝 부분에 온다. 중심 문장이 겉으로 드러나지 않은 경우에는 핵심어나 내용의 전개 과정을 통해 중심 내용을 파악할 수 있다.

가정에서 물을 아낄 수 있는 방법에는 여러 가지가 있다. 가장 손쉽게 실천할 수 있는 방법은 물을 적게 쓰는 것이다. 절수 제품을 사용하고 화장실이나 부엌 등에서 무심코 낭비하는 물을 줄이면 그만큼 물을 아낄 수 있다. 또 사용한 물을 재활용하는 방법도 있다. 쌀 씻은 물로 설거지를 하는 등 일상 생활에서 물을 재활용하는 것은 물을 아끼는 데 매우 효과적이다. 마지막으로 수도꼭지나 수도관의 누수 여부를 철저히 점검하여 물의 낭비를 막는 방법도 있다. 조금만 누수되어도 하루에 수십에서 수백 리터의 물이 낭비되기 때문에 누수 여부를 점검하는 것이 필수적이다.

어떻게 읽을까

글을 정확하게 이해하기 위해서는 글의 짜임을 파악 하는 것이 중요하다. 글의 짜임을 파악하기 위해서는 어떤 점을 고려해야 하는지 생각 하며 글을 읽어보자.

문단의 중심 내용 파악 하기

- 중심 문장 찾기
- 핵심이나 내용의 전개 과정을 통해 중심 내용 파악하기

＊**절수**
물을 아껴서 사용함

＊**누수**
물이 샘

－ 출처 〈중학교 1-1 국어교과서〉, 김형철, 교학사, 197p －

이제 효과적으로 국어를 공부하는 방법을 정리했는데요. 영어는 매일 공부하면서 왜 국어는 매일 공부하지 않나요? 국어를 외국어라고 생각하고 단어의 명확한 뜻도 외우고 주요 문법도 이해하도록 노력하는 것이 중요합니다. 앞서 배운 개념노트를 활용하면 좋겠죠. 국어를 생활화하여 어휘력과 배경지식을 풍부하게 만드는 것도 중요합니다. K-W-L읽기 전략을 통해 알아봤듯이 내용을 이해하는 데에는 배경지식과 사전지식이 큰 역할을 하기 때문에 국어공부는 예습이 효과적입니다. 그렇다고 해서 복습이 중요하지 않다는 것은 아니고요, 문제를 풀고 나서는 반드시 오답풀이를 해야 합니다. 마지막으로 글 쓰는 습관을 가져야 하는데요. 글을 쓰면서 글의 구조를 파악하는 능력과 중심내용을 생성하고 확인하는 능력이 길러지기 때문입니다.

오늘 시간에는 효과적으로 국어를 공부하는 전략에 대해 알아봤는데요. 앞서 설명한 교과서를 보고 내용 예측하기 활동, K-W-L 활동과 이야기 지도를 잘 활용한다면 여러분의 상상력과 창의력이 향상되면서 능동적으로 국어를 공부할 수 있게 될 겁니다. 또 마지막으로 설명한 효과적인 국어 공부방법을 잊지 마세요.

영어의 신이 되어보자!!

이번 시간은 영어 학습전략에 대해 알아보는 시간입니다. 여러분은 영어를 공부하는 것에 대해 어떻게 생각하나요? 왜 영어를 공부해야 한다고 생각하나요? 여러분은 축구선수 손흥민, 박지성을 알고 있죠. 손흥민, 박지성 선수는 더 만족스러운 축구 선수 생활을 위해 열심히 영어 공부를 했고 지금은 훌륭하게 영어 실력을 발휘하고 있는데요. 손흥민, 박지성 선수처럼 여러분 각자의 꿈을 위해 영어학습이 필요한 것입니다. 영어가 어렵다고만 생각하지 말고 지금부터 선생님과 함께 새로운 영어 공부법을 배워보도록 해요~

태어났을 때부터 말을 할 줄 알았던 사람 있나요? 그렇다면 우리가 한국말을 자연스럽게 하기까지 얼마나 걸렸다고 생각하세요? 약 5세 무렵이 되어야 성인 언어체계의 주요 구성요소들을 모두 습득한 상태가 된다고 합니다. 그렇다면 또 다른 언어를 배우는데 있어서 우리는 또 다른 몇 년이 필요할 것인데 물론 24시간 그 언어에 노출된다는 가정 하에 몇 년이란 시간이 걸리는 것이며 하루 한 시간만 다른 언어에 노출된다 한다면 몇 십 년이 더 걸릴지도 모르는 일입니다. 우리가 하루 동안 영어에 노출되어 있는 시간이 얼마나 되나요? 그래서 앞으로 영어라는 언어를 일상생활에서 접할 수 있는 재미있는 경험, 이야기 등을 접해 봄으로써 노출 시간을 늘리도록 해보겠습니다.

첫 번째로 알아볼 전략은 영어단어를 발음이 비슷한 한국어 단어로 바꿔 문장화 해보면 단어가 쉽게 외워집니다. 활동지를 보면 'stage 무대'라는 단어를 외우기 위해 아이돌 '스테이시'가 '무대' 위에 있다. 라는 표현으로 바꾸어 보았죠? 이런 방법을 통해서 영어단어를 발음이 비슷한 한국어 단어로 바꿔서 문장으로 만들었습니다.

정교화 전략-단어 암기하기

정교화 전략을 통해 영어 학습 능력을 길러봅시다.

| 학교 | 학년 | 반 | 이름: | 날짜: | 월 | 일 |

➡️ **앞의 활동에서 정리한 단어들을 정교화하고 암기해 보세요.**

단어	중심 의미	정교화
예) fear	공포	"살기가 피어 공포스러웠다."
예) stage	무대	"스테이시가 무대 위에서 공연을 한다."
예) mountain	산	"단어 첫 글자 m처럼 봉우리가 있는 것은 산이다."

영어 지문 정교화 전략-시각화하기

정교화 전략을 통해 영어 지문의 내용을 쉽게 파악하는 방법을 알아봅시다.

| 학교 | 학년 | 반 이름: | 날짜: 월 일 |

All over the world, people love to celebrate special things. In many places, people celebrate these things with a festival. They enjoy food, music, games, and beautiful sights at festivals.

1. Hampyeong Butterfly Festival

Hampyeong is a small town in the southern part of Korea. In spring, the town has the most butterflies in Korea. Many people go to Hampyeongto enjoy the beautiful sight of tens of thousands of live butterflies in a sea of flowers. Children enjoy the beauty of nature and learn about it.

2. Texas Strawberry Festival

In Poteet, Texas, U.S.A., more than one hundred thousand people celebrate April with a strawberry festival. They come to the festival to eat the delicious spring strawberries. They also come to the festival to enjoy music, dancing, games, and sports.

3. Dutch Tulip Festival

In th Netherlands, farmers grow beautiful tulips and other flowers. They sell the flowers all over the world. In spring, people go to see the fields of flowers. In towns and cities, they visit big gardens and hold flower parades to celebrate the beauty of spring.

4. Indian Festival of Colors

Holi is a fun festival in India in late February or early March. On the first day, Indians light a bonfire at night. It means the victory of good over evil. On the second day, people throw colored powder and water at each other. It is actually friendly behavior. During Holi, Indian families have a big meal together. We celebrate many different things at festivals. Festivals bring people together. When we celebrate together, we learn about our culture and traditions. We give thanks and enjoy life. Most of all, festivals are fun!

– 출처: 중학교 2학년 영어교과서, 교학사 –

다음은 영어 지문의 전체적인 맥락을 파악한 후에 그림으로 표현해보는 전략입니다. 긴 지문을 통째로 습득하기보다 핵심적인 내용을 이해하기 쉽게 그림으로 표현해 본다면 더 넓게 생각할 수 있게 됩니다.

➡ **위의 지문을 읽으면서 단락별로 연상되는 그림을 네모 안에 그려보세요.**

마인드맵으로 정리해보기

　다음은 마인드맵을 적용하는 방법입니다. 주어진 주제에 대해 자신의 생각, 느낌, 상상 등을 영어로 나열해 봄으로써 단어 및 표현력을 향상시킬 수 있는데요, 스스로 하나의 주제를 정합니다. 주제는 어떠한 것이 되어도 좋습니다. 선생님은 아침 밥이라는 주제를 정해보겠습니다. breakfast는 누가 차려 주나요? 선생님은 mom을 떠올립니다. 엄마를 떠올리니 엄마가 좋아하시는 flower가 생각납니다. flower는 어떤가요? 향기롭죠. smell을 맡게 되죠. 그러다 벌에 쏘이면 어떨까요? hurt하겠죠. 이렇게 자연스럽게 나의 느낌과 나의 생각, 상상 등을 펼쳐 나가보는 것입니다. 어떠한 주제로든 생각을 재미있게 영어로 표현해 보세요.

마인드맵 적용

접두사 마인드맵 전략을 통해 단어들을 분류해보고 공통점을 찾아봅시다.

학교   학년   반   이름: 날짜: 월   일

➡️ **아래에 주어진 단어들을 마인드맵 기법을 사용하여 분류해 보고 공통점을 찾아 보세요.**

expel, confuse, initiative, extract, combine, export, contemporary, insight, concentrate, inspire, exceed, immigrate, company, expose, combat, inland, confront

정교화 전략-핵심단어 정리 1

정교화 전략을 통해 영어 학습 능력을 길러봅시다.

학교	학년	반 이름:	날짜:	월	일

➡ **아래 글을 잃고 활동지를 작성해 보세요.**

King Sejong wanted to help ordinary people express themselves in written language. In 1443, he made the Korean alphabet. He named this writing Hunminjeongeum. It means "the correct sounds for instructing the people." Today we callit Hangeul. Korean people celebrate this great invention on October 9. UNESCO also honors it every year. They give King Sejong Prizes to two programs which help people leam how to read and write. Hangeul is known as a scientific writing system, but have you ever thought about its beauty? Its beauty has given creative ideas to Korean designers and artists. One designer has made beautiful clothes by printing Korean letters and poems on them. The clothes were shown in a Paris fashion show. Many Europeans loved the clothes. One buyer said, "Hangeul looks modem and each letter looks like art." Another designer has made scarves with Hangeul letters. He said, "Korean letters look like they are moving. You can see their movement on the silk scarves that I have designed." One artist has put Hangeul on things like mugs, clocks, and dishes. He makes Korean words into pictures. For example, he writes '2471' (passing rain) in this way. Don't you think it looks like rain? Hangeul letters are also used on things like handbags, ties, and key chains. The letters make them more beautiful and interesting. They are very popular with foreign tourists. We are happy to have this beautiful and scientific writing system. We should be very proud of Hangeul.

– 출처: 중학교 2학년 영어교과서, 교학사 –

➡ **모르는 단어나 중요한 단어를 정리해 보세요.**

	단어 혹은 숙어	생각한 의미	사전적 의미
단어			
숙어			

정교화 전략을 통해 영어 학습 능력을 길러봅시다.

학교   학년   반 이름: 날짜: 월   일

➡ **다음 글을 읽고 활동지를 작성해 보세요.**

We can't see as well as many other animals, so we use our brain to help us understand what we see. We do this in different ways.

Seeing can be making mistakes.

To understand what we see, we use our eyes and brain. Sometimes our brain does not understand the information which comes from our eyes. We "see" something different from what is really there. We call this an "optical illusion."

Look at the blue ball in the middle of each picture. Is the blue ball in picture A bigger than the blue ball in picture B? Is the ball bigger in B than in A? They are the same size. The size of the balls around the blue ball makes it look big or small.

Seeing is making connections.

 We find it easy to understand things if we find their connections. We try to find connections when we see patterns of dots or lines. Look at the pictures below. What do you see in the center of the picture on the left?

Seeing is filling in the gaps.

 When we read a sentence with a word missing, we try to guess what could be missing. When we see only part of an object, we try to guess what the rest of the object is. Look at these pictures. What object do you see? Can you guess?

Tricks of the light

Sometimes naturecan trick our eyes. Mirages are another trick of light. Mirages happen when light moves from hot air to cold air or from cold air to hot air. This bends the light and causes an object to appear much closer thanit really is. People who travel in deserts often see mirages of water and trees. People who live in cold climates often see mirages of buildings. We can take photographs of mirages because the image is "real." We don't see what is really there. Sometimes we see what we expect to see. Can we still believe our eyes?

– 출처: 중학교 2학년 영어교과서, 교학사 –

➡️ **모르는 단어나 중요한 단어를 정리해 보세요.**

	단어 혹은 숙어	생각한 의미	사전적 의미
단어			
숙어			

What is it like to live in space? It is a bit different from living on Earth. You have to make some changes if you to up in the space shuttle. No one has had trouble making the changes.

In space, you can dress like you dress on Earth, but you will need plenty of big pockets in your clothes. If you don't put something in your pocket, it will float away. You don't have to walk on the floor, so you don't need shoes.

Sally Ride was an astronaut with NASA. She said about her first day in space: I was trying to "swim" in the air, but that didn't work at all. Air isn't as thick as water. Before long, I learned that I had to push off the walls to get across the room. At first, I would push a little too hard and run into the opposite wall, but I soon learned to move with very gentle pushes.

Eating is hard in space. If you spill coffee or juice, it will float around the cabin in balls. Salt in a shaker is impossible to use in space. It won't come out of the salt shaker. You will have to use salt which is mixed with water. All food must be cooked and packaged before the flight. Foods like peanut butter are the easiest to eat because they stick easily. Other food just floats away.

You don't need a bed in space. You can tie a special sleeping bag to the wall of the space-craft and sleep there. If you don't do that, you will just float around in the cabin while you are sleeping. You will never have to worry about falling out of bed.

Living in space is challenging, but it is exciting, too. Some people have already been there. Would you like to go up in space? Would you like to go up in space? Follow your dream, and it will come true.

- 출처: 중학교 2학년 영어교과서, 교학사 -

➡ 위의 지문을 빠르게 읽고 두 번 이상 반복된 단어들을 찾아서 써 보세요. 이 중에서 어떤 단어가 주제와 관련이 있는지도 생각해 보세요.

두 번 이상 반복된 단어	주제와 관련된 단어

➡ 앞의 활동에서 정리한 단어들을 정교화하고 암기해 보세요.

문단 순서	핵심 단어	내가 생각한 문단의 제목

➡ 위에서 찾은 단어와 문단의 제목을 다시 읽고 주제를 예측해 보세요. 지문을 자세히 읽은 후 예측한 내용과 일치했는지 확인해 보세요.

주제 예측	일치 정도

➡️ **다음 지문을 읽고 메타인지 노트 필기법으로 정리해 보세요.**

Claire is 14 years old and lives in Manchester, England. It is Saturday and she is shopping. She wants to get in touch with her friend, Matt. She takes out her mobile phone, but she doesn't call him. Rather she texts him. Here is the message which Claire wants to send:

Hi Matt. I have a question for you. Please call me today. Thanks. See you later. Very big smile.

This is the message which she sends:

hi matt? 4u pcm 2day thnx cul8r! vbs

People around the world, especially young people, use text messaging because it is quick, easy, and cheap. There is now a special kind of language which they use. The important thing is to make messages short and brief. Here are some examples:

pls=please 2day=today thnx=thanks 18=late

Of course, this kind of language is only for text messaging. Claire and her friends never write likethis when they are doing schoolwork or something important. In Britain, most people now own mobile phones and more than eight million users are of school age. The number is growing rapidly. At school, there can be problems. During class, phones are ringing and students send text messages. At some schools, students must turn off their phones in class. They can only use them during break, at lunch time, or after school. When a phone rings during class, the teacher usually takes it away. Other schools ban mobile phones completely. Many students think they should be allowed to bring their phones to school. Claire says, "Phones are very useful. I feel safe if I've got a phone in my pocket or in my backpack. If there is any trouble, I can always get in touch with my parents."

— 출처: 중학교 2학년 영어교과서, 교학사 —

자, 마지막으로 일상생활에서 해야 할 것과 하지 말아야 할 것들(Do/Don't)에 대해 살펴보면서 효과적으로 영어를 공부하는 방법을 알아보도록 하겠습니다.

짧은 카툰 보기(흥미 유발, 문화 이해하기)
먼저 영어에 대한 흥미를 유발하고 영어권의 문화를 이해하기 위해서는 짧은 카툰을 자주 보면서 즐기는 것이 좋습니다.

미국 드라마(문화체험, 다양한 곳을 여행하는 경험 등)
또, 카툰에 익숙해졌다면 미국드라마를 보면서 문화를 체험하고 드라마에 등장하는 다양한 곳을 여행하는 기분을 느껴보는 것도 좋고요.

다이어리(단어와 문장 그리고 그림활용)
단어와 문장 그리고 그림을 활용한 나만의 영어 다이어리를 만들어보는 것도 좋은 방법입니다.

자신만의 문장 가지기(자신을 표현할 수 있는 문장)
속담 또는 멋진 문장으로 자신을 표현할 수 있는 영어 문장 하나쯤 가지는 것이 좋은 데요. 영어 명언이나 격언 등을 찾아보는 것도 좋습니다.

영어 신문 읽기(관심 있는 분야, 사설)
영어 신문 읽기는 긴 지문이 아닌 관심있는 분야나 사설을 읽고 기사를 요약하거나 내 생각을 영어로 적어보면 영어 공부를 하는데 효과적입니다.

그리고 하지 말아야 할 것이 있는데요. 바로 팝송 듣기입니다.
팝송 듣기(청소년에게 부적절한 표현, 비문법 표현 등)

영어 공부를 할 때 쉽게 접할 수 있다고 생각해서 팝송 듣기를 활용하는 학생들이 있는데, 팝송의 가사는 청소년에게 부적절한 표현이나 비문법 표현, 은유적 가사, 그리고 현재 대화체에서 잘 사용하지 않는 단어들을 사용하는 경우가 많기 때문에 팝송 듣기는 좋지 않은 방법입니다. 실제 영어 학습에 있어서 효율을 높이기 위한 정교화 기법, 마인드맵 사용법 등을 알아봤는데요. 이런 기법들을 익혀서 좀더 창의적이고 다양한 형식으로 영어 공부를 할 수 있으면 좋겠습니다. 영어가 어렵다고만 생각하지 말고, 지금부터 차근차근 다양한 기법들을 활용해보도록 합시다.

수학의 신이 되어보자!!

논리적 탐구활동

이번 시간은 수학 학습전략에 대해 알아보는 시간입니다. 논리적인 수학 해결방법을 통해 수학에 대한 두려움에 대해 심리적인 거리를 줄이고, 실제 수학 학습에 있어서 능률을 높여줄 수 있는 수학 학습전략에 대해 배워보도록 하겠습니다. 수학을 배우는 목적은 수학자가 되기 위함이 아니라 수학적 사고력, 생각의 힘을 기르기 위해서인데요, 수학 공부는 논리력, 창의력 등의 향상에 도움이 됩니다. 지금부터 선생님과 함께 간단한 활동을 같이 해보면서 알아보도록 할게요.

다음 활동지는 4절 도화지로 만든 두 개의 원기둥 부피를 알아보는 활동입니다. 아마 초등학생들은 "부피와 들이"를 활용해서 (가)의 원기둥 속에 물을 넣어 본다든지, 모래를 넣어서 이를 (나)에 옮겨 채워 보았을 때 그 차이를 눈으로 확인한다는 친구들도 있을 것입니다. 반면 중·고등학생들은 원기둥의 부피를 이용한 공식을 잘 알고 있기 때문에 반지름과 높이만 구한다면 쉽게 어떤 원기둥의 부피가 더 큰지 확인할 수 있을 것입니다. 공식을 기억하고 있지 못하는 학생들도 들이의 개념을 이용해서 답을 구할 수도 있겠죠? 그밖에 여러 가지 다양한 방법을 모색해 본 학생도 있을 것입니다.

하나의 답을 구하기 위해 풀이 과정에 접근하는 많은 방법을 생각하는 것은 논리적인 사고력을 향상시키고요, 이는 다른 과목을 공부할 때에도 효율적이고 능률적인 학습을 할 수 있도록 도움을 줍니다. 여러분들이 알고 있는 수학 공식들은 어떠한 방법을 통해서 만들어졌을까요? 다양한 공식들을 실제로 증명해보는 활동들은 공식 암기를 보다 쉽게 해 줌과 동시에 논리적 탐구력을 키울 수 있습니다.

수학과 친해지기

논리적으로 수학 문제에 접근할 수 있는 능력을 길러봅시다.

학교   학년   반 이름: 날짜: 월   일

➡️ **다음 설명을 보고 문제를 해결해 보세요.**

4절 도화지로 원기둥을 만들면 다음과 같이 두 가지 모양이 나온다.

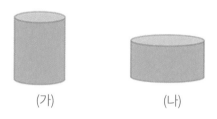

(가)   (나)

그럼 동일한 4절 도화지로 만든 이 두 가지 원기둥의 부피는 서로 같을까요? 다를까요?
같다면, 혹은 다르다면 이를 어떻게 확인할 수 있을지 고민해 보세요.

1. 두 원기둥의 부피는 서로 같을까요? 다를까요?

2. 확인할 수 있는 나만의 방법

창의적 탐구활동

이 활동은 암호 만들기 활동지인데요.

보시는 바와 같이 문제에 제시된 선과 점의 모양이 일치하는 곳의 한글을 조합하면 하나의 단어가 완성됩니다. 1번의 답은 수학짱, 2번은 비석암호, 3번은 자기주도학습이 답이 되겠죠. 이 활동은 유창성, 융통성, 독창성, 정교성을 통해 창의적인 사고에 도움을 줍니다. 여러분들도 나만의 암호를 만들어 보세요. 활동지에 나와 있는 방법들과 그 외에 다양한 방법을 사용해서 암호를 만들고 친구들과 서로의 문제를 풀어보면 어느새 독창적이고 정교한 암호를 만들 수 있을 것입니다.

모든 학문의 시작은 "왜 그럴까?"하는 생각입니다. 이를 논리적으로 증명하는 과정이 바로 수학인데요, 그동안 당연하게 받아들였던 것들에 대해서 스스로 질문을 던지고, 분석해보고, 질문에 대한 답을 찾아보는 활동들은 수학적인 원리를 도출하고 수학에 대한 흥미를 유지시키는 데에 매우 효과적입니다. 그리고 이런 활동은 수학뿐만 아니라 다른 과목에서도 마찬가지입니다.

창의적 탐구활동을 통해 수학과 친해지기

창의적으로 수학 문제에 접근할 수 있는 능력을 길러봅시다.

학교　　**학년**　　**반**　**이름:**　　　　**날짜:**　　**월**　　**일**

➡ **다음 암호표를 보고 암호를 풀어보세요.**

ㄱ	ㄴ	ㄷ		ㅊ	ㅋ	ㅌ		ㅗ	ㅛ	ㅜ
ㄹ	ㅁ	ㅂ		ㅍ	ㅎ	ㅏ		ㅠ	ㅡ	ㅣ
ㅅ	ㅇ	ㅈ		ㅑ	ㅕ	ㅓ				

❶

❷

❸

➡ **나만의 암호를 만들어 보세요.**

생활 속의 수학문제

이 활동지는 생활 속에 숨어있는 수학적인 원리를 도출해 내기 위한 활동지인데요.

1번: 보온병이 둥글게 생긴 이유는 보기 좋아서, 손에 잡기 좋아서 등 다양한 답이 나올 수 있겠죠.

2번: 그렇다면 보온병 밑면의 모양이 사각형, 삼각형일 경우, 어느 경우가 가장 효율적일지를 생각해봅시다. 먼저 사각형의 경우 넓이는 $6 \times 6 = 36cm^2$, 둘레는 $6 \times 4 = 24cm$가 됩니다. 삼각형의 경우 넓이는 밑변×높이÷2라는 공식에 의해 $9 \times 8 \div 2 = 36cm^2$가 되고 둘레는 $9 \times 3 = 27cm$가 됩니다. 마지막 원의 경우 넓이는 반지름×반지름×원주율(3.14)라는 공식에 의해 $3.4 \times 3.4 \times 3.14 = 36.29cm^2$가 됩니다. 소수점 이하는 무시한다는 가정에 따라 넓이는 약 $36cm^2$가 되며 둘레는 지름×3.14라는 공식에 의해 $4.8 \times 3.14 = 21.352cm$, 약 $21cm$가 됩니다.

3번: 위의 계산 결과를 보면 넓이는 모두 $36cm^2$로 비슷하지만 둘레는 원이 가장 짧은 것을 알 수 있습니다. 따라서 효율성 면에서 보았을 때, 물의 양은 똑같이 담을 수 있지만 가장 작은 둘레로, 가장 적은 양의 재료를 들여서 보온병을 만들 수 있는 원 모양이 가장 일반적이라는 사실을 알 수 있습니다.

어떤가요? 수학은 일상생활과 연관이 없다고 생각하나요? 더불어 수학과 과학의 만남으로 다양한 발명품들이 나올 수 있다는 사실 기억하세요.

생활 속의 수학

생활 속에 숨어있는 수학적 사실들을 찾아 해결해 봅시다.

| 학교 | 학년 | 반 | 이름: | 날짜: | 월 | 일 |

➡ 보온병은 왜 둥글게 생겼을까요? 떠오르는 생각을 자유롭게 적어보세요.

➡ 보온병의 모양이 사각형, 삼각형, 원형일 경우를 생각하면서 다음 문제를 해결해
   보세요. (원주율은 3.14로 가정하고 소수점 이하는 생략합니다.)

넓이:　　　㎠　　　　넓이:　　　㎠　　　　넓이:　　　㎠

둘레:　　　㎝　　　　둘레:　　　㎝　　　　둘레:　　　㎝

➡ 위의 계산결과로 보온병의 모양에 대해 알 수 있는 사실은 무엇인가요?

수학 교과서 학습법

자, 수학을 잘하는 비결을 정리해보면 다음과 같은 4단계로 수학공부를 해나가는 것이 바람직한데요. **개념과 원리의 이해, 공식 암기, 기본문제 유형별 풀기훈련, 실전연습의 단계**입니다. 수학이 쉬운 과목은 아니지만 우리반에 쉽다고 하는 학생들이 종종 있잖아요. 바로 이 4단계를 잘 실천하는 학생들인 거죠.

무작정 공식을 외우지 말고, 그 원리와 유도과정을 꼼꼼히 살펴보아야 문제에서 직접 적용해볼 수 있습니다. 하지만 공식이란 곧 수학에 있어서 기본 도구라고 할 수 있기 때문에, 그것을 얼마나 정확하게 암기해서 필요한 때에 제대로 사용할 수 있느냐도 중요합니다. 그리고 흔히 필수 예제라고 하는 기본문제 유형에 가장 많은 시간을 투자해야 합니다. 그 문제들이 바로 그 분야 수학 문제의 대표 선수 격인 것들이기 때문인데요, 각각의 기본 문제 유형은 그것을 푸는데 필요한 독특한 방식이 있고, 그 방식을 정확히 이해하고 암기하여, 그 밑에 있는 유사한 문제를 풀 때 적용해야 합니다. 이 기본기가 잘 되어 있어야 실수도 적고 실력도 더 늘겠죠? 수학을 공부하는데 있어서는 바로 이 기본 문제 유형별 훈련에 가장 많은 시간과 노력을 투자해야 할 것입니다. 그리고 마지막 단계는 실전 연습인데요. 실전문제는 어떤 기본유형의 변형인지 분석하는 것이 중요합니다. 그것이 바로 문제의 이해이기 때문이죠.

수학 알기

접두사 마인드맵 전략을 통해 단어들을 분류해보고 공통점을 찾아봅시다.

학교   학년   반   이름: 날짜: 월   일

➡ 다음 질문을 읽고 해당되는 번호에 표시해 보세요.

내용	그렇지 않다 1	약간 그렇다 2	꽤 그렇다 4	많이 그렇다 5
수학 문제를 풀 때 즐겁다.				
답이 쉽게 나오지 않는 문제를 푸는 것을 좋아한다.				
중요한 수학적 개념이나 공식을 배우는 것이 좋다.				
수학이 재미있는 과목이라고 생각한다.				
숫자를 활용한 공부가 재미있다.				
수학이 일상생활에 도움을 준다고 생각한다.				
나중에 수학을 활용할 수 있는 직업을 갖고 싶다.				
수학 문제를 풀 때 집중을 잘한다.				
다양한 방법으로 문제 푸는 것을 좋아한다.				
답이 나올 때까지 포기하지 않고 열심히 푼다.				
수학을 잘하기 위해 꾸준히 노력한다.				
수학에 대해 자신감을 갖고 있다.				
수학 시간이 좋다.				
수학에 대해 생각하는 것을 좋아한다.				
일상생활에서 내가 알고 있는 수학 지식을 활용한다.				

나의 총점은 _____ 점

나의 총점

60~55점	수학에 대한 태도가 우수함. 수학 분야가 적성에 맞을 가능성이 매우 높음.
54~40점	수학에 대한 태도가 좋음. 그러나 간혹 나태해질 소지가 있음.
39~30점	수학에 대한 태도가 때때로 불안정함. 노력을 지속하면 개선될 가능성 높음.
29~20점	수학에 대한 태도가 다소 부정적임. 수학에 대한 자신감 결핍, 불안이 있을 수 있음.
19점 이하	수학에 대한 태도가 매우 부정적임. 수학 분야가 적성에 맞지 않음. 그러나 노력은 포기하지 말 것.

※ 이 질문지는 수학에 대한 태도를 점검해 보기 위한 것이며 수학적 태도를 객관적으로 측정하는 도구는 아닙니다.

논리적 탐구활동을 통해 수학과 친해지기 1

논리적으로 수학 문제에 접근할 수 있는 능력을 길러봅시다.

학교　　학년　　반　이름:　　　　　날짜:　　월　　일

형구, 정원, 병섭, 승희 네 사람은 차례로 제기차기 시합을 하였습니다. 길을 가던 초롱이는 친구들이 제기차기 시합을 하는 것을 보고 구경하게 되었습니다. 가장 먼저 찬 형구가 몇 개를 찼는지 궁금했던 초롱이는 "형구는 몇 개나 찼어?"라고 친구들에게 물어보았습니다. 그러자 먼저 형구는 "내가 찬 제기차기 수는 한 자리 수 두 개로 이루어져 있어"라고 말했습니다. 그리고 정원이는 "형구가 찬 제기 수로 150을 나머지 없이 나눌 수 있어"라고 했습니다. 다음으로 승희는 초롱이의 물음에 형구가 찬 숫자는 150은 아니야"라고 대답했습니다. 또 병섭이는 "형구가 찬 제기 수를 25로 나머지 없이 나눌 수 있어"라고 합니다. 혼란스럽기만 한 초롱이에게 네 친구는 마지막으로 이렇게 말합니다. "근데 우리 네 명 중에 한 사람은 거짓말을 했어"

그럼 거짓말을 한 친구는 과연 누구일까요?

거짓말을 한 친구:

➡ **다음 지문을 읽고 A와 B 가운데 옳다고 생각되는 것을 선택해 보세요.**

주환이는 호경이보다 키가 크고, 중섭이는 유리보다 키가 작다.
유리는 중섭이보다는 크지만 호경이 보다는 작다.

1. 유리는 주환보다 키가 크다.
(A 맞다 / B 아니다)

2. 주환이가 제일 크고, 중섭이가 가장 작다.
(A 맞다 / B 아니다)

논리적 탐구활동을 통해 수학과 친해지기 2

논리적으로 수학 문제에 접근할 수 있는 능력을 길러봅시다.

학교   학년   반   이름: 날짜: 월   일

➡️ **다음 간단한 계산문제를 풀어보고 문제의 규칙을 찾아보세요.**

2X 13 =   2X13 =   2X 13 =
6 X 28 =   6X28 =   6 X 28 =
12 X 23 =   12 X 23 =   12 X 23 =

2X 13 =   2X13 =   어떠한 규칙이 있나요?
6 X 28 =   6X28 =
12 X 23 =   12 X 23 =

➡️ **다음 지문을 읽고 위에서 찾은 규칙과 연관 지어 문제를 해결해 보세요.**

> "미선아. 밖에서 아이들이 눈이 왔다고 자전거를 타면서 놀고 있구나."
> 아이들이 놀고 있다는 말에 솔깃해진 정수는 모두 몇 명이나 놀고 있는지 궁금해졌습니다.
> 그래서 미선은 어머니께 여쭤 보았습니다.
> "몇 명이나 놀고 있어요?" 그러자 어머니께서는 이렇게 대답해 주셨습니다.
> "모두 두발자전거 아니면 세발자전거를 타고 있는데, 바퀴 수는 전부 297개이구나."
> 과연 아이들은 최대 몇명이나 있었을까요?

1. 문제를 해결하기 위한 단서를 찾아보세요.

단서 1

단서 2

단서 3

단서 4

단서 5

2. 아이들은 최대 모두 몇 명이나 있었을지 답을 찾아보세요. _____

논리적 탐구활동을 통해 수학과 친해지기(심화1)

논리적으로 수학 문제에 접근할 수 있는 능력을 길러봅시다.

학교   학년   반   이름: 날짜: 월   일

➡ 그리스인들의 원주율 계산

그림 1   그림 2

1. 〈그림 1〉에서 원주가 더 긴가요 정육각형의 둘레가 더 긴가요?

2. 정육각형의 둘레의 길이는 반지름과 어떤 관계가 있나요?

3. 정육각형의 둘레의 길이는 지름과 어떤 관계가 있나요?

4. 〈그림 2〉에서 원주가 더 긴가요 정사각형의 둘레가 더 긴가요?

5. 정사각형의 둘레의 길이는 지름과 어떤 관계가 있나요?

➡ 계산을 통하여 알아낸 사실은 무엇인가요?

논리적 탐구활동을 통해 수학과 친해지기(심화2)

논리적으로 수학 문제에 접근할 수 있는 능력을 길러봅시다.

학교　　　학년　　　반　이름:　　　　　　　날짜:　　월　　일

➡ **각각의 원에 대한 원주율을 구하여 비교해 보세요.**

① ② ③

1. 각각의 원의 지름과 둘레를 구해보세요.

	①번 물건	②번 물건	③번 물건
지름			
둘레			
둘레 / 지름			

➡ **원주율을 수치 예상**

> 아주 먼 옛날 지구 전체의 홍수를 미리 알고 있던 노아가 배를 만들려고 하였습니다. 그런데 배를 만드는데 필요한 나무를 찾기 위해 나무의 지름을 알아야 했다고 합니다. 옛날 사람들은 나무의 지름을 어떻게 알아냈을까요?

메타인지 노트와 수학의 만남

수학 학습 방법을 메타인지 노트 필기법으로 알아봅시다.

| 학교 | 학년 | 반 | 이름: | 날짜: | 월 | 일 |

➡ **다음 수학 문제를 메타인지 노트 필기법을 활용해서 해결해 보세요.**

문제 길이가 20cm인 끈을 사용하여 직사각형을 만들었습니다. 넓이가 가장 큰 직사각형이 될 때의 가로와 세로의 길이는 몇 cm입니까? (단, 가로와 세로의 길이는 모두 자연수임)

날짜:

학습목표

1. 논리적인 접근을 통해 주어진 문제를 해결할 수 있다.
2. 직사각형의 길이와 넓이와의 관계를 이해한다.

인출단서

구하려고 하는 것 직사각형둘레의 길이는?

직사각형 가로와 세로의 길이의 합은?

가로와 세로의 길이가 될 수들은?

가로와 세로의 길이가 될 수 있는 수와 넓이를 표로 나타내보기

정리

길이 20cm인 끈으로 만들 수 있는 가장 큰 직사각형의 가로와 세로의 길이 직사각형 둘레의 길이는 (   )와 같으므로 (   )가 된다.

직사각형은 가로와 세로 각각 두 변으로 이루어져 있으므로
20÷2=10cm가 가로와 세로 길이의 합이 된다.

가로와 세로의 길이의 합이 10cm이므로
만약 가로의 길이가 1cm라면 세로의 길이는 9cm
가로의 길이가 2cm라면 세로의 길이는 (   )
가로의 길이가 3cm라면 세로의 길이는 (   )

가로(㎝)	1	2	3	4	5	6	7	8	9
세로(㎝)									
넓이(㎠)									

MEMO

요약 (5분 학습 3분 자기화 2분 말하기)

넓이가 가장 큰 직사각형의 가로와 세로는 각각 (   )이다.
그리고 그 가장 큰 넓이는 (   )이다.

문제 속에 숨겨진 내용 더 알아보기(자기화 학습)
문제에서 가로 세로의 길이는 모두 자연수라 하였으므로 가로 세로 모두 최소 길이가 1cm가 되어야 하며 가로 세로의 합이 10cm이므로 최대 길이가 9cm가 되어야 한다.

기억하고 적용할 점

과학의 신이 되어보자!!

이번 시간은 과학 학습전략에 대해 알아보는 시간인데요, 여러분이 간단한 과학실험을 통해 관찰한 내용을 토대로 과학적 사실을 도출해내고, 이에 관한 정보를 수집하고 해석하는 능력을 키워 탐구 능력을 향상시킬 수 있도록 구성했습니다. 이런 활동을 통해서 과학적 탐구력을 키울 수 있으니까, 선생님과 함께 과학 공부를 잘 할 수 있는 방법, 알아보도록 합시다.

과학이란 어떤 현상에 대해 합리적이고 논리적으로 설명하기 위해 필요한 수단을 연구하는 학문입니다. 또한 과학은 우리의 삶을 편하고 알차게 해주는 학문으로서 이를 통해 과학기술을 더욱 발전시켜 보다 나은 편리함과 안전한 삶을 영위할 수 있는 것이죠. 과학과 공부를 통해 기본적인 원리 및 사실에 대한 인과 관계를 따져 봄으로써 과학적 추론 및 연산 능력에도 도움을 준다는 점 기억해야겠습니다.

실험을 통한 과학적 사실 도출

이번 활동에서는 실험을 통한 과학적 사실을 도출하는 방법을 알아볼텐데요, 이 활동지를 보면, 직렬로 연결된 세 개의 1.5V 건전지 중, 하나의 건전지가 반대방향을 향하고 있는데, 이 때, 건전지에 꼬마전구를 연결하면 어떻게 될까? 하는 내용을 실험으로 알아보는 것입니다. 실제 과학실험을 수행하면서 과학적 사실을 도출해 낼 수 있고 이를 발전시켜 스스로 다양한 방법을 사용해 추가 실험을 하여 과학적 원리를 이해할 수 있게 됩니다.

실험을 통한 과학적 사실 도출

실험을 통하여 과학적 사실을 발견해 봅시다.

학교   학년   반 이름: 날짜: 월   일

➡ 아래 그림과 같이 1.5V의 전지 3개를 연결한 뒤 전선을 이용하여 꼬마전구를 연결하면 어떻게 될까요?

어떻게 될까요?

➡ 관찰한 내용을 기록해봅시다.

전지의 연결 방법	결과
1개 연결	
2개 직렬연결	

➡ 실험을 통하여 알게 된 사실은 무엇인가요?

창의적인 문제 해결

다음은 창의적인 문제 해결입니다. 가설을 세우고, 토의와 실험을 통해 증명하는 것인데요, 과학에서의 창의적인 문제해결이란 자연 현상에 대한 인과적 의문을 과학 탐구 과정에 따라 새롭고 적절하게 해결하는 것입니다.

이 활동지를 보면, "높이에 따라 공기의 온도가 달라지는 이유는 무엇일까"라는 문제사항에 대해 '문제인식-가설설정-실험 설계 및 수행-해결책 도출'의 과정을 토대로 실험을 설계해보고 결과를 예측하는 활동을 수행하게 됩니다. 여러분은 다양한 방법으로 사고를 하면서 창의적인 생각의 확장과 함께 이해의 폭을 넓힐 수 있게 되는 것입니다.

창의적인 문제 해결 1

일반적인 현상이 일어나는 이유를 확인하기 위해 다양한 가설을 세워봅시다.

학교　　　학년　　　반　이름:　　　　　　날짜:　　월　　일

➡ **다음 표와 문제를 확인하고 이유를 생각해 보세요.**

문제 사항 "높이에 따라 공기의 온도가 달라지는 이유는 무엇일까?"

높이에 따른 대기의 온도 분포

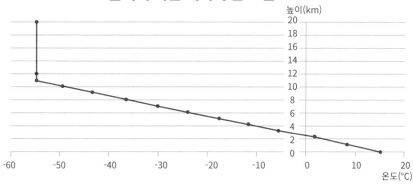

➡ **문제 해결을 위한 가설을 3개 이상 세워보세요**

메타인지 노트 필기법과 과학의 만남

　　메타인지 노트 필기법으로 과학 수업을 정리하면 과학 공부를 더욱 효과적으로 할 수 있습니다. 이 활동지는 과학적 지식과 관련된 자료, 학습 내용을 메타인지 노트 필기법으로 핵심사항을 정리해보는 활동지인데요, 여러분이 직접 활동지의 내용을 정리해 보도록 하죠.

　　이것은 다른 학생들이 메타인지 노트 필기법을 과학에 적용해서 정리한 내용인데요. 교과서의 실험과정을 직접 그림, 표, 글로 표현해 보며 과정상의 원리를 이해하도록 한 것입니다. 단순히 책에 나온 그림 자료를 보는 것만이 아닌 내가 이해한 내용을 나만의 글과 그림으로 표현을 한다는 것은 자연스럽게 정교화 과정을 거치며 오래 기억에 남게 됩니다.

메타인지 필기법과 과학의 만남

선생님과의 활동을 통해 메타인지 능력을 올려봅시다.

학교   학년   반   이름: 날짜: 월   일

➡ **다음 제시된 지문을 읽고 메타인지 노트 필기법으로 정리해보세요.**

액화석유 가스(LPG)는 기체 상태의 프로판과 부탄 등의 석유류를 액체 상태로 만든 것으로, 액체로 되면 부피가 축소되어 저장, 운반, 취급이 쉽습니다. 환경 오염 물질을 배출하지 않아 연료로 널리 쓰이고 있으나, 공기보다 무거워 가스가 새게 되면 바닥쪽에 쌓이게 됩니다. 프로판은 겨울철과 같이 낮은 기온에서도 가스 용기를 바깥에 두고 사용할 수 있으며, 가정이나 음식점 등의 주방용, 난방용으로 사용합니다. 부탄은 주로 실내에서 사용하는 난방 기구, 영업용 택시 등의 자동차, 야외용 가스 레인지, 가스 라이터의 연료로 사용합니다. 액화천연 가스(LNG)는 메탄 등의 천연 가스를 아주 낮은 온도에서 액체 상태로 만든 것으로, 수송관을 통해 필요한 곳으로 수송한 후 다시 기체로 만들어 사용합니다. 공기보다 가벼워 새게 되면 천장 쪽으로 올라갑니다. 액화 천연 가스는 공해 요인이 거의 없는 청정 에너지로, 최근 들어 크게 각광받는 에너지원 중의 하나입니다. 도시 가스는 가정용 연료로 사용되거나 발전용, 산업용 가스 보일러의 연료로 사용되는 것 외에도 쓰임이 다양합니다.

– 출처: 초등학교 6학년 1학기 과학교과서, 교육인적자원부, 2006 –

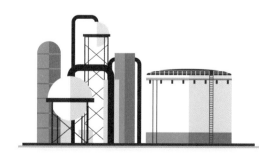

활동을 통한 탐구 능력 향상

선생님과의 활동을 통해 탐구 능력을 올려봅시다.

학교　　　학년　　　반　이름:　　　　　　　날짜:　　월　　일

➡ 선생님이 보여주는 야채의 특성을 서술해 보세요. 그리고 어떤 감각을 사용해 특성을 서술했는지에 대해서도 작성해 보세요.

야채의 특성	사용한 감각

➡ 선생님이 보여주는 물체를 보고 그 물체를 보지 않은 사람이 그 물체를 정확하게 알 수 있도록 묘사해 보세요.

➡ 선생님이 보여주는 물체들을 보고 어느 것이 더 무거운지, 어떻게 알 수 있는지에 대해 서술해 보세요.

더 무거운 물체	가벼운 물체
이유	

실험을 통한 과학적 지식의 이해

실험을 통하여 알고 있던 과학적 사실을 확인 해 봅시다.

| 학교 | 학년 | 반 | 이름: | | 날짜: | 월 | 일 |

➡ 관찰한 내용을 기록해 보세요.

실험	관찰내용
고무풍선에 바람을 채우고 책상 위에 놓인 색종이 근처에 가져간다.	
고무풍선을 머리카락에 문지른 후 풍선을 책상 위의 색종이 근처에 가져간다.	
두 개의 풍선을 각각 머리카락에 문지른 후 풍선이 같은 높이가 되도록 실의 중앙 부분을 한손으로 잡아 올린다.	
두 개의 풍선 사이에 색종이 한 장을 넣어본다.	

➡ 실험을 통하여 알게 된 사실은 무엇인가요?

창의적인 문제 해결 2

가설을 증명하기 위한 실험을 설계해 봅시다

학교   학년   반 이름: 날짜: 월   일

➡️ **모둠별 토의를 통하여 합당한 가설을 세워보세요.**

> 높이에 따라 공기의 온도가 달라지는 이유는?

➡️ **실험 설계 전 고려해야 할 사항들을 생각해 보아요.**

실험 설계 전에 생각해보기

1. 공기의 온도는 어떻게 측정할 수 있을까?
2. 공기의 온도를 측정할 때 주의해야 할 점에는 어떤 것들이 있을까?
3. 실험 과정에서 변화시켜야 하는 요인은 무엇일까?
4. 실험 과정에서 일정하게 유지시켜야 하는 요인은 무엇일까?

실험설계

준비물 :

실험 과정(실험의 순서대로 구체적으로) :

예상 결과 :

　　과학은 암기가 아닌 개념을 이해해야 하는 과목이므로 다양한 과학용어들에 대한 이해를 통해 과학적 원리를 이해하여야 합니다. 그리고 과학에 관련된 책을 읽는 것이 큰 도움이 되며, 이때 학습목표와 목차를 먼저 읽고 전반적인 흐름을 파악하는 것이 중요합니다. 그리고 그래프나 도표, 그림, 사진 등을 철저히 분석하고 공식을 잘 이해하도록 합니다.

　　잘 모르는 내용이나 궁금증이 생기는 내용들을 인터넷, 백과사전 등을 참고하여 원리를 파악하는 것이 필요합니다. 오늘 시간에는 효과적으로 과학 공부를 할 수 있는 다양한 방법에 대해 알아봤는데요. 저와 함께 했던 다양한 활동들을 과학 공부에 활용해보는 것도 좋고요. 일상생활에서 과학과 관련된 지식을 많이 접하면서 과학적 사고방식을 가지면, 좀더 수월하게 과학공부를 할 수 있을 거예요.

사회의 신이 되어보자!!

이번 시간은 사회 학습전략에 대해 알아보는 시간입니다. 이 시간에는 매체를 통해 정보를 활용하고 주변 환경을 탐구하는 것이 곧 사회 학습이라는 것을 알아볼텐데요, 선생님과 함께 사회가 막연한 암기과목이라는 부담을 줄일 수 있도록 노력해보자고요~ 그럼 시작해볼까요? 사회과목은 우리 주변에서 일어나는 모든 사회적 현상과 관련이 있다고 생각하면 됩니다. 가깝게는 친구와의 관계부터 여러분들이 소속된 학교와 지역 그리고 국가에 이르기까지 바로 여러분 주변에서 일어나는 모든 것이지요. 다양한 나라와 지역, 그리고 그곳 사람들이 살아가는 터전은 어떻게 다를지, 또한 시간이 흐르면서 어떻게 변해왔는지 알아보는 것이 바로 사회 공부입니다. 결국 민주시민으로서 그러한 공간과 시간 그리고 다양한 사람들과 살아가기 위해 필요한 것들은 무엇일까요?

사회는 단순한 암기과목이 아니예요. 무조건 교과서에 나온 글만 외우는 것은 정말 재미없는 일이지요. 하지만 잠시 우리 주변을 둘러보기 시작하면 사회과목이 우리 생활과 밀접한 관계가 있다는 것을 금방 알 수 있어요. 자, 그럼 우리 집과 우리학교의 주변에는 무엇이 있는지 생각해 보기로 해요.

심상지도 그리기

첫 번째 활동지는 심상지도 그리기 활동인데요, 활동지에 학교와 집을 표시하고 머릿속에 떠오르는 나만의 지도를 완성시켜 봅니다. 나침반을 이용하여 방위를 표시하는 하면 더 좋겠지요? 같은 장소와 공간이지만 친구와 서로 다르게 그린 이유는 무엇일까요? 그것은 우리가 관심 있어 하는 것과 알고 싶은 것이 다르기 때문이죠. 인터넷 또는 스마트폰 어플리케이션을 활용해서 실제 지도와 비교해 보세요. 매일 지나가는 길이지만 몰랐던 새로운 장소들이 보이게 될 것입니다.

심상지도(Mental Map) 그리기

심상지도를 그려봅시다.

| 학교 | 학년 | 반 | 이름: | | 날짜: | 월 | 일 |

➡️ **학교와 우리 집을 표시한 후 지도를 그려보세요.**

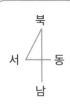

교과내용 시각화하기

다음은 교과내용을 시각화 하는 것입니다.

그림처럼 교과서의 텍스트를 읽고 '비교/대조' '원인/결과' '예시' '시간순서' 해당하는 구조에 맞춰 글을 재구성해 봅니다. 이와 같이 어렵게만 보이는 텍스트로 가득한 교과서도 구조에 맞춰 시각화 해 나가다 보면 훨씬 쉽게 장기기억 속으로 학습한 내용을 저장할 수 있답니다. 활동지에 나온 보기처럼 사막화에 대한 내용을 화살표와 네모 글상자를 이용해서 원인과 결과에 맞춰 나타낼 수 있고요. 또 밑에 실제 교과서 텍스트를 보고 '원인/결과'와 '예시'의 구조로 재구성해 봅시다.

교과내용 시각화하기

교과서의 내용 구조를 이해하고 도식조직자로 시각화해 봅시다.

학교   학년   반   이름: **날짜:**   월   일

➡ 다음은 사막화의 진행 원인에 대한 도표입니다. <제시문>을 읽고 아래 빈칸을 보기와 같이 완성해 보세요.

보기

사막화의 진행 원인

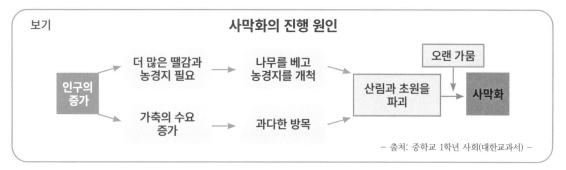

― 출처: 중학교 1학년 사회(대한교과서) ―

제시문

홍수는 태풍이나 전선 형성에 따른 집중호우 또는 겨울에 내린 눈이 봄에 녹으면서 하천의 유량이 갑자기 많아질 때 주로 발생한다. 그러나 도시화, 산업화가 이루어진 곳에서는 이러한 자연적인 요인 이외에도 하천 유역의 개발이나 아스팔트, 콘크리트 바닥의 증가로 인한 일시적인 유량증가, 시가지 화와 같은 인위적인 요인에 의한 배수 불량 등으로 발생하는 홍수가 점점 늘어나고 있다. 홍수 피해 를 줄이기 위해서는 댐을 건설하거나 하천에 둔치와 유수지를 만들어 하천의 수위를 조절할 수 있 어야 한다. 또 배수 펌프장을 설치하거나 배수시설을 정비하여 물이 **빨리 빠질** 수 있도록 해야 한다. 장기적인 관점에서는 꾸준한 녹화 사업도 홍수를 예방하기 위한 대책이라 볼 수 있다.

― 출처: 중학교 1학년 사회(천재교육) ―

인과 관계 중심으로 재구성하기	예시 중심으로 재구성하기

역사신문 만들기-메타인지 학습노트

과거에는 어떤 일들이 있었는지 생각해 봅시다.

학교　　　학년　　　반　이름:　　　　　　　날짜:　　월　　일

➡ **다음은 조선 말 강화도 조약에 관한 이야기입니다. 활동지 내용에 밑줄을 긋고 메모하여 메타인지 학습노트를 작성해 보세요.**

운요호 사건과 강화도 조약

메이지 유신을 통하여 근대 국가 체제를 갖춘 일본은, 자본주의적 발전에 필요한 해외 진출을 꾀하면서 근대화 과정에서 낙오된 무사들의 불만을 해외로 분출시키기 위하여 조선의 문호를 개방시키려고 하였다.

그리하여 일본은 관례를 무시하고 고압적인 외교 문서로 조선에 국교 수립을 요구해 왔고, 흥선대원군 정권은 이를 거절하였다. 이 때 일본에서 조선을 침략하자는 정한론이 일어났으나, 내부의 대립과 준비의 미비 등 일본의 국내 사정으로 이 주장은 실현되지 않았다.

그러나 일본은 흥선대원군이 물러난 뒤, 오키나와와 타이완을 침공한 여세를 몰아 무력으로 조선의 문호를 개방시키려고 하였다. 그리하여 일본은 군함 운요호를 동원하여 강화 해역에 깊이 들어와 조선 수비군의 발포를 유도하고, 초지진과 영종도를 포격하여 파괴하였다. 이것이 이른바 운요호 사건이다(1875).

일본이 조선 측의 운요호에 대한 포격을 구실 삼아 포함의 위력으로 수교 조약의 체결을 강요하자, 조선은 마침내 강화도 조약을 맺어 문호를 개방하게 되었다(1876).

강화도 조약은 우리나라가 외국과 맺은 최초의 근대적 조약이었으나 불평등 조약이었다. 조선은 이 조약으로 부산, 원산, 인천의 3개 항구를 개방하고 일본인의 통상을 허가하였다. 또 일본인의 치외법권과 해안 측량권을 인정하였는데 이는 조선에 대한 주권 침해였을 뿐만 아니라 강화도 조약의 불평등성을 명백히 보여 주는 것이었다. 이어서 강화도 조약에 따라 조일수호조규부록과 통상장정이 체결되었다(1876). 이로써 조선에 대한 일본의 경제적 침략의 발판이 마련되었으며, 조선은 국내산업에 대한 보호 조치를 거의 취할 수 없게 되었다.

－ 출처: 고등학교 근·현대사 교과서 中 －

역사신문 만들기-메타인지 학습노트

메타인지 노트 필기법으로 내용을 정리해 봅시다.

학교	학년	반 이름:	날짜: 월 일

➡️ **앞에서 활용한 교과 내용을 가지고 메타인지 학습노트에 적용해 보세요.**

날짜:	학습목표 교재:	페이지:
과목:	1.	
선생님:	2.	

인출단서	정리

MEMO	▶ 요약(5분 학습 3분 자기화 2분 말하기)

역사신문 만들기 2

배운 내용을 활용하여 역사신문을 만들어 봅시다.

학교   학년   반   이름: 날짜: 월   일

➡ 교과서에서 공부한 내용을 메타인지 학습노트로 작성해 보았습니다. 공부한 내용을
육하원칙에 따라 신문기사로 작성해 보세요.

제목 :

소제목 :

기사내용

관련자료 및 사진

답사 여행 계획하기

주제와 지역을 선정해 봅시다.

학교	학년	반 이름:	날짜:	월 일

➡️ **다음 답사 주제와 지역을 선정하고, 사전 스터디를 완성해 보세요.**

답사 계획표

답사 주제	문경새재를 넘어 충주까지 과거 우리 선조들의 발자취를 알아보자
답사 지역	경상북도 문경시, 충청북도 충주시, 경기도 여주시
답사 장소	문경새재, 탄금대, 중앙탑, 중원고구려비, 영릉
세부 주제	주제 1) 세계유산과 조선왕릉 주제 2) 영남대로 옛길과 문경새재 주제 3) 충주에 있는 역사 유적지

사전 스터디

※ 문화재청 웹사이트를 이용하여 답사 장소의 유적지와 유물에 대한 문화재 검색을 활용해 보세요.
→ 문화재청(https://www.cha.go.kr)

문화재	종목	시대	소재지	내용 요약
탄금대				
세종대왕릉 (영릉)				
중원				
고구려비				
중앙탑				
문경새재 주흘관				

답사 여행 계획하기 1

답사를 떠나기 전 사전 스터디를 해봅시다.

학교   학년   반   이름: 날짜: 월   일

➡ 사전 스터디에 필요한 웹사이트를 선정하고 세 부제에 대한 사전 스터디 자료를
완성해 보세요

주제 1) 유네스코 한국위원회 https://www.unesco.or.kr/
주제 2) 옛길박물관 https://www.gbmg.go.kr/tour/contents.do?mId=0102010100
주제 3) 우리역사넷 http://contents.history.go.kr/

주제 1) 세계유산과 조선왕릉

세계유산이란?

한국의 세계유산에는 무엇이 있을까?

조선왕릉이 세계유산으로 등재된 등록기준과 가치는 무엇일까?

주제 2) 영남대로 옛길과 문경새재

영남대로 옛길이란 무엇일까? 조선의 선비들은 왜 '죽령'과 '추풍령'이 아닌 '조령(문경새재)'을 고집했을까?

영남대로 이외의 다른 도로에는 무엇이 있을까?

주제 3) 충주에 있는 역사유적지

삼국시대의 우륵과 조선시대의 신립장군은 탄금대와 어떠한 인연이 있을까?

답사 여행 계획하기 2

일정표와 루트맵을 그려봅시다.

| 학교 | 학년 | 반 이름: | 날짜: | 월 | 일 |

➡️ **인터넷 지도를 이용해 답사 지역과 장소를 검색해보고 다음 루트맵을 완성해 보세요**

답사 루트맵

중부지방의 백지도

충주시가지(구글맵)

답사 일정표

출발 _____ (:) →

첫째 날

1박

둘째 날

→ 도착 _____ (:)

사회 과목은 교과서만 가지고 달달 외운다고 해서 잘할 수가 없습니다. 앞을 내다보고 총체적인 흐름을 이해하지 않으면 안 되는데요. 효과적으로 사회를 공부하는 방법을 다시 알려 줄게요. 첫 번째는 내 주변에 있는 모든 '인문현상'이 사회라는 생각을 가지고 관찰해 보세요. 그리고 두 번째, 교과서에만 의존하지 않고 평소에 '인터넷', '신문', '방송(다큐멘터리)', '드라마(사극)' 등 다양한 방법으로 배경지식을 넓혀 나가보세요. 마지막으로 글을 외우지 않고 그림이나 도식 등을 활용하여 시각화 해보세요.

이렇게 사회공부를 할 때 몇 가지만 명심하고 실천한다면 사회공부가 어렵지 않을 겁니다. 이렇게 사회 공부를 하면서 시험에 대비하려면 평소에 조금씩 꾸준하게 하는 것이 필요합니다. 매일매일 조금씩 꾸준히 관심이 가는 사건이나 시대에 관해서 공부하면서 또 자신만이 알아볼 수 있는 요점 정리 노트를 만들어 활용하는 것도 아주 좋은 방법이겠죠.

기억하고 적용할 점

03
SECTION

꼭 알아야 할 1%만의
혼공 사용 설명서

행동 영역

활동지

1% 만의 시험불안 극복 편

핵심
키워드

#시험불안 #시험불안에 대한 6가지 이론
#구체적인 계획과 실행 #자신만의 기억법 활용하기

시험불안의 가장 큰 원인으로 준비의 부족을 들 수 있습니다. 준비를 하지 않게 되면 앞서 설명한 다양한 이론에 따라 불안을 경험하게 되는 것입니다. 또한 준비 부족 이외에도 준비를 잘 하였지만 자신감이 낮은 것 또한 큰 원인으로 볼 수 있습니다. 시험이라는 특정 상황에서 나타나는 여러 가지 인지적, 감정적, 생리적, 행동적 반응이라고 할 수 있습니다. 시험불안은 평가 상황에서 개인이 자신의 수행에 대해 갖는 불안 반응으로서 잠재적인 능력의 표출을 방해하고 과제 수행을 저해하는 심리적, 신체적 증상으로 설명됩니다. 예를 들면 주의집중력이나 기억력, 특히 전두엽의 작업 기억력이나 장기기억의 기능이 제대로 작동하지 못하기 때문에 시험시간 동안 인지활동에 불안을 초래하여 부정적인 영향을 미치게 됩니다.

시험불안, 반드시 극복해야 하는 것입니다. 앞서 시험을 앞두고 나타나는 다양한 반응을 시험불안이라고 하였는데 시험불안은 어떤 구성요소를 가지고 있나요? 첫 번째는 인지적인 요소입니다. 내가 행동한 결과가 부정적으로 나타날 것이라는 의식입니다. 두 번째는 정서성의 불안입니다. 이는 자율신경계의 불안 때문에 나타나는 반응을 말합니다. 손에서 땀이 나거나 화장실에 가고 싶은 마음 등이 정서의 불안입니다. 시험불안의 경우 그 요소와 상관없이 극복하고자 하는 노력이 필요합니다. 그렇지 않은 경우 불안이 병적으로 나타날 수 있습니다. 이렇게 되면 비단 성적의 문제뿐만 아니라 정상적인 활동 자체가 어려워지기 때문에 시험불안은 반드시 극복되고 해결되어야 합니다.

꼭 알아야 할 1%만의 춘곤사용설명서

시험불안은 공부를 열심히 한 학생들에게도 찾아옵니다. 시험불안의 심각성을 알아야 하는 이유는 시험공부를 한 학생들조차도 시험불안을 느끼고 있기 때문입니다. 시험불안은 크게 여섯 가지 이론으로 살펴볼 수 있습니다.

첫 번째는 성취에 대한 본능적인 욕구입니다. 시험에서 좋은 결과를 얻고자 하는 성취욕 때문에 나타나는 불안을 말합니다. 두 번째는 인지 기능적인 부분으로 주의집중력이 떨어지는 것입니다. 주로 인지기능이 낮은 아이들에게 많이 나타나는 현상입니다.

성취에 대한 본능적인 욕구로 느끼는 시험불안

세 번째는 정신역동이론입니다. 부모와의 관계에서 발생하는 것으로 자신의 학업성취가 부모의 기대에 미치지 못하여 발생하는 불안을 말합니다. 네 번째는 인지치료이론에 기초한 것으로 자신감이 부족하거나 자기효능감이 낮은 아이들의 경우 시도해보지 않고 시험 결과에 대해서 지나치게 걱정하고 불안을 느끼는 것을 말합니다.

부모님의 기대로부터 느끼는 시험불안

인지치료이론에 근거한 시험불안

다섯 번째는 특성이나 상태불안으로 보는 접근으로 지속적이고 만성적인 불안은 특성 불안으로 간주되어, 정보처리 과정의 손상을 가져오기 때문에 특별한 이유 없이 시험이라는 말만 들어도 자신의 능력을 제대로 발휘하지 못하게 된다는 것입니다. 마지막으로 여섯 번째는 학습기술이나 요령의 부족으로 보는 이론이 있습니다. 이는 하고자 하지만 공부의 방법이나 기술을 알지 못해서 느끼는 불안을 말합니다.

지속적이고 만성적인 시험불안

모든 사람들이 시험불안을 경험하고 느꼈으리라 생각합니다. 그러나 이를 극복하는 방법도 다양하다고 할 수 있습니다. 그 첫 번째 방법은 수업시간에 선생님의 말씀을 집중하여 잘 듣는 것입니다. 두 번째는 잘 들은 내용을 정리하는 것입니다. 세 번째는 알게 된 내용을 누군가에게 설명해보는 기회를 갖는 것입니다. 마지막으로는 내가 공부한 내용이 시험에 나와서 시험을 잘 보는 즐거운 상상을 하는 것입니다. 이중에서 가장 효과적인 것은 말로 설명해보는 경험입니다. 말을 들은 사람은 쉽게 잊어버리지만 말하는 사람은 이를 오래 기억한다는 말이 있습니다. 학습한 내용을 말로 설명해 봄으로써 그것을 기억하고 있다는 확신이 커지고, 또 실제로 더 잘 기억하게 되어 시험을 성공적으로 치를 수 있는 것입니다. 이러한 성공의 경험이 반복되면 시험불안은 줄어들게 됩니다.

적을 알고 나를 알면 백전백승이란 말이 있습니다. 전략이라는 단어를 준비라는 말로 대신해도 좋을 듯합니다. 준비되어 있다면 두려울 것이 없기 때문입니다. 잘 듣고, 정리하고, 배워서 알게 된 것을 말하고, 좋은 결과에 대해서 상상하는 것도 중요하지만 한 가지를 더하자면 바로 시험범위에 대해 추상적으로가 아니라 구체적으로 계획을 세우는 것입니다. 시험기간을 고려하여 미리 시험범위를 나누고, 공부할 횟수를 계획하여 주중과 주말 학습량을 나눠서 체계적으로 공략해 들어가는 것입니다. 구체적인 계획이 있는 학생은 안정감을 느끼고 체계적으로 학습할 수 있습니다. 또한 그 과정에서 집중력을 유지할 수 있기 때문에 더욱 효과적입니다. 생각보다 쉽고 간단하지만 행동으로 옮기지 않으면 소용없습니다. 그러나 시도한다면 시험불안도 극복하고 성적 향상의 기쁨도 경험할 수 있습니다.

체계적인 계획과 수행으로 시험불안을 극복한 학생을 예로 들면 가장 먼저 시험에 앞서 목표를 세우는 모습을 볼 수 있었습니다. 막연하게 잘 봐야지 하는 마음보다는 단기적이고 장기적인 목표를 설정하여 도전의지를 갖는 것입니다. 다음으로는 노트 필기법을 활용하였습니다. 많은 양의 내용을 모두 암기할 수 없기 때문에 기억해야 할 내용을 자신만의 메타인지 노트 필기법으로 정리하고 복습하였습니다. 이렇게 개념을 정리한 이후 문제를 풀고 Why-How 오답노트를 작성하여 이해가 되지 않는 영역을 해결하려고 노력하였습니다.

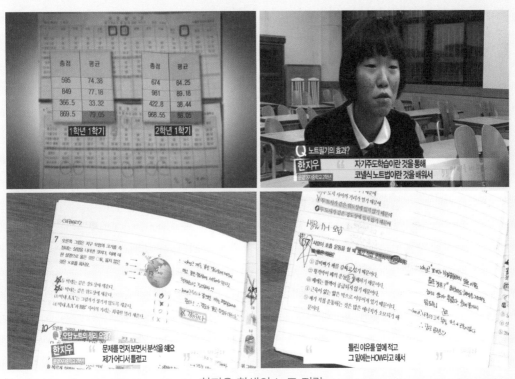

한지우 학생의 노트 전략

다음 비법은 나만의 기억법을 활용하는 것입니다. 앞서 노트한 내용을 그대로 암기하기 보다는 나만의 방법으로 암기하기 좋게 조작하는 것입니다. 가장 마지막으로 핵심이 되는 비법은 시험계획표를 짜는 것입니다. 시험범위를 공부하는 날짜와 횟수에 따라 나누어 공부하는 것입니다. 계획성 있는 공부를 하면 한 번에 몰아서 하는 부담감을 줄이고 복습 효과를 꾸준히 쌓을 수 있기 때문에 시험에 대비하는 매우 좋은 방법이라 할 수 있습니다.

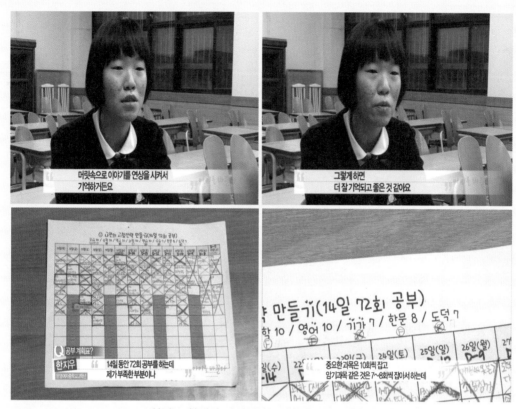

한지우 학생의 기억법 활용과 시험 준비 전략

시험불안을 극복하기 위해서는 전략을 세워 시험에 대비하도록 하는 것이 필요합니다. 나만의 시크릿 시험 준비 전략, 지금부터 시작해볼까요? 시험에 대한 불안감, 두려움을 느끼고 있나요? 그럼 그렇게 느끼는 이유는 어떤 것들이 있나요?" 이번에는 여러분 가장 많은 스트레스를 받게 되는 시험불안을 극복하는 방법을 알아보도록 하겠습니다. 시험에 대한 불안감만 없애도 얼마나 큰 도움이 되는지 선생님을 믿고 함께 시작하도록 하죠. 이방법으로 많은 학생들이 등급이 올라가고 새로운 꿈을 갖게 되면서 행복해하는 모습을 많이 봤습니다. 여러분도 이 방법을 실천만 한다면 꼭 행복한 변화를 경험하게 되리라 확신합니다. 이번 한 번만 시험보기 전에 독하게 마음먹고 실천해보겠다고 스스로에게 약속해요.

먼저 본인의 학습 속도에 맞게 시험 준비 시간표를 짜는 것이 중요합니다. 시험에 대한 불안으로 너무 꽉 짜인 계획표를 만들어 놓으면 시작 전부터 숨이 막힐 정도로 부담감을 갖게 됩니다. 다음으로는 시험 결과의 목표치를 어느 정도 달성 가능하게 하려면 작은 성공을 경험할 수 있는 수준으로 설정하는 것입니다. 실제로 학업성적이 낮은 한 고등학교

학생들에게 "이번 시험에서는 한 과목당 1문제씩만 더 맞추자"라는 목표를 설정하고 시험 전략을 짜도록 했는데, 실제로 40여 명의 학생 평균이 13점 상승하는 기염을 토했던 적이 있습니다. 자기주도학습 프로그램을 1주일에 3시간씩, 그것도 금요일 저녁식사 후에 총 12시간의 프로그램 밖에 접하지 못한 학생들이었음에도 좋은 결과를 보여주었습니다. 마지막으로는 가능한 시험범위에 있는 내용을 최소한 3회 정도는 모두 공부할 수 있도록 준비기간을 확보하는 것입니다. 프로그램은 25일 준비전략을 추천하는데요. 정말 계획대로 잘 안되더라도 시험범위 처음부터 끝까지 최소한 훑어보기라도 하는 것이 중요합니다.

아는 것과 모르는 것, 정확히 아는 것을 구분하면서 왜 그런 것인지, 어떻게 해결할 수 있는지의 방식으로 공부해야 합니다. 오류는 아예 모르는 것보다 더 위험합니다. 시험범위 중 알긴 알지만 정확하게 알지 못하는 것부터 교과서나 참고서 및 인터넷 등 물적자원을 동원해서 Chapter화 합니다. 도저히 혼자서 수행하기 어렵다면 인적자원을 동원합니다. 이때 선생님보다는 친구가 좋은데요. 비슷한 발달단계의 인지구조를 가지고 있고, 또래들의 문화와 언어로 이해하기 쉽게 학습에 도움을 줄 수 있기 때문입니다. 그렇게 함으로써 모르는 것을 줄여가는 경험을 하고, 시험공부가 어렵지 않게 느껴지며 오히려 재미를 경험하게 됩니다. 마지막으로 시간이 부족하더라도 계획을 포기하지 않고 훑어보는 한이 있더라도 끝까지 마무리했다는 자기 자신에 대한 만족에 이르러야 합니다. 시작해 보겠습니다.

비밀은 먼저 25일간 3회 반복 하기인데요, 시험보기 25일 전부터 시작하여 시험 날까지 각 과목 당 총 3회 학습을 할 수 있는 계획표를 작성하는 것입니다. 이를 위해서 학생은 먼저 시험시간표와 시험범위를 알아야 하는데요. 주어진 시험범위를 작은 단위로 나누어 매일매일 계획대로 학습을 이어 나가도록 해보세요. 1차는 14일, 2차는 10일의 기간을 부여하고, 3차는 시험 전 학습으로 구성하는 거예요. 총 횟수는 1차 72회, 2차 44회로 정하는 것이 가장 좋습니다. 학습의 기간과 횟수는 조정할 수 있으나, 25일 3번의 법칙을 지킬 수 있다면 더욱 좋을 것입니다. 먼저 좋은 결과를 만들기 위해 시험 불안부터 알아보도록 해요. 지금부터 하나씩 실천해보도록 합시다.

나의 시험불안 정도는?

　　실제로 내가 느끼는 시험불안 정도를 확인해 보는 활동입니다. 솔직하게 작성하여 그 원인을 파악하고, 시험불안을 극복하는데 보다 체계적인 전략을 세울 수 있도록 하세요.

① 시험에 대한 불안 정도를 확인하기 위해 질문을 읽고, √ 표시를 하세요.
② '전혀 그렇지 않다-1점, 별로 그렇지 않다-2점, 대체로 그렇다-3점, 매우 그렇다-4점'으로 정하여 총점을 구하세요.
③ 총점이 높을수록 시험에 대한 불안 정도가 심각함을 의미합니다.
④ 어떤 영역이 가장 높은 것으로 나타났는지 확인하세요.

15 ~ 20	21 ~ 41	42 ~ 52	53 ~ 60
시험불안 낮음	시험불안 보통	시험불안 높음	시험불안 매우 높음

시험불안이란 시험이라는 상황에서 나타나는 여러 가지 인지적, 감정적, 행동적인 반응을 말합니다. 평가 상황에서 개인이 자신의 수행에 갖는 불안 반응으로, 나의 잠재 능력을 표출하는 데 방해가 되며 과제수행을 저해하는 심리적, 신체적 증상인 것이죠. 대부분 성인들도 시험을 생각하면 손에 땀이 나거나 답답함을 느낄 정도로 시험불안을 겪는데, 이것은 실패를 의미하는 것은 아니며 오히려 자연스러운 일이니까, 여러분도 너무 걱정하지 마세요~

각기 다른 원인들을 해결할 수 있는 방법들을 찾아보도록 하겠습니다.

왜 시험불안을 느끼는지 그 원인을 정확히 파악해야 앞으로 차차 시험불안을 극복할 수 있기 때문이죠. 먼저 활동지를 통해서 시험불안에 대해 학생 스스로 점검해 보도록 하겠습니다. 시험불안 정도는 최고 63점에서 최하 0점으로 나타나는데, 시험불안 정도가 높은 학생일수록 시험을 더 불안하게 생각한다고 볼 수 있습니다.

시험 준비계획표 작성은 학생의 충분한 이해를 필요로 하는 활동이므로 아래의 자세한 활동지 수행 방법을 참고하여 지도할 수 있도록 도와주어야 합니다.

시험불안과 관련된 질문을 통해 나의 시험불안 정도를 알아봅시다.

학교	학년	반	이름:		날짜:	월	일

질문	전혀 그렇지 않다 1	그렇지 않다 2	그렇다 3	매우 그렇다 4
1. 시험문제가 잘 풀리지 않을 때, 시험을 포기하고 싶어진다.				
2. 시험이 끝난 후, 시험에 대해 생각하지 않으려고 애쓰지만 마음대로 되지 않는다.				
3. 시험을 볼 때, 주변에서 나는 연필소리, 시험지 넘기는 소리 등에 신경이 쓰여 집중하기가 힘들다.				
4. 친구들과 시험에 대해 이야기를 나눌 때, 나보다 친구들이 더 좋은 점수를 받았다는 생각이 든다.				
5. 시험이 끝나도 후련하지 않고 시험 성적에 대한 걱정을 하게 된다.				
6. 내가 목표한 점수를 받지 못하면, 열심히 공부를 했더라도 시험공부를 잘 하지 못했다고 생각한다				
1 ~ 6 번까지 총점 _____점				
7. 시험 날짜와 범위가 발표되면, 시험에 대한 걱정 때문에 가슴이 답답해진다.				
8. 시험공부를 시작하기도 전에 포기하고 싶은 마음이 든다.				
9. 시험공부를 많이 해도 내 실력을 제대로 발휘하지 못할 것 같아 불안하다.				
10. 시험공부를 하는 동안, 마음이 혼란스러워 시험공부에 집중하기가 힘들다.				
7 ~ 10 번까지 총점 _____점				
11. 좋은 성적을 기대하시는 부모님 때문에 시험이 두렵게 느껴진다.				
12. 부모님이 시험이나 성적에 대해 물어보실 때, 겁이 나고 어떻게 해야 할지 모르겠다.				
13. 시험에 예민한 부모님의 태도 때문에 시험이 더욱 부담스럽게 느껴진다.				
14. 부모님께서 나의 성적을 친구들의 성적과 비교할까봐 걱정이 된다.				
15. 열심히 공부하라는 부모님의 말씀이 꾸중하는 것처럼 느껴진다.				
11 ~ 15 번까지 총점 _____점				
총 합계				점

꼭 알아야 할 1%만의 손공사용설명서

나의 시험불안 정도는? 2

시험불안과 관련된 질문을 통해 나의 시험불안 정도를 알아봅시다.

학교   학년   반   이름: 날짜: 월   일

질문	전혀 그렇지 않다 1	그렇지 않다 2	그렇다 3	매우 그렇다 4
시험을 잘 못보고 오면 부모님께 야단 맞을까봐 걱정이 된다.				
선생님이 시험에 대해 이야기하면 가슴이 뛰기 시작한다.				
반 아이들 앞에서 무엇을 발표하거나 시험을 볼 때면 가슴이 두근거린다.				
수업 시간에 교사가 설명하는 것을 다른 아이들이 더 잘 이해할 것 같은 생각이 든다.				
내 성적으로는 내가 하고 싶은 것을 나중에 못할까봐 걱정이다.				
학교에서 치르는 시험이면 다 두렵다.				
교사가 시킨 것을 잘 할 수 없을 때에는 그냥 울어 버리고 싶다.				
시험을 잘 못 보면 식구들 보기가 창피하다.				
교사가 앞에 나와 문제를 풀 사람을 지명할 때 내가 지명될까봐 불안하다.				
시험이 시작되기 직전에 더 떨린다.				
성적이 좋지 않아 늘 기가 죽어 있다.				
평소 알고 있던 것도 시험 볼 때는 생각이 잘 안 난다.				
시험이 없어졌으면 좋겠다.				
앞에 나가 문제를 풀 때 손이 떨린다.				
부모님은 내 시험 성적을 다른 애들과 비교한다.				
시험 볼 때 진땀이 나면서 손이 축축해진다.				
시험을 다 치른 후에도 점수 때문에 걱정이 된다.				
시험 점수가 나빠서 반 아이들이 따돌릴까봐 걱정이 된다.				
시험 전날 내일 갑자기 무슨 일이 생겨서 시험을 보지 않아도 되었으면 하는 생각이 든다.				
시험을 보는 동안에도 이 시험을 잘 못 보면 어쩌나 하는 걱정이 된다.				
아무리 평소에 공부를 많이 했어도 시험 때는 마냥 걱정이 된다.				

→ 나의 시험불안 점수는 _____ 점

시험은 □□다

시험은 나에게 무엇인가요? 시험에 대한 나의 긍정적 또는 부정적 느낌은 시험 결과에도 큰 영향을 줍니다. 이 활동에서는 시험에 대한 나의 생각을 통하여 시험에 대한 불안감을 극복하고 시험의 장점을 활용할 수 있도록 합시다.

① 시험에 대한 자신의 생각과 그 이유를 적으세요.
② 선생님(부모님)은 시험에 대해서 어떻게 생각하고 있나요? 함께 '시험'을 주제로 의견을 나눠 보세요.
③ 이 활동을 바탕으로 서로의 시험과 관련된 경험을 나누어 보고 누구나 불안함을 느낄 수 있다는 것을 확인해 보세요.
④ 시험에 대한 솔직한 자신의 생각을 그림으로 표현해 보세요.
⑤ 내가 그린 그림을 보고 불안감을 극복하기 위해서는 어떻게 해야 하는지, 시험의 장점을 어떻게 잘 활용할 수 있을지 의견을 나누어 보세요.

시험은 □ 다

시험에 대해서 어떻게 생각하는지 구체적으로 적어보고, 극복방안을 찾아봅시다.

학교   학년   반   이름: 날짜: 월   일

시험은 _____ 다.

시험에 대한 내 생각은?	그 이유는?
1. 시험은 싫다.	1. 못 보면 혼날까봐.
2.	2.
3.	3.

➡ **시험에 대한 내 생각을 이미지로 표현해 보세요.**

시험은 □□□ 다

다음은 학생이 스스로 생각하는 시험을 정의해보는 것입니다. 활동지에 자유롭게 적어 보도록 하겠습니다. 각자가 느끼는 시험에 대한 생각이 곧 시험불안의 원인이 될 수 있는 데요. 예를 들어 시험을 무섭게 생각하는 이유가 시험을 보면서 아는 문제인데 틀릴까 봐 불안하기 때문이라면, 이 학생에게 맞는 몇 가지 해결 방법을 찾아볼 수 있습니다.

우선 시험 문제를 해결하는 전략을 익히도록 하는게 필요한데, 행동·반응 억제 능력에서 설명했듯이 함정에 빠지지 않고 시험 문제를 풀려면 대충 급하게 읽지 않고 끝까지 꼼 꼼히 읽으며, 문제에서 요구하는 답을 찾을 수 있도록 급하게 서둘지 않고 의도적으로 여유를 갖고 천천히 연습하는 거예요. 어차피 급하게 서둘러서 시험을 봤다면 결과는 뻔하니까요. 오히려 천천히 꼼꼼하게 문제를 풀게 되면 생각보다 좋은 결과를 얻게 됩니다. 그러니 이제부터는 의도적으로 집중력을 길러야 합니다.

또한 지난 시험에서 아는 것 같은데 실수로 틀렸던 원인이 무엇이었는지, 내가 어떤 부분에 약한지를 파악하고 시험 준비할 때 이를 고려하여 집중적으로 대비해야 합니다. 이렇게 시험에 대한 학생의 생각이 곧 시험불안의 원인이 되는 것이므로 솔직하게 작성해보고 각자 스스로 극복할 수 있는 방법들을 생각해보고 실천하도록 해요.

불안한 마음을 갖는 원인은 시험에 대한 부정적인 사고와 대부분은 준비성의 부족에 있기 때문에, 꾸준한 노력이 자신감을 불러오는 것처럼 시험불안 또한 목표와 계획을 세워 꾸준하게 준비하면 오히려 시험을 기대하게 되는 변화를 경험할 수 있게 됩니다. 그리고 공부 이외에도 시험을 대비하는 다양한 방법을 알아보는 것을 통해 더욱 효과적으로 시험을 극복할 수 있게 됩니다.

활동지를 통해 시험을 위해 내가 노력한 일들을 적어보고 평소 생활에서 실천하도록 노력해보도록 해요. 시험불안을 극복하기 위해서는 전략을 세워 시험에 대비하는 것이 필요합니다. 나만의 시험 준비 전략, 지금부터 시작해볼까요.

준비의 원리

시험을 위해서 나는 무엇을 준비했는지 적어 봅시다.

학교	학년	반	이름:		날짜:	월	일

- 시험을 위해서 나는 계획을 세우고 실천했다.
- 시험을 위해서 나는 (   ) 보는 시간을 줄였다.
- 시험을 위해서 나는 수업을 열심히 들었다.

1. 시험을 위해서 나는

2. 시험을 위해서 나는

3. 시험을 위해서 나는

4. 시험을 위해서 나는

시험에 대비하는 방법		
1. 건강관리	비타민 C를 섭취함으로써 상당수의 바이러스성 질병을 예방한다.	
2. 평소 생활리듬 유지하기	생체리듬이 깨지면 몸은 스트레스를 받기 때문에 생체리듬이 깨지지 않도록 주의한다.	
3. 시험전 준비하기	① 시험시작 2시간 전에는 일어난다. ② 바늘시계는 시험시간 배분을 할 때 유용하다. ③ 바로 몸이 사용할 수 있는 당분(사탕,)을 섭취하면 머리 회전이 빨라진다.	
4. 시험보기 직전	① 쉬는 시간에 답안지를 맞추지 마라. ② 제대로 못 외운 내용은 시험보기 직전까지 책을 보고 있다가 문제지가 오면 바로 빈 공간에 적어두자.	
5. 시험볼 때	① 문제를 꼼꼼하게 읽으며, 분석한 후에 문제를 푼다. ② 모르는문제는 일단 넘어가자. ③ 첫 번째 선택한 답이 거의 확실한 답이다.	
6. 마음자세	① 내가 어려우면 남들도 어렵다. 자신감을 갖자! ② 쓸데없는 징크스를 만들어서 자신을 힘들게 하지 말라! ③ 시험 전 심호흡을 크게 하라. 나는 최고다!	

나만의 시험 준비계획표 만들기

시험불안을 줄이는 또 다른 한 방법은 철저한 준비로 시험에 대비하는 것이지요. 가장 좋은 전략은 의욕만 앞서서 터무니없는 목표를 만드는 것이 아닌, 도전 가능하며 성공할 수 있는 목표를 세우고 그것을 이루기 위한 나만의 계획표를 만드는 것입니다. 이 활동을 통해 그 전략을 나의 것으로 만들어 보세요.

① 시험을 보는 과목과 범위를 알고 각 과목별로 나의 목표점수를 정하세요.

② 목표점수를 너무 무리하게 세운다면 오히려 포기하게 만드는 원인이 될 수 있어요. 따라서 실현 가능하고 도전할 수 있는 목표점수를 잡으세요.

③ 시험을 보기 전까지 시험 범위를 세 번 학습하는 것을 목표로 하여 1차 준비, 2차 준비, 3차 준비(시험 전날)의 기간을 설정해요.

> 예) 1차는 7일, 2차는 4일, 3차는 1일로 정한다면 12일간의 시험 준비계획표를 만들 수 있어요. 선생님께서 시험을 공지해주신 날에 따라 준비기간은 달라질 수 있겠지요? (또는 미리 선생님께 시험 범위에 대해 예의 바르게 알려 달라고 예쁘게 요청하는 것도 좋아요.)

④ 자신이 정한 기간 동안에 학습할 양을 나눠보세요.

⑤ 달력에는 1, 2, 3차 학습을 전체적으로 계획해요. 이때, 무조건 매일 준비한다는 생각보다는 자신이 활용할 수 있는 시간을 고려하여 계획하는 것이 중요하답니다.

> 예) 1차가 진행되는 기간 중 체험활동이나 중요한 약속 때문에 시간이 부족하다면 미리 계획을 하지 않거나 양을 줄여 계획할 수 있도록 해 보세요. 실현가능한 계획이 성공할 가능성을 높일 수 있어요.

⑥ 오늘 계획한 일을 지키지 못했다면, 다음 날에는 오늘 내가 지키지 못한 계획을 먼저 실천하지 말고, 원래 계획된 것을 먼저 실천하도록 하세요.

정리하면 총 계획은 1차는 72회, 2차는 44회가 이상적인데요. 이때, 입력하는 과목별 횟수는 자신의 수준에 따라 잘하는 과목은 줄이고 못하는 과목을 늘려가도록 하면 됩니다. 횟수를 결정했으면, 주어진 계획표에 과목을 입력합니다. 이때, 여유 있는 날은 조금 더 많은 과목을, 그렇지 않은 날은 적은 과목을 배치하는 것이 좋습니다. 시험 학습 목표 활동지에는 각 과목의 배정된 수에 맞추어 시험 범위를 나눕니다. 예를 들어, 사회의 시험 범위가 32쪽이고 공부하는 횟수를 8회로 잡았다면, 1회 당 내가 공부해야 하는 횟수는 4쪽이 되는 거죠. 이것은 과목별 특성에 따라 달라질 수 있기 때문에, 페이지를 나눈 후 검토하는 작업이 필요합니다.

나만의 시험 준비계획표 만들기

시험 한 달 전, 다음 내용을 참고하여 계획을 세우고 실천해봅시다.

학교   학년   반 이름: 날짜: 월   일

➡️ **학교마다 시험 과목과 기간이 차이가 나지만 아래 계획표를 잘 보고 응용해서 자신에게 맞도록 계획표를 작성해보세요.**

공부목표

전 과목 시험범위 3번 정리 + 문제집 2번 풀기

(※ 시험 과목 : 국어, 영어, 수학, 사회, 과학, 도덕, 역사, 가정, 체육, 음악, 한문, 컴퓨터, 환경 등)

공부 기간 및 목표

시험일 25일전부터 시작, 총 3차에 걸친 공부계획

1차	**2주간 – 진도 한 번 끝내고 문제 풀이 한 번 끝낸다.**
	★ 총 72회 공부 : 평일 4과목, 토요일 6과목, 일요일 10과목
	  (국어 10회, 영어10회, 수학 12회, 암기과목 8과목 각5회씩)
	★ 한 번에 공부할 범위 = 시험범위 / 공부할 횟수
	  (예 : 시험범위가 70쪽이고 공부할 횟수가 5회이면 한 번에 14쪽씩 공부한다.)

2차	**10일간 – 다시 한 번 시험범위를 끝낸다.** ★ 총 44회 공부 : 평일 4과목, 토요일 5과목, 일요일 7과목 **(국어 6회, 영어 7회, 수학 7회, 암기과목 8과목 각 3회씩)**
3차	★ 시험기간 중 시험이 끝나면 일찍 집으로 돌아와 다음날 볼 과목을 복습한다.

나만의 시험 준비전략을 세워 봅시다.

| 학교 | 학년 | 반 | 이름: | | 날짜: | 월 | 일 |

➡ **나만의 시험 비전략 (14일)**

1일차	2일차	3일차	4일차	5일차	6일차	7일차	8일차	9일차	10일차	11일차	12일차	13일차	14일차
__일 ( )	__일 ( )	__일 ( )	__일 ( )	__일 ( )	__일 ( )	__일 ( )	__일 ( )	__일 ( )	__일 ( )	__일 ( )	__일 ( )	__일 ( )	__일 ( )

나만의 시험 준비전략과 학습목표 나누기 2

나만의 시험 준비전략을 세워 봅시다.

| 학교 | 학년 | 반 | 이름: | 날짜: | 월 | 일 |

➡ 1차 학습목표 나누기

횟수＼과목	국어	영어	수학	사회	과학					
1회 공부										
2회 공부										
3회 공부										
4회 공부										
5회 공부										
6회 공부										
7회 공부										
8회 공부										
9회 공부										
10회 공부										

나만의 시험 준비전략과 학습목표 나누기 3

나만의 시험 준비전략을 세워 봅시다.

| 학교 | 학년 | 반 | 이름: | | 날짜: | 월 | 일 |

➡️ **나만의 시험 준비전략 (100일)**

1일차	2일차	3일차	4일차	5일차	6일차	7일차	8일차	9일차	10일차
__일 ( )	__일 ( )	__일 ( )	__일 ( )	__일 ( )	__일 ( )	__일 ( )	__일 ( )	__일 ( )	__일 ( )

꼭 알아야 할 1%만의 준공사용설명서

나만의 시험 준비전략과 학습목표 나누기 4

나만의 시험 준비전략을 세워 봅시다.

| 학교 | 학년 | 반 | 이름: | 날짜: | 월 | 일 |

➡ 2차 학습목표 나누기

횟수\과목	국어	영어	수학	사회	과학				
1회 공부									
2회 공부									
3회 공부									
4회 공부									
5회 공부									
6회 공부									
7회 공부									

나만의 시험 준비전략 예시(지침)

나만의 시험 준비전략을 세워 봅시다.

| 학교 | 학년 | 반 | 이름: | | 날짜: | 월 | 일 |

➡ 나만의 시험 준비전략 예시

예시) 1차. 72회 공부

1일차 (월)	2일차 (화)	3일차 (수)	4일차 (목)	5일차 (금)	6일차 (토)	7일차 (일)	8일차 (월)	9일차 (화)	10일차 (수)	11일차 (목)	12일차 (금)	13일차 (토)	14일차 (일)
국어	국어	암기5	국어	국어	국어	수학	국어	국어	암기1	암기2	국어	국어	수학
영어	수학	영어	영어	암기8	영어	영어	영어	수학	영어	영어	영어	영어	영어
암기1	암기3	수학	수학	수학	수학	암기5	암기5	암기7	수학	암기5	수학	수학	국어
암기2	암기4	암기6	암기1	암기1	암기2	암기6	암기6	암기8	암기2	암기6	암기4	암기7	암기2
						암기3	암기7					암기8	암기3
						암기4	암기8					암기1	암기4
						암기1							암기5
						암기2							암기6
						암기3							암기7
						암기4							암기8

예시) 2차, 44회 공부

1일차 (월)	2일차 (화)	3일차 (수)	4일차 (목)	5일차 (금)	6일차 (토)	7일차 (일)	8일차 (월)	9일차 (화)	10일차 (수)
국어	국어	암기5	국어	암기2	국어	수학	국어	암기5	국어
영어	수학	영어	영어	영어	영어	영어	영어	영어	암기6
암기1	암기3	암기6	수학	수학	수학	암기6	암기3	수학	수학
암기2	암기4	암기7	암기1	암기3	암기4	암기7	암기7	암기7	암기8
					암기	암기8			
						암기1			
						암기2			

예시) 3차 공부 (시험기간 중)

1. 다음 날 시험 볼 과목을 한 번에 끝낸다. (3회째 내용 정리)
2. 문제집을 다시 한 번 푼다. (2회째 내용 정리)
3. 절대로 시험 본 과목의 채점을 하느라 시간을 낭비하지 않는다.
4. 시험이 모두 끝나면 채점을 한다. (수업 시간에 맞추어 본다)

➡ **시험공부는 이렇게**

지침사항

* 시험의 종류나 유형을 파악한다.

* 교과서 시험범위에서 핵심이 무엇인가 파악한다.

* 시험범위에서 무엇이 나에게 부족한가 분석한다.

* 내가 볼 시험에 맞는 나만의 공부방법을 파악한다.

* 계획대로 실천한다.

➡ **기억력 향상법**

1. 한 번에 한 가지 정보만을 머리에 입력한다.

2. 내용을 이해하면서 책을 반복해서 읽는다.

3. 잊어버리기 전에 바로 복습하고 다시 떠올려 본다.

4. 공부한 내용을 질문으로 바꾸어 그 질문에 답하는 습관을 가진다.

5. 내용을 요약해 보고, 읽고 들은 지식을 몇 줄로 요약해 본다.

6. 학습한 내용들 중에서 비슷한 점, 다른 점, 새로운 점을 찾아본다.

7. 자신감을 잃지 않도록 자신을 격려한다.

8. 공부하는 중간 중간에 가벼운 운동이나 스트레칭을 하며, 먼 곳을 바라보거나, 좋아
   하는 음악을 듣거나, 기분 좋은 자극적인 냄새를 맡거나, 가벼운 음식을 먹거나, 피부
   를 가볍게 마사지한다.

9. 즐거운 마음으로 공부하는 것이 좋은 기억력을 유지하는데 좋다.

100점을 위한 위대한 계획

시험 준비계획표는 아래의 사진처럼 일일계획표와 연동하여 사용할 수 있습니다. 아래
는 중학교 2학년 학생의 우수 사례입니다.

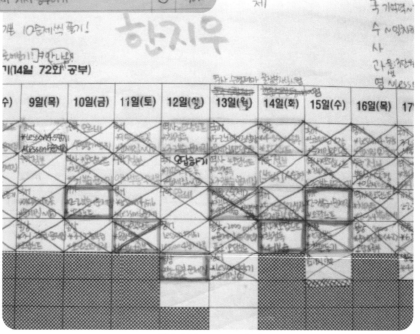

시험계획표 우수 사례

꼭 알아야 할 1%만의 혼공사용설명서

이 학생은 본인이 완료한 것은 X로 표시하였고, 완료하지 못한 것은 형광색으로 표시해 두었습니다. 만약, 내가 오늘 세운 계획을 다 지키지 못했다면 그 과목은 잊으세요. 앞으로 두 번의 기회가 더 남아있으니까요. 하지만 다음 날, 계획을 다 지키고도 시간이 남았을 경우 지난 계획들 중 하지 못한 것들을 선별하여 완료한 후 다시 X표시 하면 됩니다. 1차 기간을 14일로 두고 각 과목의 수를 자신의 학원 및 개인 일정을 고려하여 요일별로 다르게 배치했어요. 여유가 있는 날은 더 많은 과목을, 그렇지 않은 날은 적은 과목을 배치했습니다. 또한 자신 있는 과목보다 자신 없는 과목을 더 많이 배치하여 공부하는 양을 과목 별로 달리했죠. 마지막으로 오늘 하지 못한 과목이 생겼을 때, 다음 날로 그 계획을 미루지 않아야 합니다. 오히려 다음 날은 원래 계획대로 시험 준비를 하고, 시간이 남았을 때 이전에 하지 못한 과목들 중 가장 중요하고 긴급한 것을 먼저 선택하여 공부하는 것이 핵심!

다시 한번 반복하지만 25일간 3회 반복 하기가 중요합니다. 기억이 나죠? 공부하고 노력했는데 결과가 있어야 되잖아요. 그래서 한 번 더 강조하는 거니까 꼭 기억하고 실천해요. 시험보기 25일 전부터 시작하여 시험 날까지 각 과목 당 총 3회 학습을 할 수 있는 계획표를 작성하는 것입니다. 이를 위해서 학생은 먼저 시험시간표와 시험범위를 알아야 하는데요. 주어진 시험범위를 작은 단위로 나누어 매일매일 계획대로 학습을 진행해가도록 해보세요. 1차는 14일, 2차는 10일의 기간을 부여하고, 3차는 시험 전 학습으로 구성해요. 총 횟수는 1차 72회, 2차 44회로 정하는 것이 가장 좋습니다. 학습의 기간과 횟수는 조정할 수 있으나 25일 3번 법칙을 지킬 수 있다면 더욱 좋을 것입니다. 꼭 실천해서 보여주자고요.

2 1% 만의 신체건강 관리 편

핵심 키워드

#물리적 환경 #신체적 환경 #사회적 환경 #신체 건강 관리법
#신체환경 훼방꾼 #신체적 환경관리 #사회적 환경관리
#사회환경 훼방꾼 #의지통제와 행동변화

공부를 방해하는 환경 요인은 크게 세 가지로 나눌 수 있는데 물리적 환경, 신체적 환경, 사회적 환경이 그것입니다. 물리적 환경은 공부방 환경을 구성하는 것으로 집이나 학교, 독서실 등의 공간 선택, 조명, 의자, 책상 등의 도구 선택과 정리, TV나 컴퓨터, 휴대폰 등의 주변 요인들을 의미합니다. 신체적 환경은 학생의 정신적, 육체적 건강을 관리하는 것으로, 비만이나 성장속도, 스트레스, 수면이나 이성 문제, 선·후배 문제, 자신감이나 주의집중력 등이 이에 해당합니다. 마지막으로 사회적 환경은 대인관계에 관련된 것으로 이성 문제, 선·후배 문제 등을 의미합니다.

공부하는 학생들이 매우 중요한 점을 놓치고 있는 것 같아요. 공부도 체력이 있어야 한다는 점을요. 최근 중고등학생들에게 두통과 디스크 발병률이 급증하고 있다고 하는데요. 오랜 시간동안 바르지 못한 자세로 앉아서 공부를 하기 때문에 이런 문제가 생기는 겁니다. 몸이 아프거나, 컨디션이 좋지 않다면 여러분의 학습 능률을 떨어뜨리겠죠? 오늘 시간에는 여러분이 학습하는데 중요한 신체 건강 관리에 대해 알아보도록 하겠습니다.

여러분이 꾸준하게 신체를 관리하기 위해서 적당한 운동이 필요해요. 농구, 축구, 웨이트 트레이닝을 하는 것도 추천하고 싶어요. 중요한 것은 자기통제와 조절능력에 있습니다. 당장의 만족을 잠시 뒤로 미루고 가치있는 활동에 집중하는 것은 쉬운 일이 아닙니다. 편하게 앉고 싶고 엎드리고 싶은 마음을 억제하고 스스로 바른 자세를 유지하려고 하는 것은 자기통제와 조절능력이 부족한 학생들에게는 더욱 어려운 것이겠죠? 물론 마음가짐만 갖고 모든 것을 해결할 수 없습니다. 할 수 있다는 의지와 함께 실천 전략도 필요합니다. 지금부터 신체 건강을 관리하기 위한 전략에 대해 본격적으로 알아보도록 하겠습니다.

나를 이기는 힘

자신의 자기조절능력 정도를 알아봅시다.

학교	학년	반	이름:	날짜:	월	일

➡️ **공부를 하는 중에 보이는 나의 모습을 생각하며 문항에 따라 정도를 표시하여 보세요.**

전혀 그렇지 않다: 1점　**그렇지 않다**: 2점
보통이다: 3점　**그렇다**: 4점　**매우 그렇다**: 5점

번호	문항	1	2	3	4	5
1	수업 중 나는 다른 것을 생각하다가도 금세 학습내용에 주의 집중한다.					
2	공부를 할 때 집중하기 위해 공부내용에 대한 질문들을 만들며 공부한다.					
3	자주 공부가 하기 싫어질 때에도 계획한 것은 일단 끝내는 편이다.					
4	수업 중 들었던 것을 내가 잘 이해하고 있는지 확인하기 위하여 스스로 질문을 해본다.					
5	공부를 할 때 나는 스스로에게 공부한 내용을 반복해서 말하는 연습을 한다.					
6	공부 중 잘 이해되지 않는 부분이 있으면 처음부터 차근차근 이해하려고 한다.					
7	공부를 할 때 나는 공부 자료와 수업노트를 자세히 보고 가장 중요한 것들을 찾아낸다.					
8	공부 자료가 이해하기 어려운 경우 자료를 읽고 이해하는 방법을 다르게 해본다.					
9	공부를 할 때 공부 자료 및 노트를 여러 번 반복해서 읽는다.					
10	공부를 할 때 이해하기 힘든 내용이라도 포기하지 않고 결국 이해한다.					
11	새로운 내용을 공부하기 전 공부할 내용이 무엇인지 알기 위하여 전체적으로 쭉 훑어본다.					
12	수업에서 배운 내용들을 잘 이해하고 있는지 확인하기 위하여 스스로 질문을 해 본다.					
13	공부 자료들을 읽을 때 잘 이해하지 못하는 경우에는 여러번 읽는다.					
14	공부할 때 모르는 내용이 있으면 어떻게든 확실히 알려고 노력한다.					
15	공부하는 내용이 어려우면 포기하거나 혹은 쉬운 부분만 공부한다.					

꼭 알아야 할 1%만의 초등교사용설명서

번호	문항	1	2	3	4	5
16	공부할 때 공부 자료를 그냥 읽기보다는 주제에 대하여 생각해 보고 내가 배워야 할 중요한 것이 무엇인지 판단하려고 한다.					
17	공부 자료를 읽을 때 내가 이미 알고 있는 것들과 연결시키려고 한다.					
18	공부할 때 수업노트와 공부 자료의 중요한 개념들을 간단히 요약하고 정리해본다.					
19	공부 자료와 수업에서 배운 개념들을 연결시키면서 보다 깊게 이해하려고 노력한다.					
20	공부를 할 때 잘 이해되지 않는 내용이 무엇인지를 확인하려고 한다.					
21	공부할 때 공부를 계획적으로 하기 위하여 스스로 목표를 세운다.					
22	수업 중에 노트필기를 잘 못하면 나중에 꼭 다시 정리하여 명확히 한다.					

나를 이기는 힘의 점수는 몇 점? _____ 점

신체환경 훼방꾼

이 활동지는 공부할 때 방해가 되는 신체환경의 훼방꾼을 알아보는 활동입니다. 공부를 할 때에 신체환경 요인으로 인해 공부를 잘 할 수 없었던 경험을 이야기해 보도록 하는데요. 중요한 것은 지금 잘하지 못하는 것의 이유를 아는 것입니다. 내가 잘하지 못하는 것을 찾아보고 그 이유와 해결책을 찾아보는 겁니다.

잘하지 못하는 습관을 해결하기 위해서는 자신에 대해서 잘 이해하고 분석하는 단계가 있어야 하고요. 잘 못된 습관을 줄이기 위해서는 구체적인 계획이 필요합니다. 구체적인 계획이 없는 목표는 달성할 가능성도 낮습니다. 독일 콘스탄츠대학에서 비버교수님의 연구사례를 보면 10가지의 과제를 실천하는데 있어서 구체적인 계획을 세운 그룹과 계획없이 무작정 행동하는 그룹을 비교하였는데요. 구체적인 계획을 세운 그룹이 과제를 수행하는 정도가 훨씬 높았다는 것입니다. 즉, 늦잠을 자지 않겠다는 막연한 목표 보다는 늦잠을 자지 않기 위해서 일찍 몇 시에는 잠에 든다는 목표를 설정하고, 아침에는 몇 시에 기상한다는 구체적인 계획을 세우는 것입니다. 하루의 계획을 미리 세워 잠을 잘 수 있는 충분한 시간을 확보한다면 일찍 잠자리에 들 수 있는 가능성이 더욱 높아진다고 할 수 있습니다. 의지를 통제하는 것 확실한 목표와 그것을 달성할 수 있는 구체적인 목표를 설정함으로써 실천 가능성을 높일 수 있다는 것 꼭 기억하세요.

신체환경 훼방꾼

공부할 때 방해가 되는 신체환경 요인을 찾고 해결책을 생각하여 봅시다.

| 학교 | 학년 | 반 | 이름: | 날짜: | 월 | 일 |

➡️ **내가 잘하지 못하는 것의 원인을 찾고 극복방안을 생각하여 보세요.**

1. 어두운 곳에서 책 읽지 않기
2. 잠을 충분히 자기
3. 유튜브를 장시간 보지 않기
4. 오래 앉아 있을 때에는 가끔 스트레칭하기
5. 규칙적으로 자고 일어나기
6. 식사 후 양치질을 꼭 하기
7. 바른 자세로 잠자리에 들기

8. 식사 전 손을 깨끗이 씻기
9. 짜증을 내지 않기
10. 음식을 골고루 먹기
11. 컴퓨터는 필요할 때에만 시간을 정하여 하기
12. 일정시간 꾸준히 운동하기
13. 책을 볼 때 다리를 떨지 않기
14. 음식을 짜게 먹지 않기

잘하지 못하는 것	못하는 이유	극복방안
아침에 늦잠을 잔다.	늦은밤까지 스마트폰을 본다.	11시 이전에는 잠을 잔다.

신체적 환경관리

자, 이제 올바른 자세를 갖는 방법에 대해 알아볼까요?

먼저 의자 깊숙이 앉고, 눈에 힘을 주고 눈동자를 크게 합니다. 코, 입, 배에 힘을 주고, 혀끝을 윗니 뒤에 붙입니다. 가슴과 허리는 곧게 펴고, 호흡은 깊이 들이 마시고 천천히 내쉬며 복식호흡을 합니다. 다리를 붙이고 앉은키를 될 수 있으면 크게 앉습니다.

바른 자세의 방법

1. 의자 깊숙이 앉는다.

2. 눈에 힘을 주고 눈동자를 크게 한다.

3. 코, 입, 배에 힘을 준다.

4. 혀끝을 윗니 뒤에 붙인다.

5. 가슴과 허리를 곧게 편다.

6. 호흡은 깊이 들어 마시고 천천히 내쉬며 복식호흡을 한다.

7. 다리를 붙이고 앉은키를 될 수 있으면 크게 앉는다.

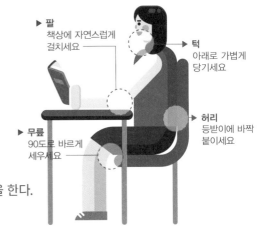

▶ 팔
책상에 자연스럽게
걸치세요

턱
아래로 가볍게
당기세요

▶ 무릎
90도로 바르게
세우세요

허리
등받이에 바짝
붙이세요

자, 모두 올바른 자세로 앉았나요? 올바른 자세는 목표성취에 대한 동기에서 나오는데요. 매 수업 시간 전 학습 동기를 불러오는 상상기법을 활용해보도록 해요. 쉬는 시간 다음 수업시간과 관련 없는 물건을 서랍에 정리하고, 수업에 필요한 자료들을 책상위에 올려놓습니다. 그리고 수업시간을 알리는 종이 울리면 이번시간에 공부해야 하는 학습목표를 생각하는 것은 수업시간 주의집중을 만들어 줍니다. 또한 아주 잠깐이라도 10년 혹은 20년 후의 나의 모습을 상상하면서 학습 의지를 만든다면 더욱 긍정적인 학습동기를 만들어 낼 수 있겠죠? 올바른 자세는 올바른 마음에서 시작된다는 점 기억하세요~

오늘 시간에는 신체환경 관리에 대해 알아봤는데요. 신체 관리는 단기간에 되는 것이 아닙니다. 올바른 습관 형성을 위해서는 구체적인 계획과 꾸준한 노력이 필요하다는 것을 잊지 마세요. 우리의 행동은 마음속 의지에 따라 나타납니다. 즉 이유 없이 행동이 나타나는 것이 아니라 나의 마음이 행동으로 나타나게 된다는 것입니다. 바른 자세와 행동을 위해서 나의 마음속에 있는 부정의 생각을 이겨내고 긍정의 생각을 실천해야 합니다.

신체적 환경관리라고 하니까 신체적인 것으로 국한하는 경향이 있는데, 사실 신체 활동은 정신에 밀접히 연결되어 있기 때문에 조금은 복잡한 문제가 될 수 있습니다. 성장기에는 아주 복잡한 신체적 정신적 변화를 경험하게 되는데, 그 중 가장 큰 부분이 다른 사람들에게 내 외모가 어떻게 보일 것인가에 대한 스트레스입니다. 부모님들 보기에는 건강하고 예쁘기만 한데 자녀에게는 중요한 문제일 수 있기 때문에 이 부분에 관심을 가져야 합니다. 주요 고민 중 하나는 비만이거나 너무 말랐거나 하는 문제로, 이런 아이들은 바른 자세가 나오질 않습니다. 자신감이 없기 때문에 자신의 콤플렉스를 최대한 감추려는 심리적인 행동으로 수업에 집중할 수 없습니다. 또한 균형 있는 아침식사와 숙면이 매우 중요합니다. 또 다른 문제는 성적호기심으로 성인물을 자주 접하거나 잦은 수음(자위)을 하는 것은 정신에 많은 영향을 주어 학습부진에 상당한 원인이 되므로 이에 대한 관심이 필요합니다.

가장 중요한 것은 부모님의 관심과 지지입니다. 성장기 아이들은 자신의 신체에 관심이 많습니다. 부모님이 입장에서는 더운 여름 긴팔을 입거나, 추운 날씨에도 얇은 옷을 입는 모습을 보면 "쓸데없는 짓 하지 말고 공부나 해"라는 잔소리를 하게 됩니다. 그러나 아이들의 입장에서 이것은 매우 중요한 일입니다. 즉, 공부를 할 수 없고 집중할 수 없는 무엇인가가 있다는 것을 의미합니다. 부모의 눈이 아닌 아이의 입장에서 그들을 지지하고 응원하는 태도가 필요합니다.

사회적 환경관리

주변 사람들과의 관계가 나의 공부에 많은 영향을 준다는 사실 경험해 보았나요? 부모님, 친구, 선생님. 아무리 만족스러운 직장이라 해도 상사 또는 직장동료와의 관계가 좋지 않으면 오랫동안 직장에 다니는 것이 불가능할 것입니다. 학생이 공부를 잘 하지 못하면 학교에 남게 해서 공부를 시키든지, 아니면 학원과 과외를 몇 개 늘려주거나 공부방 환경을 개선시켜주는 것이 처방의 전부인 것 같습니다. 정말 중요한 것은 관계 회복 능력입니다. 학습부진의 상관관계를 추적해보면 급우와의 관계, 부모 또는 선생님과의 관계가 좋지 않은 경우가 많았습니다. 좋은 관계에 있는 사람이 하라고 해도 쉽지 않은 것이 공부인데 잠시라도 상대하고 싶지 않은 사람이 공부하라고 하면 절대 할 수 없습니다. 그러므로 관계 회복이 우선되어야 합니다.

아이들뿐만 아니라 성인들에게도 인간관계는 행복한 삶을 유지하기 위한 절대적 조건입니다. 그 중 몇 가지 중요한 방법을 소개하고자 합니다.

사회적 환경관리 방법

- 나와 나, 모든 인간관계의 기본 원리를 배우자.
- 나와 가족, 성공적인 가족관계를 만들자.
- 나와 동료, 다른 사람을 배려하고 사랑하는 방법을 찾아보자.
- 나와 사회, '진정한 남'을 위해 봉사하는 힘을 키워가자.
- 노력하는 친구를 사귀자.
- 역지사지, 부모님이나 선생님의 입장이 되어 보자.
- 부모님과 대화하자.

사회환경 훼방꾼

나의 인간관계에 대해 알아봅시다.

| 학교 | 학년 | 반 | 이름: | 날짜: | 월 | 일 |

➡️ **다음 질문에 솔직하게 표시하여 보세요.**

> **전혀 그렇지 않다**: 1점　　**그렇지 않다**: 2점
> **보통이다**: 3점　　**그렇다**: 4점　　**매우 그렇다**: 5점

번호	문항	1	2	3	4	5
1	남의 흉내를 잘 내는 편이다.					
2	느낌이나 생각, 내가 믿는 것을 직설적으로 표현하지 않는다.					
3	연회나 모임에서 남이 좋아할 것 같은 것들을 준비한다.					
4	확신하는 것은 주장하는 편이다.					
5	자세히 모르는 주제에 대해서도 그 자리에서 말할 수 있다.					
6	남을 즐겁게 해 주려고 노력한 적이 있다.					
7	어떻게 행동 해야 하는지 잘 모를 때 남이 하는 행동을 통해 힌트를 얻는다.					
8	나는 아마 좋은 연기자가 될 수 있을 것이다.					
9	영화나 책, 음악을 고를 때 친구들의 조언을 구한다.					
10	고맙거나 미안한 마음을 솔직하게 표현한다.					
11	재미있는 것은 혼자일 때 보다 함께 보면 더 즐겁다.					
12	그룹모임에서 열심히 활동한다.					
13	상대의 처지를 생각하며 칭찬이나 격려, 위로를 한다.					
14	남이 나를 좋아하게 만드는 능력이 있다.					
15	재미있지는 않았지만 친구를 위해 웃어준 적이 있다.					
16	나는 언제나 보이는 그대로의 사람은 아니다.					
17	다른 사람을 위해서 내 마음대로 행동하지 않는 편이다.					
18	나 스스로 나를 엔터테이너라고 생각한 적이 있다.					
19	사이 좋게 지내려고 친구가 원하는 것을 들어주는 편이다.					
20	즉흥 연극이나 장기자랑을 해보았다.					

번호	문항	1	2	3	4	5
21	상황에 따라서 행동하는 것이 어렵지 않다.					
22	다른 사람의 이야기를 들어주는 편이다.					
23	다른 사람 앞에서 나의 의견을 당당하게 표현할 수 있다.					
24	싫어하는 사람이라도 사이좋게 지낼 수 있다.					
25	다른 사람을 위해 내 것을 나누어 준 적이 있다.					

나의 점수는 몇 점? _____ 점

107점 이상	인간관계의 달인
95 ~ 105점	좋은 인간관계 형성
78 ~ 94점	일반적 인간관계 문제 없음
77점 이하	좋은 인간관계를 위해 노력

원만한 인간관계를 위하여

Tip

성숙한 인간관계에 도움이 되는 **아홉 가지** 태도

R . E . L . A . T . I . O . N . SHIP

Rational thinking 합리적인 사고	자신이 불행하다고 느끼는 사람일수록 비합리적인 사고를 한다. 그 예로는 "나는 주변 사람들로부터 사랑 받아야 하고 그렇지 못하면 비극이야" 라고 생각하는 것이다.
Equality 인간은 동등하다.	타인과 나의 관계를 수직적으로 보아서는 원만한 인간관계를 형성할 수 없다.
Listening 경청하기	인간관계에서 중요한 것은 대화하는 것이다. 대화의 기술에서 중요한 것 은 '경청'이다.
Affection 애정	인간관계에서 가장 중요한 것은 기술이 아니라 진실한 마음이다. 주변 사람들에게 진심을 다해서 애정을 갖는 것이 중요하다.
Trust 신뢰	상호 신뢰를 통해 우리는 상대방을 더 잘 이해할 수 있게 된다. 자신의 말 이나 행동을 통해서 상대방에게 믿음을 주어야 한다.
I-message 나 메시지의 사용	'너는…' 식의 어투는 상대방을 비난하는 것으로 들린다. '나는…' 식의 어투를 사용해서 보다 솔직한 대화를 하자.
Open mind 나를 개방하자	자기개방은 상대방과의 관계를 맺는 데 있어서 매우 중요하다. 나의 솔직한 느낌과 생각, 경험을 이야기해 보자.
Neutrality 중립성을 갖자	중립성은 선입견을 갖지 않는 사고이다. 상대방에 대한 선입견은 관계형성에 방해가 된다.
Ship 우리는 한 배를 탔다	관계를 형성하는데 있어서 중요한 것은 공동체 의식이다. 우리는 한 배를 탔다. 한 배를 탔다는 마음은 더욱 단단한 관계 형성에 도움이 된다.

관계지도 만들기

나의 인간관계에 대해 알아봅시다.

| 학교 | 학년 | 반 이름: | 날짜: | 월 | 일 |

➡ **관계**

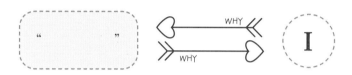

1. 나와 관계 있는 사람을 쓰기(엄마, 아빠, 동생, 친구 등등)
2. 이 사람이 나에게 자주 하는 말을 쓰기
3. 이 사람이 나를 얼마나 좋아하는지 점수로 써보기
4. 왜 이 점수를 줬는지 쓰기

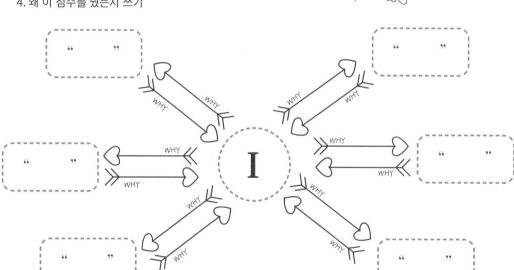

좋은 관계의 노하우	안 좋은 관계 개선법

꼭 알아야 할 1%만의 훈교사용설명서

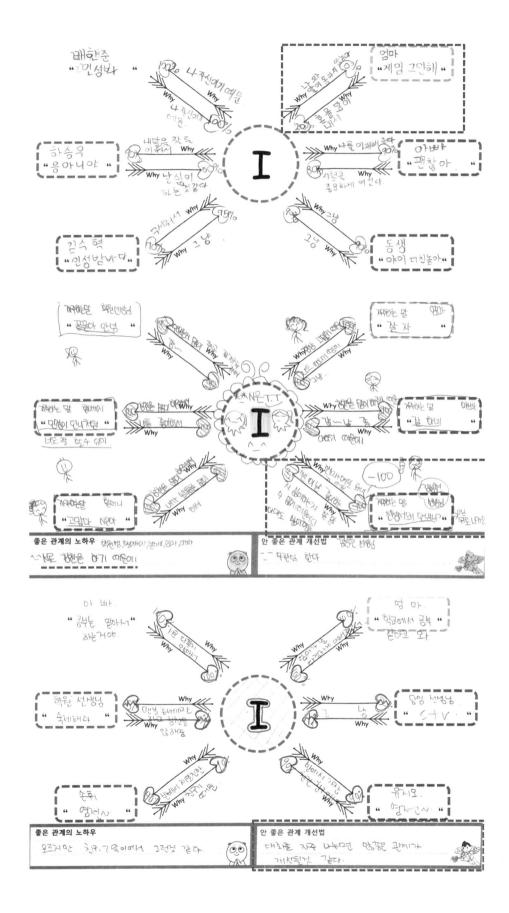

유혹과 갈등

여러분도 이런 경험 많죠? 내 귀에서 천사와 악마가 번갈아 가며 유혹을 하는데 어떤 것을 선택할지 갈등하게 되는 경험. 가장 많은 학생들이 참기 힘들어하는 유혹이 있을 겁니다. 어떤 유혹이 가장 견디기 힘드나요? 게임, 유튜브, 스마트폰, 잠자기, 웹툰, 먹는거 엄청 좋아하는 나, 너무너무 많아요. 하지만 이 때 악마의 유혹이 아닌 천사의 목소리를 듣고 선택하는 것이 바로 여러분의 의지인데요. 여러분의 의지대로 선택하는 데에는 약간의 고통과 노력이 필요합니다. 한가지 좋은 방법은 한꺼번에 많은 것을 시도하고 이루려고 하지 않는 것이 핵심이예요. 이루고자 하는 목표와 꿈을 위해서 의지를 갖고 노력하는 것은 좋은 생각이지만 단기간에 그리고 욕심껏 무리한 목표와 꿈을 생각하기보다는 가장 가까이에 있는 이루고 싶은 목표와 꿈을 생각하는 것이 더 좋은 결과를 가져다줘요. 예를 들면 스마트폰을 무음으로 해놓고 하기로 한 공부를 마무리한 뒤에 확인하기, 이번에 진행하는 경시대회에서 좋은 결과를 갖기 위해 다가오는 중간고사 기말고사에서 지난번보다 5점 정도 나은 점수를 받아서 주변에 인정받기와 같은 목표가 좋아요.

무엇보다도 올바른 의지력을 갖기 위해서는 실현 가능하고 간단하면서 성공할 수 있는 바른 목표설정을 해야 합니다. 내가 정말 하고 싶은 것이 무엇인지, 무엇을 위해서 공부하는 것인지를 정확히 이해해야 합니다. 즉, 자신에 대해 잘 알아야겠죠?

수업시간에 잘 듣는다고 노력하는데도 집중이 안되는 학생, 공부를 열심히 하려고는 하는데 자꾸 딴 생각이 많이 나서 집중이 안되는 학생. 아마 여러분 중에도 이런 현상에 해당되는 사람이들이 있을 텐데요. 이런 학생들이 집중을 못하는 이유는 왜 수업을 잘 듣고 집중해야 하는지, 집중하는 방법은 무엇인지, 왜 공부를 열심히 해야 하는지에 대한 이유가 분명하지 않기 때문입니다. 즉, 가장 근본적인 문제는 실현 가능한 목표설정을 하지 않은 상태에서 열심히만 공부하겠다는 생각과 계획, 의지를 만든 것에 문제가 있다는 것이죠. 열심히 하겠다는 의지 이전에 무엇을 위해서 열심히 해야 하는지, 어떤 목표를 가지고 집중하려고 하는지에 대한 구체적이고 성공할 가능성이 높은 목표설정이 필요합니다. 목표는 큰 목표에서부터 지금 한 시간 단위의 작은 목표로 나눠야 합니다. 특히 작은 단위의 목표는 더욱 구체적인 계획을 갖는 것이 매우 중요해요. 작은 목표와 계획이 성공해야 좋은 기억과 경험이 더 큰 효과를 만들고 목표 달성에 한걸음 더 다가갈 수 있습니다.

한지우라는 학생에 대해 잠깐 이야기해보도록 할게요. 한지우 학생은 학습동기가 별로 없고 공부하고자 하는 의지가 약한 학생이었는데요. 자기주도학습능력 향상교실에 참여하면서 과학수사대 수사요원이라는 목표를 가지게 되고 학습에 대한 동기를 만들어 가면서 선생님이 알려준 대로 이루기 어려운 아주 큰 목표보다 시도하기 쉽고 바로 효과를 볼 수 있는 작은 단위의 목표와 계획으로 본인만의 필기법과 시험전략을 만들고 열심히 노력했습니다. 그 후 성적이 많이 올랐는데, 특히 주의집중력 훈련과 자기주도학습 학습플래너를 통한 일일계획표 작성에 열심히 노력했습니다. 한지우 학생의 사례에서 보듯이 분명한 동기가 있더라도 작은 성공의 경험을 하지 못하면 그것을 유지하기 어렵습니다. 다양한 전략은 의지를 유지할 수 있도록 도와준다는 것을 잊지 말아야 하는데요. 즉, 의지를 갖는 것으로 끝내는 것이 아니라 의지를 유지하기 위해서 실천하고 조금씩 목표한 지점으로 작은 성공의 경험을 쌓아야 한다는 것입니다.

시험을 예를 들면 처음부터 시험범위 전체를 공부하겠다는 마음은 너무 어려운 과제를 앞에 두고 하고 싶지 않은 마음을 갖는 것과 같은 것입니다. 즉, 많은 양의 시험범위를 작은 단위로 나누어 각 부분에 대한 성공할 수 있는 범위와 목표를 계획하고 공부하는 과정을 통해 작은 성공의 경험을 하게 된 것입니다. 이것은 목표설정도 같은 원리로 생각할 수 있습니다. 성적이 50점인 학생이 갑자기 100점을 맞는다는 것은 어려운 일입니다. 지금 자신에 대한 정확한 이해와 함께 작은 목표를 설정하고 성공의 경험을 늘려가는 것이 중요합니다. 50점에서 60점, 그리고 70점, 80점. 조금씩 목표를 높여 가면서 단계별로 성공의 경험을 해야 합니다. 여러분도 너무 높은 목표를 만들기 보다는 지금 내가 할 수 있는 목표를 설정하고 그것을 실천해나가며 작은 성공의 경험을 자주 여러 번 만들다보면 어느덧 성장한 자신을 보게 될거예요.

오늘 시간에는 의지통제와 행동변화에 대해 알아봤는데요, 세 가지 중요한 전략을 기억하면 좋겠습니다. 첫째, 의지를 더욱 강력하게 만들기 위해 자신을 잘 이해하고 분석해서 성공가능한 목표를 설정할 것. 둘째, 목표를 작은 단위로 나눌 것. 셋째, 작은 단위의 목표를 실천하며 작은 성공의 경험을 쌓을 것. 참 쉽죠! 앞으로 선생님이 이야기한 이 세 가지를 잘 지켜 나가면서 긍정의 힘, 실천의 힘을 만들어가는 학생이 됩시다.

나의 공부방을 소개합니다

환경이 좋을수록 학습 효과가 높다는 것은 여러 연구를 통해 확인되고 있습니다. 그 중에서 공부방 같은 물리적 환경만 바꾸어 주어도 아이의 학습 성취도나 자기주도학습에 도움이 많이 됩니다. 공부방에 들려오는 라디오 소리나 TV 소리, 전화벨 소리와 같은 소음을 차단해주고, 채팅이나 게임에 대한 유혹을 불러일으키는 컴퓨터도 방해 요소가 되므로 웬만하면 공부방에서 퇴출시켜주시면 좋습니다. 한마디로, 공부방 환경부터 변화시키는 것이 학습에 효과가 있다고 할 수 있겠습니다. 공부방은 조명이나 가구의 위치, 심지어는 벽지의 색상 등 환경적으로 모든 것이 중요하다고 할 수 있습니다. 또한 장난감이나 사진, 거울, 빗 등 공부하다가 눈에 보일 수 있는 방해물을 제거해주는 것이 중요합니다. 그러나 이때 중요한 것은 무조건 공부방을 쾌적하게 만들어 주는 것이 아니라 방해가 되는 자극을 선택하고 그것을 제거하려고 하는 마음과 의지를 만들어 주는 것입니다. 공부를 잘하기 위해서는 주변의 방해에도 자신 스스로 집중력을 유지하려는 행동억제가 되어야 합니다. 부모님이 일방적으로 최상의 환경을 만들기 보다는 훼방꾼을 제거할 수 있는 의지를 만들어 주는 것이 필요합니다.

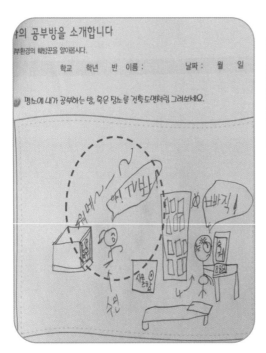

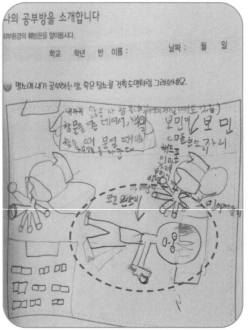

나의 공부방을 소개합니다

외부환경의 훼방꾼을 알아봅시다.

| 학교 | 학년 | 반 | 이름: | | 날짜: | 월 | 일 |

➡ **평소에 내가 공부하는 방, 혹은 장소를 건축도면처럼 그려보세요.**

문제점 분석

스마트폰과 컴퓨터게임을 가까이한다.

누워서 공부를 한다.

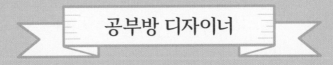

공부에 방해가 되는 외부환경을 해결하기 위한 방법을 생각해 봅시다.

| 학교 | 학년 | 반 | 이름: | | 날짜: | 월 | 일 |

➡️ **여러분이 생각하는 이상적인 공부방을 그려보세요.**

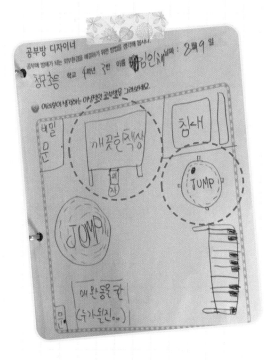

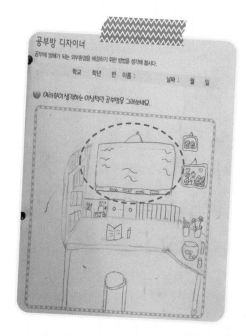

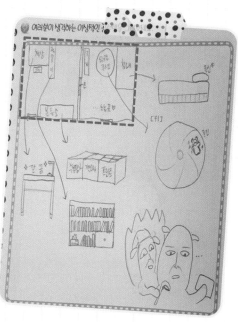

1% 만의 기억창고

#주의집중력 #익숙한 것과 아는 것의 차이 #뇌의 망각곡선
#이미지 상상하기 #스키마(배경지식) #경험지식

무조건 암기하는 것과 생각하고 배운 것을 꺼내는 길을 찾는 것의 차이

우리 집 엘리베이터의 열림 버튼은 어느 쪽에 있을까요? 500원짜리 동전의 뒷면에서 학의 머리는 어느 쪽을 향하고 있을까요? 천원, 오천원, 만원짜리 지폐 각각 인물들은 어떤 모양의 관모를 쓰고 있을까요? 이처럼 평소 자주 접하고 익숙한 사물임에도 불구하고 자주 헷갈리는 이유는 무엇이고, 이것이 학습과는 어떤 관계를 가지고 있을까요?

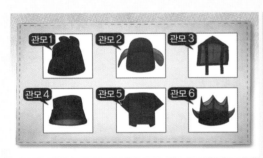

각 지폐에 알맞은 관모는 무엇일까요?

자주 접하고 익숙한 사물임에도 불구하고 그것이 가진 정보가 헷갈리는 이유는 바로 주의집중력에서 찾을 수 있습니다. 흔히 '길눈이 어둡다', '길치다'라는 이야기를 듣는 사람이 있습니다. 이 분들은 선천적으로 시공간적 지능과 시각지능이 약한 사람입니다. 그렇지만 이런 분들도 약간의 훈련과 길을 익히는 팁을 알게 되면, 즉 주의집중력을 높이면 훨씬 수월하게 길을 찾아 갈 수 있습니다. 그렇다면 왜 주의집중력이 떨어질까요? 그 방해 요인은

무엇일까요? 학습에 있어서 주의집중력이 떨어지는 원인은 크게 세 가지 범주로 들 수 있습니다. ①학습자 요인, ②학습내용 요인, ③학습과정 요인이 그것입니다. 다시 말하면, 첫째로 학습자 자신에게서 방해요인이 나타날 수 있고, 둘째로 주의집중의 대상, 즉 학습내용에 원인이 있을 수 있습니다. 마지막으로 주의집중의 과정, 즉 그 활동이 이루어지는 과정에서 방해요인이 발생할 수 있습니다. 학습자 요인은 다시 지적 장애, 감정적 장애, 문화적 장애, 인지 장애, 환경적 장애 등으로 세분화될 수 있습니다. 자신의 성격이나 관심 분야, 가족관계, 친구, 공부방의 위치, TV, 컴퓨터, 스마트폰 등 아이들 자신의 환경 요인, 학교 수업내용이나 학교생활 과정 등에서 방해 요인을 찾아볼 수 있을 것입니다.

한 번 들은 정보를 머릿속에서 유지하면서 조작을 가하는 것을 통해 만들어지며, 계획한 내용 또는 정보를 머리에 띄워 놓고 전략을 구상하는 것 등 공부를 잘하는 데 필요한 중요 기능들에 영향을 미칩니다. 이러한 훈련은 단지 열심히 공부하라고 하는 것과는 접근이 다릅니다. 실제 적용하기 좋은 훈련으로는 숫자 암산하기, 친구나 부모님이 빠른 속도로 불러주는 숫자나 부호를 전자계산기에 정확히 입력하기, 114 안내에서 번호를 안내받고 번호를 바로 외워 전화 걸기, 상대방이 불러 주는 단어를 거꾸로 말하기, 카드 7장을 나란히 놓고 30초 동안 응시한 후, 카드를 뒤집어서 끝에서부터 말해보기 등이 있습니다.

정보(지식)가 입력되는 순간, 기억하기 위하여 뇌에서 정보처리 시스템이 작동합니다. 습관과 훈련이 잘 된 사람일수록 정보가 잘 정리될 것입니다. 저장된 정보를 인출하기 위한 단서는 마치 서랍 손잡이(고리)에 견출지를 만들어 놓은 것과 같기 때문에 기억은 학습에 많은 영향을 줍니다. 이러한 의도적인 과정이 생략되면 자연스러운 망각이 진행된다고할 수 있습니다. 이와 관련하여 독일의 심리학자인 Hermann Ebbinghaus 박사는 기억과 관련된 연구를 진행하였습니다. 무려 16년간 연구해 온 내용인데, 인간의 기억은 시간의 흐름에 반비례하며 감소하기 때문에 학습 10분 후부터 망각이 시작되어 한 시간 뒤에는 50%, 하루가 지나면 70%, 한 달 뒤에는 80% 이상을 망각한다고 정의 내리고 있습니다.

뇌의 망각곡선을 이용하면 더욱 효과적인 복습과 학습의 시기를 결정할 수 있지만, 학습 후에 무조건 빨리 복습하는 것이 기억을 좌우하는 것은 아닙니다. 복습 시간이나 복습했다는 경험이 중요한 것이 아니라 외우고 기억하려는 시도가 더 중요합니다. 제일 손쉬운 방법은 다른 사람에게 자신이 학습한 정보를 자신이 기억하기 쉬운 방법으로 리메이크 하는 것입니다. 이는 경험이나 배경지식에 기억하고자 하는 정보를 연결하면서 복습하게 만들기 때문에 효과적입니다. 경험과 배경지식에 기억이 합쳐질 때 망각 현상을 감소시킬 수 있습니다.

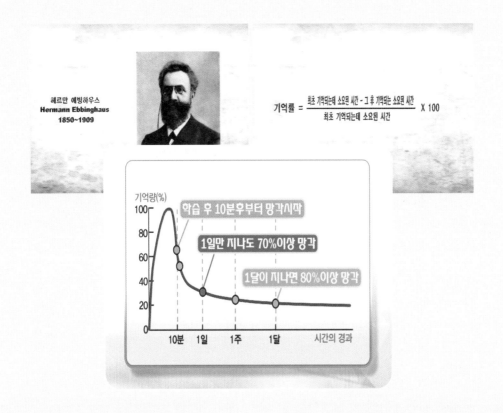

여러분은 공부한 내용을 기억하고 꺼내어 사용하는 나만의 방법을 가지고 있나요? 나에게 맞는 배운 내용을 기억하고 필요 할 때 언제든 꺼내어 사용할 수 있는 방법을 가지고 있다는 것은 학습뿐만 아니라 그 외 다수의 활동에서 매우 도움이 되겠지요. 기억할 내용을 나에게 익숙하고 친근한 문장으로 만들어 봄으로써 기억력을 향상시켜 보세요.

① 먼저 예시를 통해 활동 방법을 이해하세요. 예시는 활동에 대한 참고일 뿐, 모범답안 또는 정답은 아닙니다.

② 이제 각 달(月)과 그 달의 의미를 연결시켜 볼 거예요. 나의 생각이나 나에게 익숙하고 친근한 경험 등을 떠올려서 한 문장으로 만들어 보세요.

③ 12월까지 문장을 완성한 후, 한 번 읽어보세요.

④ 나의 기억 속에 저장이 되었는지 확인할 차례입니다. 선생님(부모님)의 도움을 받아 묻고 말하기 형식으로 확인해 보세요.
  * 『달 타령』이라는 노래를 찾아보고, 직접 부르며 확인하는 것도 좋습니다.

⑤ 예를 들어, 부모님(선생님)께 '1월은 무슨 달이지?' 또는 '유두밀떡은 몇 월에 먹지?'와 같이 나에게 질문을 해 달라고 요청해 보세요. 나의 기억 속의 정보를 꺼내는데 도움이 될 것입니다.

예시

1월 + 새 희망을 주는 달
→ 1월은 연초여서 나에게 새로운 희망을 준다.

9월 + 풍년가를 부르는 달
→ 9월은 가을의 시작으로 풍년을 기원하려고 노래를 부른다.

1월 + 새 희망을 주는 달	
2월 + 동동주를 먹는 달	
3월 + 처녀가슴을 태우는 달	
4월 + 석가모니 탄생한 달	
5월 + 단오 그네 뛰는 달	
6월 + 유두밀떡 먹는 달	
7월 + 견우직녀가 만나는 달	
8월 + 강강술래 뜨는 달	
9월 + 풍년가를 부르는 달	
10월 + 문풍지를 바르는 달	
11월 + 동지팥죽을 먹는 달	
12월 + 님 그리워 뜨는 달	

서울의 한 중학교에서 같은 수준의 학생들을 두 그룹으로 나누고 제시하는 30개의 단어를 순서에 상관없이 암기하도록 했습니다. A그룹의 학생들은 암기해야 하는 단어들을 이야기로 만들어서 암기하도록 했습니다. 반면 B그룹의 학생들은 무작정 단어를 암기하도록 했습니다. 자연스러운 망각을 위하여 암기 후 10분간 다른 내용을 가지고 수업을 진행했습니다. 수업 후 학생들이 기억하고 있는 단어를 확인해 보았는데 놀라운 결과가 나타났습니다. 스토리텔링 기억법을 활용한 A그룹은 평균 13개의 단어를, 무작정 단어를 암기한 B그룹은 평균 8개의 단어를 기억했습니다.

학생들의 사례에서 보듯이 스토리텔링 기억법은 좋은 암기전략이라고 할 수 있겠습니다. 단어 그 자체만 가지고 암기하기보다는 내가 이전에 가지고 있는 사전지식과 경험지식을 활용하여 이야기로 만들면 더 쉽고 오랫동안 기억할 수 있는 것입니다. 여기서 주의해야 할 점은 이러한 전략을 맹목적으로 사용하는 것보다는 암기해야 하는 단어를 코스화하고 묶어서 그것을 기억해낼 수 있도록 해야 하는 것입니다.

암기력 테스트 결과

A그룹(15명) 기억법 활용ᴑ		B그룹(15명) 기억법 활용 X	
학생	맞춘 개수	학생	맞춘 개수
1번	14개	1번	6개
2번	13개	2번	6개
3번	10개	3번	8개
4번	18개	4번	9개
5번		5번	9개
6번		6번	9개
7번		7번	
8번	13개	8번	10개
9번		9번	10개
10번	14개	10번	6개
11번	18개	11번	8개
12번	10개	12번	9개
13번		13번	12개
14번	16개	14번	7개
15번	13개	15번	12개
계	205	계	132
평균	평균 13개	평균	평균 8개

이미지 상상하기

　낯설고 복잡한 열 장의 카드가 있습니다. 많은 정보들이 들어있는 카드 그림에서 나에게 익숙하거나 눈에 띄는 부분을 골라서 간단한 그림이나 기호로 만들어 기억하는 전략을 알아보도록 해요.

① 활동지에 주어진 열 장의 그림 카드를 보고, 눈에 띄는 부분을 선택하세요. 이것을 활용하여 카드와 카드 번호를 기억해 보세요.

② 예를 들어, 1번 카드는 사람이 1명 있네요. 9번 카드는 씨름하는 사람의 다리가 구(9) 부러져 있네요. 10번 카드는 손에 든 불 때문에 열(10)이 날 것 같아요. 이런 방법으로 그림에 숨은 번호 힌트를 찾아 낼 수 있겠지요?

③ 열 개의 그림 카드를 이와 같은 방법으로 모두 작성해 보세요.

④ 이제 활동지의 빈칸에 들어갈 그림 카드의 번호를 적어보세요.

⑤ 마지막으로 그림 카드의 번호를 맞게 썼는지 확인해 보세요.

이미지 상상하고 마음속으로 그려보기

이미지와 숫자를 연결하여 기억해 봅니다.

학교   학년   반 이름: 날짜: 월   일

➡ **다음 제시된 그림들을 순서에 맞춰 기억할 수 있도록 암기해 보세요. 각 숫자와 이미지가 일치하도록 기억해야 합니다.**

1   2   3   4   5

6   7   8   9   10

이미지 상상하기

기억한 이미지와 숫자를 연결해 봅니다.

| 학교 | 학년 | 반 | 이름: | 날짜: | 월 | 일 |

기억을 위한 나만의 이야기 만들기

　　많은 단어나 내용을 기억해야 할 때가 있습니다. 그것을 한 번에 기억하는 것은 어렵지요. 그런데 여러분이 만화, 영화, 드라마, 책 등을 볼 때는 어떤가요? 그 내용이나 중요한 단서들을 기억하기 매우 쉽습니다. 왜 일까요? 바로 '이야기'의 형태를 가지고 있다는 것이 기억하기 쉽게 만든 비밀입니다. 이 활동을 통해 나에게도 〈스토리 전략〉이 맞는지 함께 확인해 보도록 해요.

① 주어진 단어(또는 그림)를 보고 스토리를 만드세요.

② 활동지에 주어진 단어의 순서를 꼭 지켜야 하는 것은 아니지만, 되도록 순서대로 넣어 주세요. 왜냐하면 학습을 할 때 순서에 따라 기억하는 규칙을 만들어야 하기 때문입니다. 이를 대비하여 미리 연습해 봅시다.

③ 이야기를 다 만들어보았다면, 다시 한번 이야기의 처음부터 끝까지 읽어보세요.

④ 주변 사람의 도움을 받아서 이야기를 머릿속으로 떠올리며 내가 적은 순서대로 스토리를 말하세요.

⑤ 이 전략이 맞는 친구라면 이야기를 만들고 한 번 읽어 보았을 뿐인데 많은 단어를 기억할 수 있을 거예요.

⑥ 주어진 예를 참고하여 지금까지 연습한 기억하기 방법을 떠올려 보세요.

⑦ 이제 도전해 봅시다. 아래의 '삼국과 가야의 건국'의 학습내용을 앞 글자 활용하기, 이미지 상상하기, 이야기 만들기 등을 활용하여 완성해 보세요.

⑧ 활동지를 보지 않고 내가 완성한 기억 방법으로 학습 내용을 말해보세요.

나만의 이야기 만들기

스토리 전략을 활용해 봅시다.

학교	학년	반	이름:	날짜:	월	일

➡️ **나만의 이야기를 만들어 보세요.**

버섯	애벌레	사과	후라이팬	축구공	농장

나무	망원경	운동화	개구리	핸드폰	골프채

기억, 맛있게 요리하기

예 1. 임진왜란 3대 대첩(앞 글자 활용하기 & 이야기 만들기)

▶ 진주대첩 – 김시민, 한산도대첩 – 이순신, 행주대첩 – 권율

→ 진주목걸이를 한 시민이 한산한 도로를 타고 순신이를 찾아갔더니 행주 빠는 권율이 있었다.

예 2. 10대 강(앞 글자 활용하기)

▶ 세계에서 제일 긴 10대 강은 나일강, 미시시피강, 아마존강, 양쯔 강, 오브강, 라플라타강, 황하강, 콩고강, 아무르강, 레타강이다.

→ "나미아얌 오라 황콩 아래로!"

예 3. 교과학습전략

▶ fear : 공포

→ 살기가 피어 공포스러웠다.

▶ 30년 전쟁으로 체결–베스트팔렌 조약

→ 30년간 베스트셀러로 팔린(팔렌) 책!

▶ 학습내용 : 삼국과 가야의 건국

→ 고구려–주몽, 백제–온조, 신라–박혁거세, 가야–김수로

▶ 암기전략 : 앞 글자 활용하기 & 이미지 상상하기 & 이야기 만들기

선천적으로 기억력을 타고난 사람들도 있지만 기억력에 대한 진실을 알면 후천적인 환경과 노력에 따라 달라질 수 있다는 것을 알게 됩니다. 심리학에서는 의식의 퍼짐을 '의식야(意識野)'라고 부르는데, 이를 흔히 무대에 비유합니다. 가장자리로 가면서 어두워지는 무대 위에서 무대의 한 점만 즉, 연기자가 있는 위치에 스포트라이트가 비추어집니다. '의식의 들판' 중에도 이와 같은 의식이 특별히 분명한 부분이 있고, 이를 '의식의 초점'이라고 합니다. 기억하고 싶은 것을 이 '의식의 초점'에 맞추면 기억의 흔적이 남겨집니다.

시험공부를 할 때도 기억하고자 하는 것에 대해서만 포인트를 주어 의식을 집중하고 스포트라이트를 비추듯 거기에 초점을 맞추는 것이 중요합니다. 그렇게 함으로써 선명한 선을 기억의 흔적으로 남길 수 있고 이는 결코 잊혀지지 않습니다. 인간의 두뇌는 여러 개의 기억의 서랍을 원하는 만큼, 그것도 아주 많이 만들 수 있어요. 밖에서부터 새로운 정보가 들어오면 그것을 기존의 정보와 연결해서 적절한 서랍에 분류하여 넣습니다. 그렇게 되면 오랫동안 그리고 정확하게 기억이 유지되는 것입니다. 이 서랍을 심리학에서는 관계 테두리(frame of reference)라 부릅니다. 어떠한 정보든 적절한 서랍에 넣어져야만 단서가 제공되었을 때 정확하고 자유롭게 다시 꺼낼 수 있는 즉, 다시 생각해 낼 수 있는 길이 열리는 것입니다. 기억력이 좋은 사람이란 기억의 서랍이 정리가 잘 되어 있는 사람을 말하며 기억력이 나쁜 사람이란 큰 서랍 하나에 잡다한 것이 가득 규칙 없이 멋대로 들어 있는 사람을 말합니다.

우리 뇌의 기억장치에 잘 보관했다가 필요할 때 그것을 꺼내어 잘 활용하도록 하는 것은 기억력이 좋다는 의미입니다. 학술적으로는 감각기억을 통해 입력된 내용을 작업 기억에 잘 인코딩하여 부호화해서 장기기억에 저장했다가 필요한 순간에 인출해 내는 것이라고 표현합니다. 결국 "구슬이 서말이라도 꿰어야 보배"라는 말처럼 기억을 잘한다는 의미는 보관에서 끝나는 것이 아니라 필요할 때 다시 꺼내서 활용할 수 있어야 한다는 것입니다.

배경지식과 경험지식의 차이로 인해 지식에 대한 이해의 넓이와 깊이가 달라집니다. 이러한 이유로 어려서부터 다양한 경험과 체험, 독서 활동은 배경지식과 경험지식에 영향을 미치기 때문에 중요하다고 하는 것입니다. 기억은 내가 저장한 정보를 다시 꺼내는 인출의 과정이라고 볼 수 있습니다. 정보인출을 잘 하는 사람들은 새로운 정보를 있는 그대로 받아들이는 것이 아니라 자신의 경험지식, 배경지식과 결합하여 저장합니다. 따라서 배경지식과 경험지식을 풍부하게 할 수 있도록 어려서부터 노력이 필요하다고 할 수 있습니다.

　학습에서의 배경지식(background knowledge)은 스키마(schema)라고 하며, 인지 심리학에서 유래되었습니다. 이는 학습자가 사전에 보유하고 있는 지식을 의미하는 것입니다. 피아제는 스키마라는 용어를 '과거의 지식을 기술하고 환경과의 상호작용을 인도하며 새로운 경험을 반영시키도록 하는 역동적인 지식구조'로 정의하였습니다. 경험지식(perception)은 말 그대로 경험을 통해 축적된 지식을 뜻합니다. 새로운 지식을 학습하게 될 경우 이미 경험을 통해 얻은 지식과 어떤 연관성이 있느냐에 따라 연결되었을 때 학습 효과에 큰 차이가 있습니다. 그래서 연결되지 않은 지식은 진짜 지식이 아니라고 하는 것입니다.

끝마치며

열심히 하는데 집중이 되지 않는 이유가 어디에 있을까요? "왜 공부하니"라는 물음에 "그냥요"라는 답이 돌아왔습니다. 열심히 공부해야 하는 이유를 찾지 못했기 때문입니다. 무엇이 하고 싶은지 어떻게 하면 내가 행복한지에 대한 고민은 없고 단지 행복하기 위해서 열심히 공부한다는 주문처럼 달려가고 있는 것입니다.

집중할 수 있는 가장 큰 요인은 하고자 하는 마음과 자기에 대한 정확한 이해와 분석으로 타인에 의해 만들어지는 동기부여가 아닌 진정한 나의 동기를 갖는 것입니다. 내가 왜 이것을 해야 하는지 이해가 되지 않은 사람이 그 일에 100% 능력을 발휘할 수 없는 것과 마찬가지입니다. 하물며 그 어려운 공부를 왜 하고 있는 것인지 학교를 왜 다니고 있는 것인지를 알지 못한다면 그야말로 고통과 같은 공부를 하는 불행한 학창시절을 보내는 것입니다.

참으로 아이러니하고 모순인 것은 학생들의 대답 중 상당수가 행복해지기 위해서 공부한다는 것입니다. 공부를 잘하면 부모님이 좋아하시고 선생님도 좋아할 것이라 생각하며 인정받고 싶어 하는 마음이 크기 때문이죠. 자신 또한 성적이 잘 나오면 행복할 것이라는 생각이 가장 근본적인 문제인 것입니다. 행복은 성적순이 아니라는 말은 하면서 행복을 위해 공부한다는 것이 오히려 불행을 만들고 그것을 대물림하고 있는 것이 아닐까요?

'진정한 행복의 대물림'이 필요한 세상입니다. 무엇을 이루었기에 행복한 것인지 행복하기 때문에 이루었다고 생각할 수 있는 것인지를 판단해야만 하는 게 우리가 살아가는 현 주소는 아닐지 생각하게 합니다. 자기주도학습 역량을 갖는 것은 나 스스로를 기대하고 내가 어떤 사람이며 어떤 것을 원하는지를 깊이 생각하는 것에서부터 시작되었습니다. 학생 스스로 나의 미래 모습을 생각하고 즐거운 미래를 상상하면서 학습할 수 있다면 그것이 진정한 혼공 능력을 갖게 하는 자기주도학습인 것입니다.

'행복의 대물림'에 있어서 가장 중요한 것은 바로 행복의 경험입니다. 작은 성공의 경험이 모여 큰 성공을 만들어낼 수 있듯이 나중에 성공해서 행복하면 되지가 아니라 지금 당장 작은 행복의 경험을 만들어 주는 것이 중요하다고 생각합니다. 누구에게나 최고의 경험은 상상이나 타인의 경험을 통해 알게 되는 것이 아닌 직접 눈으로 보고 체험을 통해 느껴야 하는 것처럼 행복의 경험 역시 스스로 느끼고 체험으로 경험하는데 있습니다. 아이에게 작은 행복의 경험을 만들어 주기 위해서 내가 먼저 행복하게 사는 모습을 보여주는 것은 어떨까요? 나의 부모님이 가정과 직장에서 행복해하고 나의 선생님이 학교에서 즐겁고 행복해하면 아이들은 그 누구보다도 행복을 가깝게 느끼고 실천할 것입니다.

 지금 이 책은 우리의 아이들에게 행복으로 가는 지름길을 알려주고 싶은 데에서 출발했습니다. 책에 나와 있는 소중한 활동지와 학생들의 사례를 하나씩 적용해보면서 행복을 만들어 가는 것이 '행복'의 시작이라고 믿습니다. 프랑스의 천재적 사상가로 불리는 장 자크 루소는 교육에 대해서 다음과 같은 이야기를 했어요. "포도나무가 봄에 열매를 맺도록 수를 쓴다면 그 나무는 가을이 되기 전에 시들어 버린다. 같은 이치로 어렸을 때 시달린 아이는 성숙하기 전에 허약하게 시들어 버린다." 아이의 행복을 위해서 욕심을 부리기보다 그들의 행복을 위해 내가 먼저 행복해지기로 했다면, 그리고 작은 한 가지를 시작할 계획을 세웠다면 이 책을 성공적으로 읽었으며 실천하기 위해 많은 노력이 있었을 거라 확신합니다. '배가 항구에 머물러 있을 때 가장 안전하다. 그러나 배는 항구에 정박해 있기 위해서 있는 것이 아니다.'라는 글을 본적이 있나요? 배가 만들어진 목적은 험난하고 거친 바다를 항해하는 것입니다. 항해 도중에는 격렬한 폭풍우와 거친 파도를 만나게 됩니다. 때로는 순풍을 만나서 순탄한 항해를 하기도 할 것입니다. 그러나 거친 파도가 유능한 뱃사공을 만드는 것과 같습니다. 언제까지 대신 고기를 잡아줄 수 없기 때문에 스스로 고기 잡는 방법을 알아야만 합니다. 거칠고 매서운 풍랑을 두려워하지 않고 도전하는 사람만이 고기를 잡을 수 있습니다. 미래를 살아갈 우리 아이들은 더욱 넓어진 세상과 우주를 향해 도전해야 한다는 것을 의미합니다. 우리의 아이들을 연못에 종이배 띄우는 수준이 아니라 오대양을 누비고 우주를 누비는 선단의 리더로 키워야 합니다. 이 책을 사용하여 노력한 만큼 정성을 들인 만큼 발전하고 성장할 아이들을 기대하는 기쁨 또한 커졌을 거라 믿으며『꼭 알아야 할 1%만의 혼공 사용설명서』를 끝까지 읽어 주시고 사랑해 주셔서 감사드립니다.

김판수미래교육연구소 소장 **김 판 수**

참고문헌

• 강형구(2011), 자기주도학습 SMMIS 모형 기반 부모교육 프로그램 효과성 연구, 숭실대학교대학원 석사학위논문

• 김판수 외2(2017)메타인지와 말하는 공부, 페러다임북 979-11955480-7-1

• 김판수 외1(2014)공부자극, 예담 978-89-91731-95-0

• 김판수, 최성우 (2012). 자기주도학습 & 코칭 ABC 상, 하. 서울: 즐거운학교.

• 김판수 외2(2007)자기주도학습의 절대시기2판, 교육과학사 98-103, 150-154

• 김판수, 최성우, 강형구, 전규태, 전민경(2017) 청소년을 위한 블렌디드러닝 기반 온라인 자기주도학습능력 종합 진단검사 도구 개발. 디지털융복합연구, 15(4), 1-11.

• 김임순, 김성훈(2015) 가드너의 다중지능이론이 교육에 주는 함의, 조선대학교 인문학연구원 49권 49호 ISSN 1598-9259

• 김명희, 정태희(1997) 미국의 다중지능 교육, 한국열린교육학회 5권 2호ISSN 1229-8379

• 최성우, 김판수, 공저(2010)아이를 바꾼다. 서울: 교육과학사 106-114.

• 최정원, 이영호, 공저(2006) 기억력 향상 전략(학생용 워크북), 학지사

• 최성우, 김판수, 강형구, 이다현 (2017). 자기주도학습능력 진단검사 도구의 구성요인 탐색. 글로벌문화연구, 8(1), 43-65.

• 최성우, 김판수, 박주영, 김미연, 강형구, 김소윤(2015). 자기주도학습 기반 창의성·인성 함양과 진로탐색 체험의 장, 『플레잉스쿨』시스템 모형 개발. 교육정보미디어연구. 21(4), 543-571.

• 최성우, 김판수(2009). 효과적인 자기주도학습 현장적용 방안. 위즈덤포럼 자료집, 12월. 국회도서관.

• 소경희(1998), 학교 교육에 있어서 '자기주도 학습', 『교육과정연구』제16권 2호, pp.329-351.

• 이미연(2013). 학습코칭 프로그램이 고등학생의 자기주도 학습능력에 미치는 영향. 동국대학교 교육대학원. 석사학위논문.

• 이지혜(2009). 자기결정성 학습동기, 메타인지, 자기주도적 학습능력 및 학습몰입과 학업성취 간의 구조적 관계 분석. 충북대학교 대학원. 박사학위 논문

• 이재신(2009). 고등학생의 메타인지와 학습몰입과의 관계: 자기주도적 학습능력의 매개효과. 한국교원교육연구, 26(2), 277-295.

• 장영란(2015) 자기성찰 학습일지 작성 및 피드백 유형이 자유학기제 중학교 학습자의 영어 어휘, 문법 및 자기주도적 학습에 미치는 영향 학위논문(석사) - 이화여자대학교 교육대학원: 영어교육전공

• 전규태, 최성우, 김판수(2011). SMMIS 모형 기반 자기주도학습 훈련 프로그램의 효과성 분석. 교육공학회. 2011년 추계학술대회 발표자료, 143-155.

• Baker, L.(2005). Developmental differences in metacognition: Implications for metacognitively oriented reading instruction. Metacognition in literacy learning: Theory, assessment, instruction, and professional development, (pp. 61-79) NJ: Erlbaum.

• Knowles, M. S.(1980). Self-Directed Learning: A Guide to Learners and teachers. Chicago, IL: Follett Pub. Co.

• Zimmerman, B. J.(1986). Becoming a self-regulated learner: Which are the key sub processes?, Contemporary Educational Psychology, 11, (pp. 307-313).

활동지 색인